中国人民大学科学研究基金
（中央高校基本科研业务费专项资金资助）
项目成果

"新阶段，新认知"系列

中国食品产业风险应对策略研究

生吉萍 等 著

Risk Countermeasures of
Food Industry in China

中国社会科学出版社

图书在版编目（CIP）数据

中国食品产业风险应对策略研究／生吉萍等著．—北京：中国社会科学出版社，2022.5
ISBN 978-7-5227-0166-0

Ⅰ.①中… Ⅱ.①生… Ⅲ.①食品工业—产业发展—风险管理—研究—中国 Ⅳ.①F426.82

中国版本图书馆 CIP 数据核字（2022）第 073012 号

出 版 人	赵剑英
责任编辑	马　明
责任校对	任晓晓
责任印制	王　超

出　　版	中国社会科学出版社
社　　址	北京鼓楼西大街甲 158 号
邮　　编	100720
网　　址	http://www.csspw.cn
发 行 部	010-84083685
门 市 部	010-84029450
经　　销	新华书店及其他书店

印　　刷	北京明恒达印务有限公司
装　　订	廊坊市广阳区广增装订厂
版　　次	2022 年 5 月第 1 版
印　　次	2022 年 5 月第 1 次印刷

开　　本	710×1000　1/16
印　　张	25.5
插　　页	2
字　　数	309 千字
定　　价	99.00 元

凡购买中国社会科学出版社图书，如有质量问题请与本社营销中心联系调换
电话：010-84083683
版权所有　侵权必究

总　　序

　　2020年伊始，百年不遇的新冠肺炎疫情开始席卷全球。疫情暴发后，以习近平同志为核心的党中央充分发挥社会主义集中力量办大事的制度优越性，采取各种坚决有力的措施，成功地遏制了疫情蔓延，以人民至上、生命至上的抗疫精神写就了伟大的抗疫史诗。中国在统筹疫情防控和经济社会发展取得重大成果、决战脱贫攻坚取得决定性胜利的同时，面对世界百年未有之大变局，明确主张各国应当走团结合作、共克时艰之路。新冠肺炎疫情给世界各国人民生命、财产造成巨大损失，也暴露出当前全球治理体系的一系列问题：强权政治、冷战思维沉渣泛起，单边主义、保护主义逆流横行，以联合国为核心的国际秩序遭受冲击与挫折；个别国家领导层不是设法出台有效政策加强防控，而是竭力向外推卸责任；民粹主义、排外主义和反智主义思潮甚嚣尘上；等等。面对少部分国家将疫情政治化、病毒标签化的错误行径，中国坚定回击任何对中国制度与中国道路的造谣抹黑，坚定推动构建人类命运共同体。

　　今天，我们强调要讲好"中国故事"，既不能仅仅满足于以中国共产党一次又一次的成功、一个又一个的成就来讲述"中国就是能"，也不能脱离中国实践空谈不切实际的学术理论。要讲好中国故事，既要从理论上逻辑严谨地回答"中国道路为什么行"，又要讲清中国实践操作与理论的一致性及其细节细微之处蕴含的道理学理哲理。只有这样，才能阐述清楚"中国共产党为什么'能'""马克思主义为什么'行'""中国特色社会主义为什么'好'"，中国发展模式与发展道路才能成为有志于建立国际政治经济新秩序的国家心甘情愿学习与借鉴的对象。

回顾历史，我们认为抗击疫情是对中国特色社会主义制度的总体检阅，体现出中国特色社会主义道路、新型举国体制有着其他国家不可比拟的制度优势。基于历史发展规律与中国的探索，深入总结中国抗疫经验，有助于我们不断增强"四个意识"，坚定"四个自信"，做到"两个维护"。

第一，坚持马克思主义理论的科学指引，坚持中国共产党的正确领导。习近平总书记在纪念马克思诞辰200周年大会上的讲话中指出，"马克思主义不仅深刻改变了世界，也深刻改变了中国"[1]。马克思主义深刻阐释了人类社会发展的普遍规律和必然趋势，指明了无产阶级实现自由和解放的道路。百年来，中国共产党正是坚持马克思主义的指导，坚定马克思主义的信仰，不断推进马克思主义基本原理同中国实际相结合，成就了百年伟业。信仰信念任何时候都至关重要，在习近平新时代中国特色社会主义思想的指引下，中国取得抗疫的伟大胜利，取得了全面脱贫攻坚的伟大胜利，取得了全面建设小康社会的伟大胜利。习近平新时代中国特色社会主义思想是马克思主义中国化的最新成果，不仅丰富和发展了马克思主义，实现了理论和实践的良性互动，展现了马克思主义的科学属性和真理力量，也诠释了马克思主义理论

---

[1] 习近平：《在纪念马克思诞辰200周年大会上的讲话》（2018年5月4日），人民出版社2018年版，第11页。

强大的引领力和阐释力,并成为中国人民能够战胜疫情的精神力量。

第二,坚持以人民为中心,坚持生命至上。中国共产党一直把坚持群众路线,一切为了群众,一切依靠群众,从群众中来,到群众中去作为干事创业的基本准则。中国政府的所有决策,都是为了人民的长远利益,为了引导、促进、发挥群众追求解放的主观能动性。中国共产党始终将人民利益放在第一位,将增进人民福祉作为治国理政的目标。中国共产党来自于人民,党的根基和血脉在人民,为人民而生,因人民而兴,始终同人民在一起,为人民利益而奋斗,是我们党立党兴党强党的根本出发点和落脚点。[1]"人民立场是中国共产党的根本政治立场,是马克思主义政党区别于其他政党的显著标志"[2],大疫面前,习近平总书记坚定地指出,"人民至上、生命至上,保护人民生命安全和身体健康可以不惜一切代价"[3],"人民至上"也成为中国成功控制疫情,快速恢复社会、经济秩序的制胜法宝。

第三,坚持走中国特色社会主义道路,发挥社会主义制度优越性。中国特色社会主义道路是历史的选择、人民的选择,适应了中国的实际情况。中国特色社会主义制度和国家治理体系始终把整体利益置于首位,集中力量办大事的新型举国体制让中国在面临如新冠肺炎疫情的危机时临危不乱,渡过难关。历史经验告诉我们,在相似的生产力水平之下,人类组织的竞争力就体现为其组织水平,在人类面临如同新冠肺炎疫情这样的危机或要解决

---

[1] 参见习近平《在党史学习教育动员大会上的讲话》,《求是》2021年第7期。
[2] 习近平:《在庆祝中国共产党成立95周年大会上的讲话》,人民出版社2016年版,第18页。
[3] 《习近平在参加内蒙古代表团审议时强调:坚持人民至上,不断造福人民,把以人民为中心的发展思想落实到各项决策部署和实际工作之中》,《党建》2020年第6期。

的生产力问题比较明确时，中国特色社会主义制度就有其必然的优越性。中国特色社会主义制度是新中国成立后数十年取得西方发达国家几百年成就的内在动因，也是中国抗疫行动取得战略性胜利的原因。在中国特色社会主义指引下，需要以正确的方式方法、执行手段，将这种制度优势落实到具体问题的解决进程之中。中国制度的优越性体现在政策制定导向的方方面面，教育与科技以人为本、基建与科研以发展为目标、金融支持实体经济、充分调动市场、发挥有为政府与有效市场作用等都是中国政策导向的体现。

同时，新冠肺炎疫情的溯源是一个科学问题，要由科学家群体按科学规律进行相关科研工作。新冠肺炎疫情给人类社会造成重大伤害——经济停滞乃至倒退、人口减少、国际社会交流冻结等，这是对各国制度体制进行总体检验的大事件。疫情暴发后，各国基于本国社会制度、文化心理、经济与科技发展水平等现实条件，出台了相应的财政金融政策、各项应急法律制度，开发与综合运用大数据技术、算法，基于生物医药技术开发疫苗，制定并实施了多项疫情防控模式。对各国疫情防控模式进行比较，对各项政策措施、科技运用体制进行对比分析，从中发掘面对重大外部冲击与危机时不同应对方式的优势劣势，有助于人类未雨绸缪，在和平年代做好应对危机的准备，这就是本套丛书出版的基本出发点。

2021年是中华民族伟大复兴进程中具有历史性意义的一年，既是中国共产党成立100周年，也是中国"十四五"规划的开局之年。当前，全球大国进入科技与体制全面竞争的年代，人类命运共同体是人类文明璀璨的未来。本套丛书的出版，有助于人们从根本上理解中国道路、理解中国共产党的执政历程及方针政策，也为回答"为什么中国能、为什么中国共产党能""为什么中国、中国共产党过去能，而且将来仍然能"等问题提供了相应的解释。以中国实践为指南构筑人类命运共同体，必将给世界各国带来一种真正以人为本、追求人类全方位发展与解放的全新的全球化道路。

编委会

2021 年 9 月 10 日

前　　言

食品是人类赖以生存的物质基础，食品的安全供应不仅是指供给的食品要安全，还要保障食品供应的可持续性。因此，在人类与大自然的斗争中，不断地寻找和学会了如何应对食品问题的各种风险，不断地完善和提升技术、管理与应急处理各种突发事件的能力，使人类处于自然竞争中的优势地位。然而，各种风险层出不穷、千变万化，其中，我们正面临着的新型冠状病毒肺炎疫情，就是人类发展长河中一个重要的事件。

新型冠状病毒肺炎（Corona Virus Disease 2019，COVID-19），世界卫生组织命名为"2019 冠状病毒病"，是指 2019 新型冠状病毒感染导致的肺炎。2019 年 12 月以来，湖北省武汉市部分医院陆续发现了多例有华南海鲜市场暴露史的不明原因肺炎病例，证实为 2019 新型冠状病毒感染引起的急性呼吸道传染病。2020 年 2 月 11 日，世界卫生组织总干事谭德塞在瑞士日内瓦宣布，将新型冠状病毒感染的肺炎命名为"COVID-19"；2 月 22 日，国家卫生健康委发布通知，"新型冠状病毒肺炎"英文名称修订为"COVID-19"；3 月 11 日，世卫组织认为当前新冠肺炎疫情可被称为全球大流行。后来不断有报告显示，在武汉发现病例之前，在世界的多个国家已经存在数量众多的类似病例。截至欧洲中部时间 2021 年 6 月 11 日 18 时 19 分，全球确诊病例达到 174502686 例，死亡病例达到 3770361 例。新冠肺炎疫情给人类带来了巨大的灾难。

新冠肺炎疫情虽不是食品安全事件，但是使食品产业受到了极大的影响。一方面，人们担心进口生鲜食品可能被病毒污染而不敢购买。另一方面，随着疫情在全球的进一步蔓延，食品行业的应急保障以及今后的战略储备等安全问题也日益突出。世界银行最新专项报告称，2020 年全球农业市场继续保持稳定，三种最广泛消费的主食（大米、小麦和玉米）的全球产量处于或接近历史高位。然而，某些经济作物的价格受到了全球需求放缓的打压。报告指出，疫情暴发后粮食安全问题更加重要，一些国家限制粮食出口损害了进口国的粮食安全，出现全球粮食供应紧张的问题，对此，更多的国际组织呼吁采取集体行动，保持国家间的粮食贸易渠道畅通。时至疫情发生一年多后的 2021 年，粮食安全面临的主要风险依然存在，随着疫情的持续、粮食生产受到的冲击也仍在持续，特别是长期缺乏粮食的一些发展中国家更加举步维艰。

该书稿正是基于食品产业处于新冠肺炎疫情影响这样的一个大背景下而形成的。疫情让学生不能回校，让老师不能面对面给学生上课，只能线上授课。看到疫情的发生、发展，人们焦急、彷徨、不知所措。我们很幸运生在了中国。疫情发生初期，习近平总书记 2020 年 2 月 23 日出席统筹推进新冠肺炎疫情防控和经济社会发展工作部署会议并发表重要讲话，深刻分析了中国当前疫情形势和对经济社会发展影响，明确提出了加强党的领导、统筹推进疫情防控和经济社会发展工作的重点任务和重大举措。之后我们看到，中国共产党和中国政府在疫情中发挥制度优势，采取的防控措施有力有效，展现了出色的领导能力、应对能力、组织动员能力、贯彻执行能力，为世界防疫树立了典范。虽然现在仍有外部输入病例，但是，中国百姓生产生活正常，是世界人民羡慕不已的。我们"食品产业发展风险应对"课题组是在疫情初期成立的，由生吉萍教授作为课题组组长，师门下的研究生作为主要成员，合作单位国家卫生健康委员国家食品安全风险评估中心肖革新处长和中国农业大学申琳教授参与指导，英国剑桥大学和俄罗斯高等国立经济大学（National Research University Higher School of Economics）的 Ksenia Gerasimova 教授也参与从国际视角进行了讨论。

课题组将食品产业按照产业链的环节进行了分段分工分别研究，又进行整体融合宏观调整。本书注重实践与现实的展示，更着重理论的指导与理性的提升，通过理论与实践的结合，提炼出"中国食品产业风险应对策略"。本书的第一章为整体研究的架构和相关的理论介绍。第二章，通过调研疫情对农业生产（包括种植和养殖业）的影响，特别是课题组对有机产业的电话调研，跟踪疫情初期的情况，后来限制放开之后通过与生产企业的座谈和实地考察，又评价了疫情的整体影响。第三章，通过分析产业数据结合实地调研，发现外部风险冲击后时代中国食品产业发展的稳定性和后劲。第四章，针对受外部风险冲击影响最大的流通环节，通过调研分析了流通环节的风险控制点，及时提出了控制风险的策略。第五章，关注新零售，发现疫情导致了消费结构的变化，提出基本应对策略。第六章，为食品安全监管的策略研究，为未来应对食品安全风险总结监管经验。第七章，侧重消费者受疫情影响的认知、意愿与行为研究，发现消费者对生物技术及其产品的可接受度增大了。最后，对各个章节进行了总结，形成了一定的结论，并提出了政策建议。

  该研究的线上线下调研、书稿的编写和出版，均得到了中国人民大学科研基金的支持。新冠肺炎疫情阻碍了很多线下活动，为成书带来了困难。由于时间紧迫，作者能力所限，书中疏漏和不妥之处在所难免，敬请诸位同仁和读者朋友惠正！

目　　录

第一章　导论 …………………………………………………（1）
　　第一节　研究背景 ……………………………………………（1）
　　第二节　食品产业链负面冲击的风险应对经验研究 ………（8）
　　第三节　研究思路、理论与创新 ……………………………（13）
　　第四节　研究目的与意义 ……………………………………（33）

第二章　外部风险对农业生产的影响及对策探究 …………（36）
　　第一节　外部风险冲击下农业领域的脆弱性分析 …………（37）
　　第二节　外部风险对农业种植业的影响：
　　　　　　以大棚蔬菜为例 ……………………………………（50）
　　第三节　外部风险对中国养殖业的影响：
　　　　　　以畜禽养殖业为例 …………………………………（59）
　　第四节　外部风险冲击下保障中国农业生产的
　　　　　　应对思路 ……………………………………………（74）

第三章　中国食品加工环节的风险冲击应对策略 …………（81）
　　第一节　食品加工业的概念与发展概况 ……………………（81）
　　第二节　食品加工业受外部风险冲击情况分析 ……………（89）

第三节 外部风险冲击下食品加工业保持稳定性的
　　　　理论分析……………………………………………（99）
第四节 中国食品加工业的风险应对机制分析…………（111）
第五节 关于保障食品加工业更好更快发展的
　　　　政策建议………………………………………（127）

第四章 外部风险冲击下中国食品流通领域风险分析与风险控制……………………………………（133）

第一节 食品流通领域的内涵与作用……………………（134）
第二节 食品流通领域风险分析…………………………（139）
第三节 食品流通领域风险来源分析……………………（147）
第四节 流通领域食品风险评估模型的构建……………（158）
第五节 食品流通领域的风险控制策略…………………（164）
第六节 中国应对食品流通领域风险的展望……………（170）

第五章 疫情冲击下中国食品销售变化与风险应对………（172）

第一节 销售模式的变化…………………………………（173）
第二节 新零售企业发展的战略生态管理理论…………（181）
第三节 新零售模式的发展机遇与挑战…………………（191）
第四节 新零售模式下的食品流通安全…………………（198）
第五节 新零售的发展策略研究…………………………（205）

第六章 中国食品安全监管风险应对策略…………………（213）

第一节 理论基础…………………………………………（214）
第二节 中国食品安全监管的历史与现状………………（220）
第三节 疫情背景下食品安全监管的问题与挑战………（235）

第四节　疫情中发布的食品安全监管政策………………（242）
　　第五节　完善食品安全监管的政策建议…………………（254）

第七章　认知行为理论视角下消费者食品风险
　　　　　感知及反应应对…………………………………（263）
　　第一节　认知行为理论………………………………………（264）
　　第二节　基于认知行为理论的实证分析……………………（266）
　　第三节　疫情下消费者认知和行为变化……………………（278）
　　第四节　认知行为理论下消费领域发展策略探讨…………（304）

第八章　中国食品产业风险应对策略………………………（312）
　　第一节　食品产业风险应对特征与环节……………………（312）
　　第二节　政策建议……………………………………………（325）
　　第三节　未来展望……………………………………………（330）

附　件 …………………………………………………………（341）

参考文献 ………………………………………………………（354）

后　记 …………………………………………………………（390）

第一章 导论

第一节 研究背景

一 现实背景

突如其来的新型冠状病毒肺炎（Corona Virus Disease 2019，COVID-19）疫情给人类社会带来巨大灾难，全球陷入了第二次世界大战以来最严重的健康和发展危机，至今仍然未能完全解脱。作为首个向世界卫生组织通报并积极应对新冠肺炎疫情的国家，中国果断采取了科学严格的管控措施以限制病毒的传播，各项措施成效显著，感染人数和死亡人数均得到有效控制。2020年4月26日，是武汉市在院新冠肺炎感染者人数"清零"的日子，标志着中国在防控新冠肺炎疫情上取得重大阶段性胜利。[1] 然而，严格的隔离和管控也会带来诸多负面影响，其中在经济发展方面，因产业间、区域间的流通暂停导致的成本闲置、供需不足等问题会使得一些行业的产业链发生中断，这不但会破坏市场均衡，损害民生福祉，甚至会随着时间推移对宏观经济带来严重影响。作为人们

---

[1] 《战疫情·疫情观察·武汉在院新冠肺炎患者"清零"医疗救治工作取得重大阶段性胜利》，2020年4月27日，央视网，http://tv.cctv.com/2020/04/27/VIDEpHCRva-PRkMKcHt7o9FUc200427.shtml。

日常生活最重要的组成部分，食品产业尤为如此。

严重的传染病往往会伴随着农业活动的减少和失业的增加[①]，联合国粮农组织（2020）指出，从生产（始端）到消费（终端），新冠肺炎疫情对食品产业的威胁将是多方面的，食品供给和粮食安全都将受到严重挑战。尤其是在新时期，我国农业大环境发生了许多变化，产业结构和种植基础与以往有着巨大不同，2017—2019年粮食种植面积连续3年下降，累计减少4750万亩，直到2020年经宏观调整后才有小幅回升。其中，传统的7个粮食主销区（北京、天津、上海、浙江、福建、广东、海南）平均自给率从21世纪初的51.2%，下降到不足20%；11个产销平衡省份（山西、重庆、广西、宁夏、新疆、青海、陕西、西藏、云南、贵州、甘肃）平均自给率从2003年的90.4%，下降到不足60%（除新疆和宁夏外）。再加上恶劣多变的气象条件、自然灾害的频发以及内外粮食供应链长效保障机制的不健全，这都迫使我们不得不重新思考食品产业链在未来的发展策略。

作为世界上人口最多的国家，中国的食品产业链安全与否不是一个简单的食品安全问题，甚至会超越经济、社会，引发人道主义危机和群体心理的变化[②]。中国政府始终非常关注食品产业链的运转情况，在本次疫情暴发后，采取了多项政策措施以保障消费者供给和产业链通畅。在保障粮食产出方面，2020年2月25日，习近平总书记对"全国春季农业生产工作"作出重要指

[①] Kuwonu F., "West Africa: New Railway Network to Boost Inter-Regional Trade", *Africa Renewal*, Vol. 28, No. 3, 2014, pp. 8–9.

[②] Yu Xiaohua, Liu Chang, Wang Hanjie, Feil Jan-Henning, "The Impact of COVID–19 on Food Prices in China: Evidence of Four Major Food Products from Beijing, Shandong and Hubei Provinces", *China Agricultural Economic Review*, 2020, ahead-of-print, 10.1108/CAER-04-2020-0054.

示，他强调：

> 在严格落实分区分级差异化疫情防控措施的同时，全力组织春耕生产，确保不误农时，保障夏粮丰收。要加大粮食生产政策支持力度，保障种粮基本收益，保持粮食播种面积和产量稳定，主产区要努力发挥优势，产销平衡区和主销区要保持应有的自给率，共同承担起维护国家粮食安全的责任。要加强高标准农田、农田水利、农业机械化等现代农业基础设施建设，提升农业科技创新水平并加快推广使用，增强粮食生产能力和防灾减灾能力。要做好重大病虫害和动物疫病的防控，保障农业安全。要加快发展生猪生产，切实解决面临的困难，确保实现恢复生产目标。[①]

2020年4月20—23日，习近平总书记赴陕西就统筹推进新冠肺炎疫情防控和经济社会发展工作、打赢脱贫攻坚战进行调研，他强调：

> 坚持稳中求进工作总基调，坚持新发展理念，扎实做好稳就业、稳金融、稳外贸、稳外资、稳投资、稳预期工作，全面落实保居民就业、保基本民生、保市场主体、保粮食能源安全、保产业链供应链稳定、保基层运转任务，努力克服新冠肺炎疫情带来的不利影响。[②]

[①] 转引自新华社《习近平对全国春季农业生产工作作出重要指示强调 把农业基础打得更牢 把"三农"领域短板补得更实 为打赢疫情防控阻击战 实现全年经济社会发展目标任务提供有力支撑 李克强作出批示》，《农村 工作通讯》2020年第5期。

[②] 转引自中华人民共和国国务院新闻办公室《中国政府白皮书汇编（2020年）》，人民出版社、外文出版社2021年版，第32页。

"六稳"和"六保"是党和政府针对新形势提出的工作要求，关系经济发展和社会稳定大局，其中多项都与食品产业链的安全问题相关："保粮食能源安全"就是要发挥好"三农"的"压舱石"作用，做到粮食生产稳字当头，各类能源安全稳定供应；"保产业链供应链稳定"就是要促进产业链协同复工复产达产，保持稳定性和竞争力。在有力的政策干预下，中国的食品产业链保持了相对稳定，尽管发生了一些小的价格波动，但没有出现重大粮食危机，因食品供给的稳定保障，中国其他行业也逐渐有序地恢复了正常运转。[①] 从本次新冠肺炎疫情对我国食品产业链冲击的现实出发，本书以"中国食品产业发展策略"为主题，主要对疫情冲击的现实、疫情冲击的影响以及中国的应对策略三部分进行研究。根据食品产业链的组成结构，分部剖析面对严重负面冲击时食品产业链和食品供应体系应具备的基本应急能力，阐释疫情期间中国食品产业链应对负面冲击的表现与办法，为我国产业体系面对负面冲击提供相应的借鉴和参考。

二 理论背景

从产业体系理论出发，从原始资源加工、生产成可用于流通的产品，再到商品铺货、交易到终端消费者手中的全部环节，才组成食品的完整链条[②]。在此链条上，各个环节又都是一个相对独立的产业，所以产业链也可被认为是由许多既相互独立又互有联系的产业组合而成的集合。产业链的思想最早可追溯至亚当·

---

① Yu Xiaohua, Liu Chang, Wang Hanjie, Feil Jan-Henning, "The Impact of COVID-19 on Food Prices in China: Evidence of Four Major Food Products from Beijing, Shandong and Hubei Provinces", *China Agricultural Economic Review*, 2020, ahead-of-print, 10.1108/CAER-04-2020-0054.

② 郁义鸿:《产业链类型与产业链效率基准》，《中国工业经济》2005年第11期。

斯密（Adam Smith）的分工理论，随着西方商品经济的发展，马歇尔[1]结合"分工理论"将分工从企业内部扩展到企业之间，将企业内部合作扩展到企业间的合作，并最终正式创立了产业链理论。基于该理论，之后的学者将产业链定义为一个由供应商、制造商、流通商和消费者连接组成的系统。[2]

综观食品从播种到最终实现其价值的过程，农户、厂商、物流商、经销商等部门的生产、加工、流通、销售等经济活动最终形成了一条关乎国计民生的食品产业链。"产业链"是一个宏观的概念，它可以被看作供应链和价值链的结合[3]，分别具有结构属性和价值属性[4]。结构属性是指一条完整的产业链应至少具有上游、中游、下游三部分，各部分通过分工与合作实现"原料获取""产品加工"和"产品销售"三大基本功能。前文提到的供应商、制造商、流通商、消费者等部门，分别组成上游、中游、下游的主要链环节。价值属性是指在价值链上，产品可通过生产经营中各个环节的递进实现不断增值，并通过产业链联合调整实现价值最大化。提升产业链的竞争力和稳定性，就是要依靠供应链和价值链的整合，以供应链的协同作用为主体，各环节整合互

---

[1] Marshall, A., *Principles of Economics*, London: Macmillan, 1920.

[2] Hirschman A., "Interregional and International Transmission of Growth", *Rerieas of Economics and Statistics*, Vol. 55, 1958; pp. 204 – 213. John W., "Industry in Developing Countries: Theory, Policy, and Evidence", *Journal of International Development*, 1988; Graham, D. J., *Supplier Quality Assurance in the Automotive Industry*, University of Salford, 1989; Akintoye A., Mcintosh G., Fitzgerald E. A., "Survey of Supply Chain Collaboration and Management in the UK Construction Industry", *European Journal of Purchasing & Supply Management*, Vol. 6, No. 3 – 4, 2000, pp. 159 – 168.

[3] 上创利、赵德海、仲深：《基于产业链整合视角的流通产业发展方式转变研究》，《中国软科学》2013年第3期；寇光涛、卢凤君、王文海：《新常态下农业产业链整合的路径模式与共生机制》，《现代经济探讨》2016年第9期。

[4] 吕洁华、关俊威：《黑龙江省林下中草药产业链构建及利益分配机制》，《东北林业大学学报》2018年第6期。

促,最终达到产业链总体价值的最大化水平。因此,供应链和价值链的研究,也就是产业链研究的核心。

除了新冠肺炎疫情的影响因素,考虑到我国自然资源分布不均的基本属性和长期小农经济的发展历史,我国食品产业链大环境主要面临产业流程多、产业链长;产业集中度低和产业准入门槛低三大问题[①]。第一,食品产业流程多、产业链长。产业链主要包含价值链、企业链、供需链和空间链四个维度,从各维度对食品产业链进行考察,都难以忽视其自有的空间性和时间性,以及以空间性和时间性为中心所延展出的众多环节[②]。只有通过产业链整合、调整、优化,从而使链上的各参与企业协同行动,以达到提高整个产业链运作效能的目的,才是提升产业稳定性,增强其竞争优势的根本办法。然而,当前我国食品产业整合并不理想,尤其是时令性强、保鲜要求高的农产品产业流程多、产业链长,为稳定食品供给埋下隐患。第二,食品产业集中度低。改革开放以来,我国农业产业化取得了巨大进展,涌现出了许多农产品企业和新型生产经营主体,但这些农业龙头企业中,大量的企业都属于中小企业,分散生产、分散经营既是我国食品产业的主要特征之一,又是限制我国产业发展,使产业链在面临外界负面冲击时难以保持稳定的重要原因。我国食品产业的总体集中度较低,经过进一步分化后,在食品产业链的中下游的企业(如加工商、流转商、批发商、零售商等)在面临疫情冲击后,更是难以支撑产业链的稳定和通畅,尽管像"毛细血管"一样的小微企业

[①] 刘震、廖新:《基于食品安全问题的食品产业发展模式探析》,《农村经济》2012年第11期。
[②] 石朝光、王凯:《基于产业链的食品质量安全管理体系构建》,《中南财经政法大学学报》2010年第1期。

和商户能够在一定程度上保障居民在面对疫情时的基本生活需要，但面对大规模的供给不足时，小微企业和商户无论是从资本、销售渠道还是管理手段上都难以与庞大的市场环境抗衡。失去了持续可靠的供给，小微企业和商户作为产业链中的重要环节所引发的连锁反应，会进一步影响产业链的整体平衡，使产业链流转不畅，食品供给与食品安全问题也进一步恶化。第三，食品产业准入门槛低。由于我国长期以来的农地产权制度和经营特征，参与到食品产业链中的门槛比较低。低准入标准、参差不齐的生产管理水平，必然导致低的食品安全保障和供给水平。在经济学分析中，常把我国的农产品市场视为"完全竞争市场"状态，每个自然人或者法人都可以较容易地参与到种植、养殖行业当中，这种状况不但加剧了小企业分散生产、分散经营的局面，而且面对冲击后的调整能力也有所欠缺。因此，无论是疫情冲击还是我国食品产业链自身存在的不足，都给维持食品产业稳定、保障食品有效供给带来了巨大挑战，解决好此类问题，既是我国保障国计民生的重点，又是实现经济"内循环"的难点。

在当前我国食品产业链发展的历史时期下，本书对此次新冠肺炎疫情对中国食品产业的负面冲击进行反思，分别从食品产业链的供应链（食品生产环节、食品加工环节、食品流通环节和食品消费环节等）和价值链（食品价格市场、食品销售模式、食品质量监管体系等）两方面进行考察，系统性地分析新冠肺炎疫情下我国食品产业链所受的冲击和相应策略，为食品产业未来的发展提出有针对性的建议，以期为未来我国食品产业链的发展，尤其是在面对负面冲击后如何快速调整和恢复，提供有益参考。

第二节　食品产业链负面冲击的风险应对经验研究

随着人类生产力的提升和全球化趋势的进一步发展，传染性疾病的发生频率及其对经济的负面影响都在增加[1]，比如近些年来对社会产生较大影响的禽流感（H5N1）、甲型流感（H1N1）、重症急性呼吸综合征（SARS，非典型肺炎）、中东呼吸综合征（MERS）、埃博拉病毒（Ebola）等，不但严重危害人类的身体健康、抑制了世界经济发展，而且对全球公共治理体系、社会情绪等方面也产生了较大冲击。其中，在控制传染性疫情的扩散过程中，为了尽可能限制跨地域的活动压制了产品运输和劳动力流动，尤会造成产业链的中断，导致经济在短期内严重波动[2]。

除了对宏观经济的影响，新冠肺炎疫情也可能导致粮食短缺和家庭收入减少[3]。虽然人们在对抗 SARS 和 MERS 的过程中并未发现传染性病毒对食品安全以及食品供给水平的强烈影响，但疫情冲击在一定程度上也打破了食品产业链系统的平衡。比如，2003 年春季非典型肺炎的暴发，使中国的冬小麦收成整体推迟了 2 周，而且在部分地区的粮食市场中也曾出现短期的恐慌性抢购

---

[1] Jones, K. E., Patel, N. G., Levy, M. A., Storeygard, A., Balk, D., Gittleman, J. L. and Daszak, P., "Global Trends in Emerging Infectious Diseases", *Nature*, Vol. 451, 2008, pp. 990 – 993.

[2] Fan S., Si W., Zhang Y., "How to Prevent a Global Food and Nutrition Security Crisis Under COVID – 19", *China Agricultural Economic Review*, 2020, ahead-of-print (ahead-of-print).

[3] Fan S., Si W., Zhang Y., "How to Prevent a Global Food and Nutrition Security Crisis Under COVID – 19", *China Agricultural Economic Review*, 2020, ahead-of-print (ahead-of-print).

现象①，但总体来说，疫情当年未造成农业生产的中断，基本农产品价格也保持了正常水平，尤其是在中国、新加坡、韩国等亚洲国家的文化体系下，受"非典"疫情影响后表现出了强大的经济社会恢复力并很快使农业生产步入正轨。这些国家在恢复过程中有效地连接了国内和国际市场，确保了食品产业链不会断裂。相比之下，埃博拉病毒对非洲国家食品产业链的影响就要大得多，而且相关国家的食品市场和贸易情况也有较大的负面影响，威胁到了该地区民众的粮食安全和膳食营养水平。根据世界卫生组织的报道，2014—2016年西非暴发的埃博拉病毒导致了2.8万人以上的感染，致1.1万人死亡，病情主要发生在几内亚、利比里亚和塞拉利昂等国家。②造成如此多死亡人数的原因不仅是由于病毒感染，还与粮食和营养安全有着密切的关系，农业生产、农产品市场、劳动力、物流运输和贸易都会导致食品消费价格的增加，经济也会因此而放缓。总结各方面的影响，主要体现在如下几个方面。

第一，农业生产受到严重影响，威胁到当地粮食供应。为了防控疫情，当地政府采用隔离手段来控制人的行动，隔离的管理方式限制了劳动力流动，这不仅导致作物种植错过了重要季节，而且也使得在粮食和经济作物的收获季节缺少人手，这导致了农产品产量下降和食品价格上涨③，此类现象多发生于几内亚、利比里亚和塞拉利昂，尤其是塞拉利昂的凯拉洪（Kailahun）和凯内马（Kenema）地区，而这两个地区也是塞拉利昂的粮食主产

---

① 韩鹤忠：《"非典"引发粮食抢购带来的启示》，《调研世界》2003年第8期。
② WHO（2016），Ebola Situation Report-20 January 2016，available at: http://apps.who.int/ebola/currentsituation/ebola-situation-report-20-january-2016.
③ FAO（2016），Impact of the Ebola Virus Disease Outbreak on Market Chains and Trade of Agricultural Products in West Africa，available at: http://www.fao.org/3/a-i5641e.pdf.

区和主要经济地区。

第二，疫情导致的交通中断使农产品销售受阻，农产品价格大幅下跌。埃博拉疫情的暴发给疫区民众带来了非常大的恐慌，由于担心被感染，很少有买家和批发商来购买农产品，这就造成了农产品销售低迷、农产品的价格和数量下降，并最终使农民的收入水平降低。以几内亚为例，国内市场的流动停滞已对该国食品产业链造成较大影响，但在世界食品市场的视域下，疫情的出现也使得几内亚难以与其他地区产生贸易，产业链的销售环节受到严重影响①。比如在几内亚的富塔贾隆（Fouta Djallon）地区，经过几个月的隔离后，该地区土豆价格下降了大约 1/3。②

第三，贸易中断严重影响粮食进出口。几内亚、利比里亚和塞拉利昂都是食品净进口国，在受埃博拉疫情影响期间，这些疫区国家与其他国家之间的食品贸易关系都受到严重影响。③ 比如，泰国由于担心被病毒感染，中断了对这三个国家的大米出口，相关机组人员不愿前往受疫情影响的非洲国家，航运等运输方式也难以招募船员及其他运输人员，即将到达或已经到达疫区国家的运输队伍，也因其疫区经历而难以去往其他国家④；利比里亚的食品消费高度依赖进口，由于运输受阻和运输费用的增加，到港食品难以发配至农村，利比里亚农村地区的大米消费数大量减

---

① FEWS NET (Famine Early Warning Systems Network) (2014), Guinea, Liberia and Sierra Leone: Special Report, FEWS NET, Washington, DC (accessed 31 December 2014).
② FEWS NET (Famine Early Warning Systems Network) (2014), Guinea, Liberia and Sierra Leone: Special Report, FEWS NET, Washington, DC (accessed 31 December 2014).
③ FEWS NET (Famine Early Warning Systems Network) (2014), Guinea, Liberia and Sierra Leone: Special Report, FEWS NET, Washington, DC (accessed 31 December 2014).
④ UkrAgro Consult (2014), Thai Rice Shipments to West Africa Curtailed By Ebola Outbreak, available at: http://www.blackseagrain.net/novosti/thai-rice-shipments-to-west-africa-curtailed-byebola-outbreak.

少；塞内加尔在2014年8月至2015年1月关闭了为期5个月的边境贸易,这导致几内亚的农产品生产商和流通商无法向塞内加尔进行出口(如土豆、水稻等),这使得几内亚农产品生产价格大幅下跌,损失惨重,同时也加剧了进口国的粮食短缺和贫困固化。

第四,食品价格的飙升(尤其是在城市中心地区)。受埃博拉疫情影响,为了防止病毒传播,几内亚、利比里亚和塞拉利昂政府在2014年10月采取了隔离和限制民众行动等措施。这些限制措施直接或间接导致了市场混乱、食品短缺以及民众恐慌,食品价格平均上涨了24%,部分家庭不得不减少食物的摄入量来度过无法买到食物的日子,这对民众的食品和营养安全构成了严重威胁,尤其是对儿童、妇女、老人、残疾人和贫困人口群体,威胁更加严重。根据世界银行的数据,相关国家的疫区大米价格上涨了超过30%;世界粮农组织的数据也显示,利比里亚的木薯(Cassava)价格上涨了1.5倍以上。

第五,对经济的总体影响。因埃博拉病毒肆虐,人们减少了旅行、参观和贸易等活动,疫情期间,飞往几内亚、利比里亚和塞拉利昂的航班急剧减少,塞内加尔和科特迪瓦也关闭了与几内亚的边境贸易。在几内亚首都科纳克里,旅馆数量减少了近50%[1]。根据世界银行的估算,2014—2016年埃博拉疫情期间,造成的损失约为28亿美元,其中塞拉利昂损失约19亿美元,几内亚损失约6亿美元,利比里亚损失约3亿美元。利比里亚的实际国内生产总值增长率从2013年的8.7%降至2016年的0.7%;

---

[1] World Bank (2014), The Economic Impact of the 2014 Ebola Epidemic: Short and Medium Term Estimates for West Africa (English), World Bank Group, Washington, DC, available at: http://documents.worldbank.org/curated/en/524521468141287875/The-economic-impact-of-the-2014-Ebola-epidemic-short-and-medium-term-estimates-for-West-Africa.

在铁矿产业的支撑下,塞拉利昂的实际国内生产总值增长率降至4.6%(2014年),相较于2013年降低了20.7%,如果不考虑铁矿产业,塞拉利昂的实际GDP增长率将从5.3%降至0.8%;在几内亚,其实际国内生产总值从病毒暴发前的4%降至2015年的0.1%。这些都能看出埃博拉病毒对整个经济的显著影响。

第六,对个人的影响。由于疫情下食品价格的上涨,疫区许多居民不但面临着粮食安全危机,而且承受着收入下降的压力。埃博拉疫情暴发后,利比里亚的个人就业率下降了24个百分点,其中蒙特赛拉多地区(Montserrado)的员工数量下降了47%。粮食安全受到威胁的地区,其平均食品消费支出将较之前增长50%—70%,特别是对于贫困人口,主食价格的上涨将导致其购买力下降,不但难以解决温饱,而且也不易获得其他商品和服务。根据世界粮农组织的报告,2014年12月,在受埃博拉病毒影响最严重的这三个国家中,大约有50万人经历了严重的粮食危机;而根据国际粮食政策研究所(IFPRI)的报告,受影响人口将达到120万人。世界粮农组织、国际农业发展基金会、联合国儿童基金会、世界粮食计划署、世界卫生组织等机构(2019)联合进行的研究认为,在此次疫情的影响下,利比里亚营养不良人口比例从2014年的39.4%反弹到2016年的42.8%,西非地区营养不良的人口比例也从2014年的9.8%上升到2016年的11.5%。

与埃博拉病毒相比,新冠肺炎是一种由新型冠状病毒(Severe Acute Respiratory Syndrome Coronavirus 2,SARS-CoV-2)引起的新型传染病,2020年1月20日国家卫生健康委员会就将新冠肺炎纳入乙类传染病并采取甲类传染病的预防、控制措施。新冠病毒具有更强的暴发频率、传播范围和危害程度,并且无特效治疗药物,对全社会和人类健康造成了更大的伤害。从流行病学角度分析，新冠病毒与埃博拉病毒均通过动物传染到人，并在人际间传播蔓延，而且 SARS-CoV-2 传染性、隐匿性更强，潜伏期患者依然具有传染力。目前尚难准确预测新冠肺炎疫情给全球经济带来的影响，但出于对全球供应链极端脆弱性的担忧和系统性风险上升的恐惧，经济全球化亦难逃其弊，新冠肺炎疫情对全球食品产业链的影响，也势必会冲击各国的经济稳定。

食品产业链是支撑全球供应链的重要力量。而连接全球各地无数制造企业和服务企业的庞大复杂的供应链网络，促使世界经济交织成一个相互依存、相互融合的有机整体，但同时也加大了全球经济的脆弱性。在一个高度依存的全球经济体系中，任何一个经济体特别是作为全球供应链关键环节的经济体发生暂时的生产停摆或贸易限制，都会给其他部门带来不容小觑的外部冲击。新冠肺炎疫情是一场全球的健康危机，同样地，它也伤害了通过供应链建立起来的全球经济肌体。疫情暴发后，从食品产业链到医疗物资，从交通业到旅游业，从文化服务、金融服务到技术服务……全球无数商品和服务的国际生产被迫放慢甚至暂停，这暴露了全球供应链的极端脆弱性，也加剧了恐慌情绪的蔓延，更进一步地影响了全球供应链以及食品产业链的运转情况。无论新冠肺炎疫情最终酿成的经济损失总额到底有多大，其引发的食品产业链混乱都暴露了在相互连通的全球经济中，一国将难以承受的不确定代价。

第三节 研究思路、理论与创新

一 研究思路与相关理论

（一）研究思路

基于大量的现实案例和相关理论，本书紧紧围绕新冠肺炎疫情冲击下我国食品产业发展策略这一主题展开论述。首先，通过剖析新冠肺炎疫情对我国食品产业链的冲击，展现出我国食品产业链在重大风险下的表现；其次，介绍我国应对新冠肺炎疫情冲击的具体办法和行动，研究各措施的实施效果；再次，利用现实案例梳理出我国食品产业链在面临新冠肺炎疫情冲击的应对机制和过程，并提出有效建议；最后，结合相关科学理论，反思在此次应对新冠肺炎疫情过程中我国食品产业链的得与失，对未来应对重大风险危机的策略进行展望。具体来说，共分为以下几个章节。

第一章　导论。该章主要论述了新冠肺炎疫情对我国经济社会的影响情况，尤其是对食品产业链的影响情况。并通过对近期人类所经历的几次重大传染性流行病的回顾与梳理，尤其是以埃博拉病毒为代表的最近的传染性疾病总结，类比此次新冠肺炎疫情可能造成的后果，借鉴先前经验，为本次新冠肺炎疫情对食品产业链的应对提供参考。提出本书的研究思路和逻辑框架，以及可能用到的相关理论，为本书其他部分奠定理论基础。

第二章　外部风险对农业生产的影响及对策探究。该章主要论述了在新冠肺炎疫情冲击下，我国食品产业链的生产端受到了哪些影响又有何表现。作为食品产业链的重要组成部分，本章首先对疫情冲击下"三农"领域的脆弱性进行分析，然后主要以种植业和养殖业为研究对象，通过案例分析和描述性统计说明三次产业受疫情影响的具体情况如何。针对生产环节中种植业和养殖业所表现出的各类问题，以及我国应对问题的政策与办法，总结治理经验，为尚在受疫情影响严重的国家提供一套行之有效的中国方案。

第三章　中国食品加工环节的风险冲击应对策略。该章主要阐述了新冠肺炎疫情对食品产业链加工端的影响。由于在新冠肺炎疫情发展初期，我国及时采取了隔离封锁等行政手段限制了人口流动，这也直接导致了食品加工企业的用工不足、农民工无法获得稳定收入、食品加工企业销路不畅等多方面的不利后果。针对食品加工环境所面临的各类困难，本章对其进行规律总结，首先对我国食品加工业的发展概况进行介绍，然后具体分析了我国食品加工业受疫情影响的具体表现，并回顾了我国在恢复食品加工环节的过程中所采用的各类有效措施，在新冠肺炎疫情所导致的危机中探索改革思路，以危机管理"4R理论"为依据找到加工环节风险控制的具体办法。

第四章　外部风险冲击下中国食品流通领域风险分析与风险控制。该章通过聚焦食品产业链的流通领域，对新冠肺炎疫情所带来的风险进行了整体反思。分析了新冠肺炎疫情可能给食品流通领域带来的风险来源，构建风险评估模型，为食品流通领域防范可能面临的各类风险提供一个科学有效的指标体系，并具有针对性地提出应对各类风险的方法。通过此次新冠肺炎疫情给食品流通带来的冲击，反思我国食品流通过程存在的不足，根据相关理论对该环节中的各类不足提供解决办法，为完善我国未来的食品流通体系提供思路。

第五章　疫情冲击下中国食品销售变化与风险应对。海洋食品是受本次新冠肺炎疫情影响最为严重，给民众带来风险最大的食品类别，其特殊的采集、仓储、运输方式使得新冠病毒可以长期留在食品本身或食品包装上，并最终导致病毒在世界范围内的跨区域传播，以及疫情的多次复发。为了研究海洋食品有效、安全的流通和销售方式，该章主要阐述了海洋食品的特殊性质和开发情况，并以新零售形式为切入点，探讨了在新冠肺炎疫情期间食品消费和流通方式的变化。新冠肺炎疫情的肆虐使电子商务销售方式一跃成为主流销售模式，电商销售、直播带货、同城配送等新兴模式带来了生鲜食品乃至全部品类食品销售模式的革新，因此，食品产业链的销售端也在这种变化中面临着诸多机遇和挑战。本章也将重点探讨如何强化（海洋）食品的安全销售，如何完善食品新零售模式的制度建设和监管办法。

第六章　中国食品安全监管风险应对策略。该章主要探讨了新冠肺炎疫情期间食品安全监管的相关问题。作为维持食品产业链安全稳定的重要措施，监管既能在日常起到监督完善的作用，也能在重大疫情突发的时候帮助食品产业链防御各类风险。本章以社会共治理论、委托—代理理论和激励相容理论为依据，首先梳理了不同历史时期我国食品产业链的监管模式与机制，然后具体分析了当下我国食品安全监督法律法规体系，剖析了我国食品产业链的监管模式的优势与不足，结合此次新冠肺炎疫情对食品产业链安全的影响，以及新冠肺炎疫情常态化防控的形势，为我国食品产业链的监管提供改革思路与建议。

第七章　认知行为理论视角下消费者食品风险感知及应对。受新冠肺炎疫情影响，消费者的食品消费观念与认知水平都产生了较为明显的变化。在疫情期间，食品安全问题、供给保障问题等的发生，不仅显现出食品产业链亟待进一步完善的重要性，也反映出消费者对我国食品产业链的不了解和不信任。我国食品安全公信力不足已成为影响食品安全整体形势、食品消费和食品产业健康发展的重要因素。该章以认知行为理论为依据，从我国居民食品消费的认知层面入手，分析我国食品产业链中消费者自信、感知风险等方面可能存在的问题，通过实证分析考察新冠肺炎疫情影响下消费者认知行为的变化情况，为完善食品安全制度建设、提高食品安全监管、加速消费领域的数字化转型提出对策与建议，对食品产业链的完善具有重要意义。

第八章　中国食品产业风险应对策略。该章总结了上述七章的主要内容和所得结论，在新冠肺炎疫情的大背景下，从食品生产、食品加工、食品流通、食品消费、食品安全数据库、食品监管和消费者认知等角度分析了"食品产业发展"这一主题。基于食品产业链的思想展开讨论，有针对性地为我国食品产业发展提出有效建议和有益办法，展望未来我国食品产业链的发展，并反思我国食品产业链面对重大负面冲击时所需具备的必要应对措施，为我国食品产业链的稳定、国家经济的稳定、国计民生的保障提供参考。

总的来说，本书认为：新冠肺炎疫情会直接或间接地影响到食品产业链的各个阶段，而受到负向冲击的产业链又会使得导致产业链波动的负向因素的效果进一步加剧。在没有政策干扰的情况下，这个恶性循环将继续下去，最终导致食品供给的不足和人民生活水平的下降，甚至导致经济发展水平降低和社会动荡。所以我们需要强有力的政策干预来对此循环进行修正，尽可能地减小新冠肺炎疫情带来的不良影响。具体机制如图1-1所示。

（二）相关理论

在新冠肺炎疫情的大背景下，考虑到食品产业链的特点，本书主要基于以下理论对各章节进行阐述。

1. 食品系统理论

"食品系统"的概念来源于西方农业经济学界中"Food System"的直译，最早可追溯至20世纪70年代。美国威斯康星大学（University of Wisconsin）教授马里恩（B. W. Marion）率领美国中西部大学的农业经济学者组成委员会，受美国政府委托对美国的农业、食品制造业和流通业的关系进行了系统的研究。其成果《美国食物系统的组织与表现》（*The Organization and Perform-*

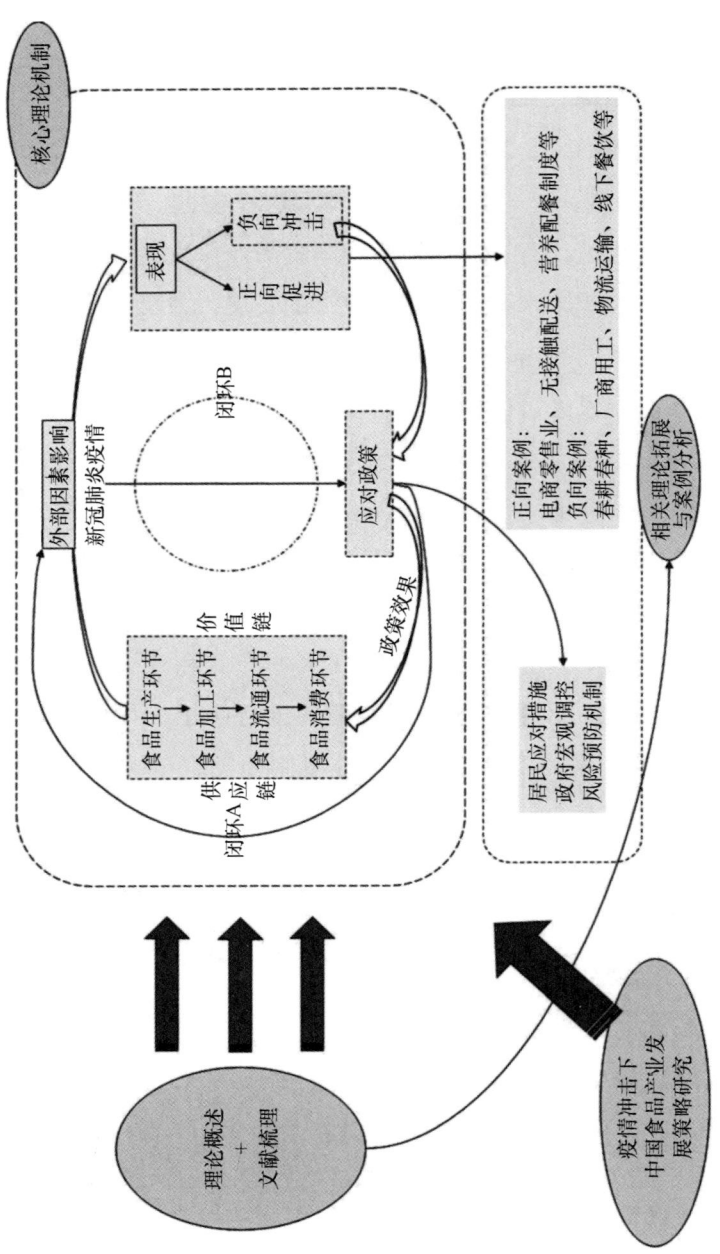

图1-1 政策干预削弱疫情对食品产业链的影响

ance of the U. S. Food System）给美国农业经济学界带来了很大的影响。该书探讨了美国的农业部门与下游制造业和流通业的各种垂直整合关系、效率和价格形成问题，称之为"Food System"，但并没有给出明确的定义。最早对此语进行定义的文献被认为是来自欧洲，欧盟委员会（European Commission）的研究报告《欧洲食品系统展望》（Prospects for the European Food System）。报告中，将食品系统定义为："食品系统包含 Food Chain 和农业资料与设备提供商、食品加工设备供应商等。"Food Chain 是指"农民—食品加工业者—食品零售业者—消费者"的连锁，而且报告中还提到"技术因素的影响使食品系统中各种关系越来越复杂"。此后，这一词语作为专门用语逐渐被其他学者采用。90年代初，日本大学教授高桥正郎等人成立了食品系统学会，吸收了经济学、管理学、市场营销学、营养学和食品工程学等各领域的学者进行了一系列的交叉研究，取得了一定的成果，并逐渐形成了新的理论体系。食品系统理论的概念如图 1-2 所示。

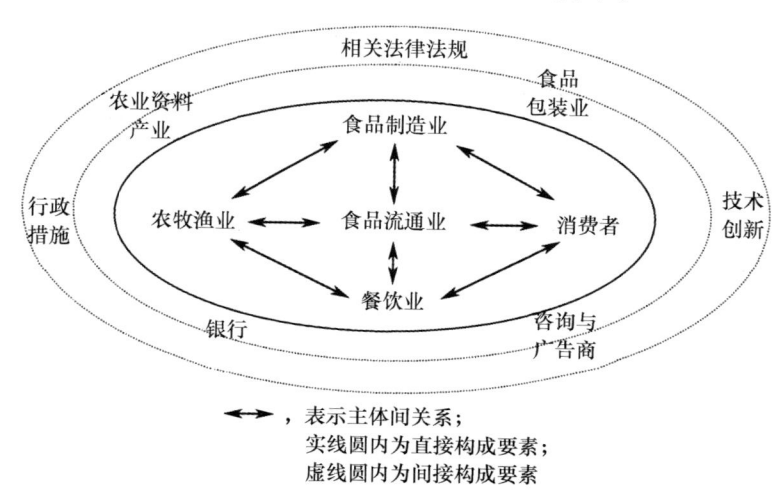

图 1-2 食品系统理论概念

2. 产业集群理论

产业集群的研究最早开始于 20 世纪初经济学家马歇尔（Marshall，1920）提出的"产业聚合现象"的概念，接着出现了许多相关的学理研究，例如：区域经济理论、经济地理理论、新经济地理学理论等多个研究领域与学派都提出许多不同的创见与想法。从产业集群相关研究的探讨中，我们知道厂商因为聚集效果而产生集群的现象，由于这些厂商在某一地域的聚合，进而带动了该区域的经济发展，这些例证可以从美国"硅谷"、中国台湾新竹科技园和中国深圳等地的成功经验窥知。这些区域成功地借由产业集群发挥了综合效益的力量，并强化了竞争与创新的能力。许多经济地理与区域发展领域的研究学者强调产业集群对区域经济发展与聚集经济所带来效益的重要性，此后，有许多管理学科相关领域的学者都开始慢慢关注产业集群的研究。

产业集群是指大量具有较强产业关联度的企业和相关组织机构由于在功能和区位上的联系，而形成的稳定、具有持续发展能力和竞争力的产业集合体。产业集群具有两个重要的特征：一是地理区位上的集聚性，二是集群内的主体具有很强的功能联系。在现代社会中，集群已成为富有技术含量的产业快速发展的主要模式。

3. 危机管理 4R 理论

危机管理 4R 理论是美国危机管理专家罗伯特·希斯在《危机管理》一书中率先提出的，其内容主要包括缩减力（Reduction）、预备力（Readiness）、反应力（Response）和恢复力（Recovery），其目的是提供一种积极的风险管理策略[1]。

---

[1] [美] 罗伯特·希斯：《危机管理》，中信出版社 2001 年版。

缩减力是危机管理中最重要的内容，是危机管理的基础，任何有效的危机管理都不能缺少危机缩减。危机缩减是指减少危机风险发生的可能性和危害性，大大降低风险和缩减危机的发生及冲击力，从而避免时间和资源的浪费。缩减力主要涉及四个方面：环境、结构、系统、人员。预备力主要是进行预警和监视，对每个细节的不良变化作出反应并发给其他系统或负责人。由于危机的发生具有突然性和不确定性，因此组织必须提前做好应对预案和准备工作，以便危机发生时能够快速反应，尽力地保障生命、财产的安全，及时激活危机反应系统。反应力主要是指在突发事件过程中的处理和应对能力，强调在危机发生后，组织要采取相应的措施加以应对，解决危机。危机反应要求危机管理主体要解决危机管理过程中出现的各种问题，包括控制风险、制定决策、与利益相关者沟通协调等方面。主要包括危机的沟通、媒体的管理、决策的制定等。这个过程的主要工作是要对危机进行确认，并隔离、处理和总结危机，最终通过最优决策方案来降低风险的冲击力。恢复力是指危机被解决之后进行相关的恢复工作，将所有的工作恢复到危机之前的状态，并进行学习与总结。危机管理组织要对危机产生的影响和后果进行详细的分析，并制订相对应的恢复计划，使组织或者受危机影响的社会公众尽快从危机中走出来，回到正常的生产生活轨道上。同时，对危机的反馈总结也是必不可少的一个环节，通过对危机的反省，找出组织自身的不足，吸取经验与教训，提高组织的管理能力。

4. HACCP 分析法

HACCP 是 Hazard Analysis Critical Control Point 的英文缩写，表示危害分析的关键控制点。HACCP 体系产生于 20 世纪 70 年代，1993 年这一概念在欧洲指令中被定义，是一种能够处理食物生产过程中风险的有效的工具。我国 HACCP 的概念在 1994 年《食品工业基本术语》中被提出，在国内应用于食品工业、餐饮业、养殖业、医药、农业、军事等领域。

　　HACCP 是国际上公认的食品安全保证体系，是一种鉴别食品危害的监控体系，可以对食品供应链环节中的物理性、微生物、化学危害进行安全控制的一种行之有效的方法。HACCP 方法由 7 个基本原则组成：（1）危害分析。（2）确定关键控制点。（3）建立关键限制。（4）监控关键控制点。（5）纠偏措施。（6）保存记录。（7）自我验证程序。HACCP 技术具有极高的应用价值，可以直接提升食品安全水平。因此，各国政府和科研机构非常重视 HACCP 技术的研究与探讨。

　　生鲜农产品在人们日常饮食中占有十分重要的地位，随着人们生活水平的提高和食品安全意识的增强，人们对生鲜农产品的品质要求也越来越高。自改革开放以来，我国高度重视农产品流通安全问题，采取相应政策提升农产品品质，经过新冠肺炎疫情这一重大风险的冲击与考验，可以看出我国在农产品物流，特别是生鲜农产品国际物流发展方面仍较为落后。运输、储存等物流活动中生鲜农产品高损耗、易污染现象严重，以及由于生鲜农产品进出口通关效率低下造成的生鲜农产品品质的大幅度降低现象普遍存在。为保障生鲜农产品质量安全，降低生鲜农产品在国际冷链物流环节中的巨大损耗，提升我国生鲜农产品贸易的国际竞争力，亟须建立生鲜农产品国际冷链物流质量控制体系，实时监控生鲜农产品国际冷链物流的关键环节，控制影响生鲜农产品品质的显著危害。

　　在食品相关产业中，多位学者将 HACCP 进行了实践应用，取得了良好的应用效果。黄婷婷和张玉梅（2014）将 HACCP 技术应用于黄芪饮片的生产中，肖世青（2014）将HACCP应用于L-组氨酸生产中，但将HACCP应用于国际冷链物流环节中极其少见。国外也提出将HACCP概念从医疗、食品等领域推广到运输等领域。应用HACCP方法建立生鲜农产品国际冷链物流质量控制体系，监控生鲜农产品国际冷链物流关键环节与显著危害，对保障生鲜农产品品质，降低损耗，减少污染，构建绿色生鲜农产品国际冷链物流体系意义重大。因此，本书将以中国在新冠肺炎疫情这一重点风险冲击下，食品产业链的流通过程为例，通过引入食品风险评估矩阵，改进物流关键环节和显著危害的选取判断，以达到提升生鲜农产品安全、可靠、质有所保障的目的。

5. 战略生态管理理论

随着新冠肺炎疫情的蔓延，食品企业通过对传统战略管理模式的反思逐渐认识到，要想实现可持续发展，必须使企业的行为基于生态系统的承载能力，除了经济盈利的权利外，现代食品企业还必须承担起对行业、社会和环境协同发展的责任和义务，使经济、社会的发展与生态环境相和谐，经济效益、社会效益和环境效益相统一。战略生态管理正是这样一种新型的产业经济模式，它是一类以人类行为为主导，自然生态系统为基础，物质、能量、信息、资金等生态流为命脉，具有高效的经济效益、和谐的生态关系、可持续发展能力的"社会—经济—自然"复合生态系统。与传统的产业范围相比，战略生态管理涵盖的范围更广，有企业的一系列纵向关系，包括供应商、消费者、流通商、回收者、市场中介机构等核心利益相关者，还有企业的横向关系，包括竞争对手、相关产业或企业、政府部门、研发机构等战略利益相关者；同时也包括影响企业生存与发展的宏观环境要素，诸如经济环境、社会环境、文化环境、科技环境、自然环境等环境利益相关者。战略生态管理的三个层次关系如图 1-3 所示。

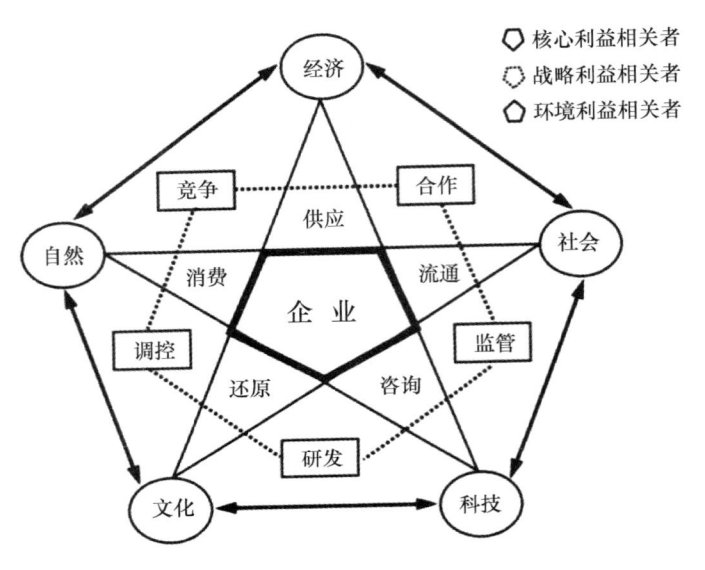

图 1-3 战略生态管理理论

许多研究者认为,现代公司战略正体现出一种强烈的生态化趋势。战略生态管理的实质就是企业要与利益相关者群体和外部环境间建立一种和谐共生的生态关系。战略生态管理的观念不同于传统观念,它遵从生态规律和经济规律,以竞争、共生、自生的生态控制论为指导,认为竞争是为了争夺生态位,强调发展的力度和速度、资源的高效利用、潜力的充分发挥,倡导优胜劣汰,鼓励开拓进取。强调发展的整体性、平稳性与和谐性,注意协调局部利益和整体利益、眼前利益和长远利益、经济建设与环境保护、物质文明和精神文明间的相互关系,倡导和谐共生与协同进化;自生则是企业或整个产业复合生态系统调整自身以适应环境的变化,依靠技术创新、人力资源开发、科学管理等内部优势，利用政策、市场等外部优势，实现自我革新、持续发展。企业决策者和管理者应当深刻理解生态管理的理念，企业战略的制定和实施必须从复合战略生态管理的角度出发，着眼于企业所处的"社会—经济—环境"大系统的整体利益和长远利益，要求企业的发展应基于自然和社会的承载力，维护经济增长所依赖的生态环境的可持续性；制定的发展战略要能充分利用系统的内部优势和外部资源，有利于构建合理的系统结构与和谐的生态关系；要统筹系统的多样性和主导性、开放性与自主性，统筹局部利益与整体利益、短期利益与长期利益，统筹系统发展的速度与稳度；其最终目标是实现一种环境合理、经济合算、行为合拍、系统和谐的协调可持续发展。

6. 社会共治理论

对于食品产业链来说，首先，在概念内涵的界定上，学者们认为共建共享的治理就是各参与主体在比较充分地参与和协商的基础上，尽可能达成大的共识后可采取相互配合的治理行动，是在集权式治理格局基础上的一种合作式治理格局，是一个将参与主体、共建过程和共享目标有机统一起来的新型治理模式和内容体系，同时也是基于公治性、公共性和价值共享性视角下的全民共建共享机制，其中"共建"是多元、参与和共治的集合体，"共享"是"全民共建"的目标和保障。其次，在实现的路径上，构建社会管制中全民共建共享机制的基本途径是推进社会管制的精细化，参照"过程—功能"划分法分别探讨每个环节或阶段的全民参与和共建共享的机制、途径和方法，通过重塑治理理念与价值规范、科学定位多元主体与要素涵盖、全面构筑治理机制综合体等举措来确保目标实现，基于对共建共享社会治理格局是一个系统工程的认识，需要从强化技术支撑、推进管理深化、完善法律法规等层面探索综合化的推进策略，要通过党和政府的角色定位、人民性原则的遵循、公共精神的培养和社会组织的成长、法治思维和法治方式养成来构建社会治理格局，以社区共同体建设的新思路构建共建共享治理格局。党的十九大之后，学者们主要围绕着如何打造共建共治共享的社会治理格局进行探讨，因此形成了"共建共治共享"治理理念的基本阐释。

7. 委托—代理理论

委托—代理理论是建立在非对称信息博弈的基础之上，是信息经济学的基础理论之一。同时其也涉及组织中的制度安排和交易成本的问题，因此也是制度经济学的重要理论之一。委托—代理理论最早来源于企业研究，Jensen 和 Meckling（1976）奠定了相关理论基础。委托—代理理论认为，在企业所有权和经营权分离情形下，委托人委托代理人执行某些任务，当出现问题时，他不能完全（或免费）监督代理人的行为，或者说，代理人的情况十分复杂，以至于对其涉及相关目标的行为进行明确的评价是不可能的。因此代理人享有一定的行为空间，他可以将自己的利益——而不是委托人的利益最大化。因此，委托—代理理论的首要关注点是在信息不对称假设下作出最优合约设计。[1]

委托—代理理论建立在信息不对称基础之上，信息不对称的类型也将可能产生不同类型的委托—代理模型，如逆向选择主要是事前信息不对称所导致的结果，道德风险是事后信息不对称所导致的结果。[2] 现代委托—代理理论的应用不仅仅局限于企业分

---

[1] ［德］斯蒂芬·沃依格特：《制度经济学》，中国社会科学出版社2016年版。
[2] ［美］弗鲁博顿、［德］芮切特：《新制度经济学：一个交易费用分析范式》，姜建强、罗长远译，上海人民出版社、格致出版社2012年版。

析，还逐步扩展到产业链研究领域，如重大风险冲击下产业参与者与监管者之间的关系、监管者及其下属执行机关之间的关系等。本书将重点开展食品企业与食品产业链参与者及其与政府监督部门在食品安全监管过程中的博弈过程。在该过程中，国家级政府机构对食品产业链上的企业信息掌握程度，要低于监管执行机构及食品企业本身对自身的信息掌握程度，同样，基层食品安全监管机构又比更低一级的监管机构掌握的信息要丰富一些，但值得注意的是，上述所有监督机构的信息掌握实际上都没有企业自身掌握的信息多。更高一级的监管部门相比下一级监管部门而言更追求食品安全的质量目标实现以及在疫情冲击下的食品安全保证，而随着监管部门的层级降低，其追求食品安全的目标就越倾向于现实可行性。由于食品安全是国家战略，涉及国计民生，委托—代理理论的参与条件总是成立的，即不参与食品安全治理的成本非常高，以至于所有政府监管部门和企业都必须参与食品安全的监督工作。最后，食品安全监管实施过程中的代理成本即为上级政府对下级政府的目标责任制所产生的行政成本，以及政府对企业进行的食安审计、食安监察、食安核查等所产生的相关成本。（见图1-4）

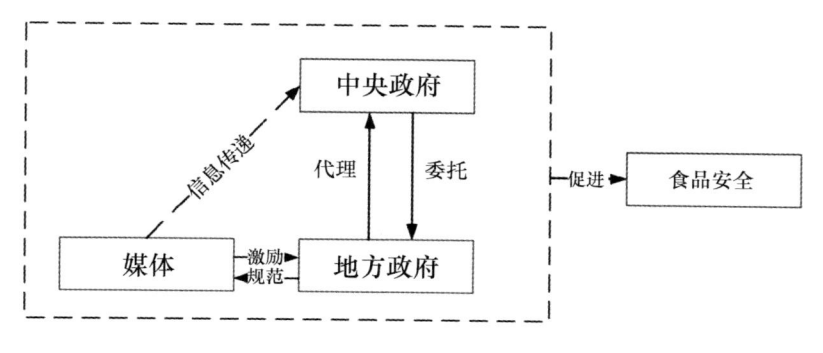

图1-4 食品安全"委托—代理"理论

8. 激励相容理论

激励相容理论是指在市场经济活动中，每个理性经济单位（经济人）都会追求其自身利益的最大化，如果设计一种合理的制度，使每个经济单位追求的利益与整体产业链的利益最大化目标相吻合，则能够有效地解决经济个体与产业链整体利益之间的矛盾。因此，本书拟探寻食品产业链在面对重大风险冲击时的正向激励机制，通过对产业链相关利益单位之间的激励和协调，最终实现激励相容，促使个人或公司、企业的单位利益符合国家食品产业链安全的整体利益。通过科学有效的政策实施可以有效地实现多种产业链效益，通过合理的制度安排，甚至可能还会实现额外的社会效益和经济效益，因为产业链整体利益通常会比单个产品市场或要素市场提供更大的机会，有助于各环节的经济发展，增加整体收入。

激励相容是信息经济学研究的问题之一，由于社会中普遍存在的委托—代理关系，代理人掌握全面信息，而委托人信息不足，委托人与代理人之间的这种信息不对称便产生了激励问题。因此，激励问题就是要设计出一个激励合同，诱使代理人在既定自然状态下选择对委托人最有利的行动。而能够诱使代理人在既定自然状况下选择对委托人最有利行动的情况，就称之为激励相容。哈维茨（Hurwiez）创立的机制设计理论中"激励相容"是指在这一机制中，每个人（理性经济人）在主观上追求自身利益的同时，客观上也能使机制设计者的既定目标得以实现。我国食品产业链、食品供应链与产业链上的各参与单位之间实际上存在着委托—代理关系。"当委托人赋予某个代理人一定的权利，那么代理关系就建立起来了。"[①] 食品产业链监管中，由于代理人的

---

① [冰岛] 思拉恩·埃格特森：《经济行为与制度》，吴经邦等译，商务印书馆2004年版。

目标函数与委托人的目标函数不一致,加上信息不对称,作为主要决策者的政府决策部门与作为主要执行者的执法部门相比,执法部门拥有产业链上更多的信息。由于执法部门更接近信息源,政府决策部门所需的信息大多数是由执法部门提供的,处于信息源地位的执法部门便能够控制信息的流量和真实程度。然而,代理人的行为有可能偏离委托人的目标函数,而委托人又难以观察到这种偏离,无法进行有效监督和约束,从而出现代理人损害委托人利益的现象。事实上,在食品产业链监管问题上是存在着"诸侯经济"问题的。对于此类问题的解决,最好的方法就是引入"激励相容"机制,斯蒂芬·P.罗宾斯对于激励理论的认识是满足激励客体的动机需求,从而达到激励的目的。但是,如果激励契约失当,不但达不到管理者预期的目标,相反会出现激励扭曲(Distortion of Incentives)现象,难以改变被动保护产业链的现状。

9. 认知行为理论

认知行为科学是由心理学、经济学、伦理学、生物学与计算机科学等学科所形成的交叉领域。

首先,在研究层次上,认知行为理论由对一般人的研究转向具体化的对个体的关注。对于行为经济学而言,经济学研究的一大特征即在于方法论上的个体主义,新古典经济学与行为经济学均是如此,不同只是在于,前者基于对个体行为选择偏好一致性的假设基础之上,后者则对个体真实的偏好进行挖掘和展现。其次,在研究对象上,认知行为科学注重考察真实世界中的人,并由对人的外在行为考察转向对外在行为及其内在认知结构之复杂性的考察。就行为经济学而言,其是通过延伸主流经济学的观察半径来展开自身理论体系建构的。主流经济学以"理性人"假设为理论建构基石，行为经济学则主张，应正视现实生活中人性的复杂性。行为经济学家基于对人们作出选择时的具体选择因素的考察，认为行为人在作出选择时会受到认知、环境等诸多要素的影响，纯粹的利己主义远非对人类动机的完整描述。基于认知行为主义的进路和方法，行为经济学考察了大量在认知心理学研究中才会被考察的对象和现象，还原了现实世界中人们作出决策时的内外部状态和情境，从而证明传统的经济学理论对人类行为的描述是不完整的。最后，在研究方法上，基于认知行为主义，相关学科的研究方法由理性假设、内省法等向经验假设、实证论证转变。行为经济学直接将心理学等学科的研究工具引入传统的经济学研究之中，通过可控实验的方式来重构人类决策的函数。行为经济学主要采取经验研究的方法，而且行为经济学理论必须是基于证据的理论。

综合上述考察可见，认知行为主义范式的核心在于，基于实证主义的立场，以个体为单位，考察人在现实决策中的具体认知行为因素。认知行为理论如图1-5所示。相比于规范主义进路，认知行为主义研究范式呈现出以下三个重要特征：研究进路由整体主义向个体主义转变，研究对象由行为向认知行为转变，研究预设和方法由规范主义向实证主义转变。认知行为主义方法的运用为相关学科提供了更为现实的心理学基础和其他社会科学基础，使得主流理论体系更加丰富与包容。

10. 产业组织理论

1959年哈佛大学贝恩（Joe S. Bain）教授提出了构成传统产业组织理论核心内容的"结构（Structure）—行为（Conduct）—绩效（Performance）"分析范式（简称SCP范式），其核心是强调市场结构是厂商行为的决定因素，而厂商行为又决定市场绩

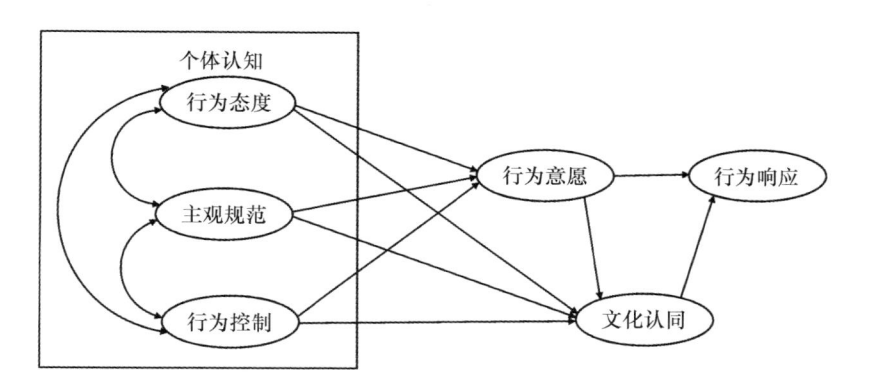

图1-5 认知行为理论

效。市场结构构成市场的卖者（厂商）相互之间、买者相互之间以及买者和卖者之间诸类关系的因素及其特征。产业组织理论认为，影响市场结构的主要因素有三种：一是行业中现有企业的数量与规模；二是进入壁垒；三是产品差异化。依据以上三种结构因素的分布情况，产业组织理论构建了四种基本的市场结构，即完全竞争市场结构、垄断竞争市场结构、寡头垄断市场结构，以及垄断市场结构。依据此四类市场结构，可对食品产业链各端的市场业态进行具体分析。

二 学术创新与价值

（一）学术创新

1. 研究的时代性

当前，全球仍处在新冠肺炎疫情的阴霾之中。本书以此为背景进行学术研究，很好地把握了社会新动态、产业新变化、发展新挑战，系统性地分析了新冠肺炎疫情下我国食品产业链所受的冲击，不但为当前的食品产业链发展业态提供了应对建议，而且为未来产业链应对危机提供了新思路。

2. 领域的首创性

受此次新冠肺炎疫情的影响,许多学者都对疫情带来的风险与挑战进行了总结和反思。通过梳理文献可知,针对新冠肺炎疫情下食品产业链(Supply Chain)领域的研究较少,而且大多只针对产业链中的某一类市场进行研究,总体分析产业链波动情况的学术研究欠缺。本书从食品的生产、加工、流通、销售四个环节阐述了产业链中供应链和价值链两方面的运行机制,以期能够说明整个产业链条在疫情冲击下的反应和不足。

3. 理论的充实性

"产业链"理论本身并不是一个新的概念,但是随着时代的发展,产业链理论也需要更新与补充。在新冠肺炎疫情如此特殊因素的影响下,产业链的理论体系亟待有所补充,为产业链的顺利运转和未来的危机应对提供新思路。本书以此角度,提供了一个理论补足。

4. 方法的综合性和资料的时效性

本书结合了经济学、管理学、法学、食品科学、社会学等多个学科门类的知识理论,形成跨学科研究团队,能够更好地对问题进行剖析,对结论进行归纳和总结,提出适合食品产业链应对危机的方法和策略。本书所使用的样本都是在此次疫情下最新的数据和案例,具有很好的可参照性和可信度。

(二)应用价值

本书的研究是在新冠肺炎疫情肆虐全球的背景展开的。在借鉴经济学、管理学、食品科学、社会学、法学等已有的研究成果基础上,探索并分析了食品产业链的完整理论框架,即从生产、加工、流通、销售四个环节阐释产业链中供应链和价值链两方面的运行机制。这一框架不但能够解释当前新冠肺炎疫情下我国食品产业链所受冲击及应对措施，而且为食品产业链应对其他类型的负面冲击提供了参考。

第四节 研究目的与意义

一 研究目的

本书结合案例分析与实证分析，在新冠肺炎疫情仍在全球肆虐的背景下，拟重点研讨如下问题。

第一，中国食品产业链的结构是怎么样的？产业链的各端分别有哪些代表性的行业和要素？该问题的研究目的是梳理我国食品产业链结构，阐述我国食品产业链各部分的具体内涵。

第二，在疫情影响下，中国食品产业链的各部分将受到哪些影响？产业链各部分的影响会引起何种连锁效应？该问题的研究目的是未来识别因新冠肺炎疫情对中国食品产业链上各部分的影响；总结影响食品产业链的机制。

第三，如何应对疫情给中国食品产业链带来的冲击？未来该如何预防诸如新冠肺炎疫情的负向冲击因素？该问题的研究目的是为政府及相关部门提供应对新冠肺炎疫情的针对性策略；搭建食品产业链的评价体系，进而实现对食品产业链安全的预警；展望我国食品产业链的未来发展方向与发展特征。

二 研究意义

（一）理论意义

本书的理论价值主要体现在以下三个方面。

第一，引进、消化吸收再创新。通过引进国际上与食品产业链相关的食品系统理论、产业集群理论、危机管理理论等理论，对中国食品安全和食物体系进行应用基础研究，建立定性和定量分析框架，进行机制分析和领域拓展。

第二，进行集成创新。本书的撰写过程经历了多学科、多领域、跨国界的实证研究，更能解释中国食物体系这个"开放的复杂巨系统"存在的问题，扩展食物体系的经济管理范畴。

第三，开拓原始创新。在中国体制优势和中国特色的食品产业链体系具体要求下，开创性地提出多种卓有意义的"中国方法"，为增加食品生产、维持食品加工、保障食品安全流通、识别食品风险、强化食品监管、促进食品消费和保护消费者权益等方面提出有益的应对策略，结合多种相关理论和科学方法，为中国具体情境下如何建设安全稳定且可以应对重大风险冲击的食品产业链结构体系，做出原始创新努力。

（二）现实意义

本书的现实价值主要表现在以下三个方面。

第一，政策价值。将食品产业链受疫情冲击的影响和应对措施，放在"国内大循环为主体、国内国际双循环相互促进"的新发展格局背景下，进行食品产业体系的改革尝试，为实现中国食品产业的治理体系与治理能力现代化、中国食物体系的可持续发展、食品安全问题解决等政策研究和政策制定，提供应用研究基础，并以此来推动公共政策和管理模式的创新。

第二，实践价值。本书所围绕的主题立足于与民生密切关联的食品安全与粮食安全问题，是公众、政府部门、社会普遍关注的话题。本书的编写，既基于大量的本土实践，又引进了国际的先进经验，做出横向与纵向比较，带来了本土经验国际化、国际经验本土化的双向互动，对全球普遍面临的食物体系可持续发展，和中国食品安全监管失灵的难题，提供可供参照的解决方案。

第三，学术价值。本书的撰写是基于多年来参与国家食品安全与食物体系重大决策、推动农村建设实践和调研基础上的经验总结和理论提升，并有效结合了新冠肺炎疫情所带来的负面影响，理论与实践进行了有效结合，对解决食物体系的系统性问题提供基于政策和实践经验的学术贡献。

第二章　外部风险对农业生产的影响及对策探究

2020年春节以来，在及时、高效、严格的统筹防控下，疫情在中国迅速得到有效控制，国内各地的风险等级逐步降低。在全球疫情还在持续扩散的情况下，中国的疫情防控已经取得重大阶段性进展，各地在持续开展健康监测和疫情防控等工作的基础上，及时推动社会经济复苏调整，积极探索总结应对突发公共卫生事件等风险冲击的实践经验，充分展现了中国的疫情防控能力和中国经济的韧性。

新冠肺炎疫情在引发全球健康危机的同时，对食物系统、社会体系和经济发展造成冲击，给世界各国的食物安全带来挑战，危及数十亿人的福祉，尤其对较为贫困的国家和地区构成威胁。世界银行预测，2020年全球经济将收缩5%以上，将成为自二战以来最严重的衰退；据联合国粮食及农业组织（简称粮农组织）的数据，全球已有超过8.2亿人遭受饥饿之苦；国际食物政策研究所（IFPRI）的研究人员估计，在一些发展中国家缺乏强有力的干预措施的情况下，极端贫困人口的数量可能增加1.5亿之多。[1]

---

[1] 资料来源：FPRI：《探讨如何应对新冠大流行带来的多重挑战》，2020年8月11日，https://cn.ifpri.org/archives/6717。

第二章
外部风险对农业生产的影响及对策探究

农业是国民经济的基础，"三农"问题一直是我国经济发展的重中之重。中央农办主任、农业农村部部长唐仁健表示，当前新冠肺炎疫情大流行仍在持续，全球粮食减产或供应链断裂的风险依然存在，我国粮食等重要农产品供给总体还是紧平衡[①]。在此背景下，本章基于此次疫情的发展，分析新冠肺炎疫情对我国蔬菜种植业和畜禽养殖业的冲击和影响，期望寻求有利于农业农村经济以及食品生产环节正常运行的应对之策。

第一节 外部风险冲击下农业领域的脆弱性分析

一 理论背景

（一）农业弱质性理论

农业是国民经济的基础。传统农业被认为是弱质产业，因此，传统农业的保护与补贴是普遍性的世界命题。高帆（2006）认为，农业弱质性的理论含义是农业与其他产业相比的生产率劣势，其成因是农业中的分工组织难以有效展开。传统农业的弱质性一方面体现在农业再生产是自然再生产与经济再生产同时进行的，其生产者除面临较大的市场风险之外，还面临着较为严重的自然风险；另一方面体现在其近乎完全竞争型的市场结构特征：大宗农产品差异性较小，进入壁垒很低、生产者众多且比较分散，为此供给弹性较大，而农产品作为一种生活必需品需求弹性却较小。供给弹性大、需求弹性小的市场特点，使得在买方市场条件下很容易形成过度竞争的不利局面，造成"丰产不丰收"的

---

① 资料来源：《"十四五"粮食年产量确保稳定在1.3万亿斤以上》，2020年12月30日，http://www.gov.cn/xinwen/2020-12/30/content_5575527.htm。

现象。因此，自然风险和市场风险对农业的双重影响，加之本身基础薄弱，最终导致了农业的弱质性和落后性。

农业的弱质性首先表现为对自然的高依赖。农业的播种、灌溉、收获以及成长的条件等都受自然因素限制，而自然因素难以预知和控制，所以农业生产具有很大的不稳定性。即使在科技水平高度发达的当代，农业生产仍然在很大程度上受到自然条件的影响，对洪涝、干旱、飓风、冰雹、霜冻等特大自然灾害更是无法抵御，这意味着农业面临着比其他产业更大的自然风险。尽管近年来，随着温室大棚、无土栽培等现代农耕技术不断发展和农产品期货等金融产品的出现，农业生产的人为保护得到加强，但农业的抗风险性还是很差，一旦遇到干旱、洪水等极端天气，将直接导致当年农产品的减产。同时，由于农作物具有易腐烂、保质期短等特性，成熟之后必须尽快采摘、流通、销售，这也加大了农业生产销售的风险。由此可见，在风险冲击下，一旦农时受到耽误或者农产品供应链的流通被阻塞，农业将会遭受严重的影响和损失。

农业生产方面的弱质性还延伸到其他领域。在消费层面上，农业提供了人们生存必需的食品和其他资料，农产品在需求层次中处于最基础的层次[①]，这意味着农产品的需求弹性很小。在流转层面上，农产品流转价格和供求之间存在时滞：农业生产具有季节性和周期性，而粮食消费却有日常性和连续性，这种不对称使生产者对价格不能及时做出反应，决策调整须在下个生产周期中才能实现。于是，在市场自行调节下，农产品供给难以及时追随价格变化，导致农产品稀缺或过剩的信号被放大，农业经营者

---

① 林志玲：《农业的弱质性及保护对策》，《法制与社会》2009 年第 2 期。

难以建立起稳定的价格预期，他们面临着相对于其他行业更高的市场风险。农业的弱质性需要政府采取有效的农业政策来扶持农业。

此外，农业的弱质性集中体现在一个经济体工业化推进的结构转变时期。农业以第一产业为主，工业和服务业对农业尚未形成有效的分工支持，而农业没有采取调整措施以应对经济结构的变化，整个社会并存着以工业为主的现代部门和以农业为主的传统部门之间的二元经济反差，在这种情况下，农业的弱质性特征尤显突出。由此，农业的弱质性更多体现的是经济结构转变中某阶段的情况，随着经济结构的转变，农业的弱质性程度大体呈现出一个先增后减的倒"U"形趋势，而处于结构转变不同阶段的经济体下的农业生产率也有很大的区别。

近年来，全球自然灾害、动物疫情疫病、农产品质量安全、生态危机等个案性、突发性事件不断出现，都使农业农村经济受到深刻影响[1]。另外，宏观经济条件的变化也会对农业造成冲击，如农产品贸易自由化会导致国内农业生产出现较大的波动；工业化和城市化快速发展时，农业中的资金、较高素质的劳动力以及土地资源会流向非农产业和城市，造成农业发展后劲不足等。

（二）产业链理论

"产业链"（Industry Chain）是产业经济学中的概念，是指国民经济在各个产业部门之间客观形成的技术经济联系，并依据特定逻辑和时空布局构建的链条式的关联关系，涵盖产品生产、服务生产的各环节和整个过程[2]。产业链的本质是用于描述一个具

---

[1] 肖荣荣、任大鹏、乐章：《疫情冲击下的农业规模经营：风险应对能力与改进路径》，《农业经济与管理》2021年第1期。

[2] 李鸿阶、张元钊：《新冠肺炎疫情后台湾与大陆产业链关系发展研究》，《台湾研究》2020年第5期。

有某种内在联系的企业群结构，或者说是不同产业的企业之间的关联，而这种产业关联的实质则是各产业中的企业之间的供给与需求的关系。它是一个相对宏观的概念，存在两维属性：结构属性和价值属性。产业链中大量存在着上下游关系和相互价值的交换，上游环节向下游环节输送产品或服务，下游环节向上游环节反馈信息。

产业链分为狭义产业链和广义产业链。狭义产业链是指从原材料一直到终端产品制造的各生产部门的完整链条，主要面向具体生产制造环节；广义产业链则是在面向生产的狭义产业链基础上尽可能地向上下游拓展延伸。产业链向上游延伸一般使得产业链进入基础产业环节和技术研发环节，向下游拓展则进入市场销售环节。

全球产业链能够顺畅运行，是建立在参与者互信共赢基础上，要求资金、技术、产品、服务能够自由顺畅地在世界范围内流动。任何节点的突发性需求、冲击或是意外风险，都将因链条各环节的不可或缺关系被不断放大、蔓延，甚至导致产业链的中断。疫情期间，各国采取的"封城"、停工、隔离等措施极大阻碍了生产要素的自由流动，破坏了全球产业链赖以运行的基础，加剧了国家间的距离感和不信任度，全球产业链生态体系受到严重破坏，部分产业链呈现断链的态势[1]。

（三）价值链理论

"价值链"（Value Chain）概念首先由哈佛商学院的迈克尔·波特教授于1985年在其所著的《竞争优势》一书中首次提出，其在分析公司行为和竞争优势的时候，认为公司的价值创造过程

---

[1] 韩晶：《危中寻机 中国产业链如何加速崛起》，《人民论坛》2020年第28期。

主要由基本活动（含生产、营销、运输和售后服务等）和支持性活动（含原材料供应、技术、人力资源和财务等）两部分完成，这些活动在公司价值创造过程中是相互联系的，由此构成公司价值创造的行为链条，这一链条被称为价值链①。最初，波特所指的价值链主要是指针对垂直一体化公司的，强调单个企业的竞争优势，指出它是对增加一个企业的产品或服务的实用性或价值的一系列作业活动的描述，主要包括企业内部价值链、竞争对手价值链和行业价值链三部分。

"价值链"理论的基本观点是，在一个企业众多的"价值活动"中，并不是每一个环节都创造价值。企业所创造的价值，实际上来自企业价值链上的某些特定的价值活动，这些真正创造价值的经营活动，就是企业价值链的"战略环节"。价值链的增值活动可以分为基本增值活动和辅助性增值活动两大部分。企业的基本增值活动，即一般意义上的"生产经营环节"，如材料供应、成品开发、生产运行、成品储运、市场营销和售后服务，这些活动都与商品实体的加工流转直接相关。企业的辅助性增值活动，包括组织建设、人事管理、技术开发和采购管理。这里的技术和采购都是广义的，既包括生产性技术，也包括非生产性的开发管理，例如，决策技术、信息技术、计划技术；采购管理既包括生产原材料，也包括其他资源投入的管理，例如，聘请有关咨询公司为企业进行广告策划、市场预测、法律咨询、信息系统设计和长期战略计划等。企业在竞争中的优势，尤其是能够长期保持的优势，说到底，是企业在价值链某些特定的战略价值环节上的优势。而行业的垄断优势来自该行业的某些特定环节的垄断优势，

---

① 杨志龙：《全球价值链研究综述》，《商业时代》2009年第16期；奉清清：《疫情之下全面小康与乡村振兴的方向及重点》，《湖南日报》2020年2月15日第9版。

抓住了这些关键环节，也就抓住了整个价值链。

价值链的各环节之间相互关联，相互影响。一个环节经营管理的好坏可以影响到其他环节的成本和效益。比如，如果多花一点成本采购高质量的原材料，生产过程中就可以减少工序，少出次品，缩短加工时间。当前，价值链在农业生产过程中也发挥着重要作用，价值链的完善与提升能够增加产品的价值，提高产品的市场竞争力[1]。

二 "三农"领域的脆弱性现实

（一）新冠肺炎疫情对"三农"发展形成的冲击与影响总体情况

新冠肺炎疫情对"三农"发展造成的冲击与影响是全面、显著的。随着新冠肺炎疫情在国外的持续蔓延，不少粮食出口国限制本国粮食出口的举措又引发了新的全球性恐慌，导致疫情由单一的公共卫生事件发展为影响粮食安全问题的社会性事件。从事实来看，疫情不仅影响了农产品的销售，还影响了生产物资的运输和播种、农耕等工作。可以说，新冠肺炎疫情对农业的发展产生了覆盖度较为广泛的不利影响。

尽管中国已进入后疫情时代，经济逐步复苏，但研究此次疫情对农业、农村与农民的影响，以及中国政府在疫情期间采取的政策及农民的应对措施，不仅有利于我们总结经验教训，从容应对未来可能出现的类似健康危机，同时对于其他许多仍因疫情遭受经济损失的国家同样具有重要的理论和实践参考价值[2]。从具

---

[1] 张效榕、孔祥智：《农户参与农业价值链的经济绩效——以茶产业为例》，《农林经济管理学报》2020年第19期。

[2] 奉清清：《疫情之下全面小康与乡村振兴的方向及重点》，《湖南日报》2020年2月15日第9版。

体的农业各行业和发展方向的总体来看，新冠肺炎疫情对非农就业影响大于农业就业，对农村服务业的影响大于农业生产，对养殖产业的影响大于种植产业，对果蔬种植的影响大于粮食种植[1]。

（二）农业生产方面

农资流通不畅和务工人员紧缺对农业生产产生了较大影响。俗话说"一年之计在于春"，由于春季播种日期正值疫情防控高峰，出于防疫管控需要，全国多数农资经营网点处于关闭状态，北方一些地区发生化肥等农资库存不足情况。同时农村的"封村""封路"措施也使得交通受阻，农资无法下乡、基层农技服务难以开展，农民无法在农林牧渔的黄金季节及时购买种子、化肥、农药。此外，大户特别是经济作物的种植大户普遍面临用工短缺问题。一些种植大户在春耕时节需大量用工，但受制于疫情遭遇雇工难题，农事活动无法正常进行。南方地区农业生产受疫情影响明显大于北方，由于南方地区的粮食、蔬菜、特色产品都在疫情防控高峰迎来新的生产周期，种养业均受到疫情冲击。

对农村一、二、三产业而言，一产经济作物一旦受到影响，二产和三产也会随之被损害。一方面，像正值草莓这类农产品成熟和销售的旺季，同时也是市民体验采摘的时节。但在疫情背景下，农户采摘后运不出去，市民封闭在家导致体验采摘归零，两方冲击对草莓行业造成极大的损害。此外，由于疫情影响，企业用工短缺，农民工错峰返岗，很多农村工厂短期内较难完全恢复运营常态。"封村""封路"等措施导致部分地区交通不畅，各环节生产无法全面恢复，原材料供应紧张，农产品销路受阻，农业二产企业的生存受到挑战。

---

[1] 韩长赋：《统筹推进疫情防控和"三农"工作补上全面小康"三农"领域短板》，《农村工作通讯》2020年第7期。

另一方面,休闲旅游相关的休闲农场、三产融合园区受到影响,民宿行业损失惨重。从春节假期到阳春三月正是乡村旅游的黄金时节,是万物复苏、城市人口返乡休闲的时节,但受疫情影响,绝大部分旅游观光和休闲娱乐项目关停,与农产品采摘等相关的乡村旅游、三产融合园、休闲农场、农家乐餐饮、农家民宿等相关产业失去了大部分客源。根据统计,2019年全国旅游接待总量4.15亿人次,实现旅游收入5139亿元,而2020年春节由于疫情暴发,国内的休闲农场的数量大幅减少,年前投入了大量成本进行基础设施、游乐设施和餐饮住宿等投入建设,疫情下全部休闲农业园区、景区、民宿中止了对外营业。原本的投入无法得到弥补,同时后续经营还受到了一定影响。

(三)农村生活方面

由于农村自给自足较为稳定,农民有亲朋好友的接济,另有中央和地方各级党委政府的强有力领导,排除人为的恶意哄抢或对某一特殊商品(比如口罩)的消费需求激增等情况,衣、食、住、行、用,以及柴、米、油、盐、酱、醋、茶等基本生活所需能够在很长一段时间保证供应,从基本消费来说,农民生活所受影响甚微,但其有关出行、娱乐、购物、旅游等深层次的消费受到一定影响。与此同时,党的十八大以来,脱贫攻坚工作在农村基层的强有力开展,使得农村环境卫生持续改善、生态环境变得宜居,加之居住分散、人口密度相对较小,小范围的封闭更加有利于疫情控制,这也是农村和城市相比疫情影响相对不严重的重要原因。

(四)农民增收方面

我国农民工基数大,跨区域务工趋势明显。随着国内疫情形势逐渐缓和,虽然各地逐步推进复工复学,但由于农民工大部分的职业选择集中在建筑、餐饮、服务等受疫情影响较大的行业，除少数企业有条件开工外，绝大部分企业存在复工困难。根据国家统计局的数据，2019年全国农民工接近2.91亿人，其中本地农民工1.17亿人，外出农民工1.74亿人，约占总数的60%。疫情发生期间恰逢春节，大部分农民工返乡过年，国务院发布延长假期的公告后，各地纷纷响应，企业延迟复工，致使农民工滞留在家失去经济来源，矛盾日益突出。疫情导致经济下滑，需求萎靡，企业用工量放缓。复工日期的推迟给中小企业的生存带来了极大的挑战，如果不能及时复工或实施有效的政策，很多中小企业将面临裁员甚至破产，而这些中小企业正是农民工用工的主体。加之乡村产业基础薄弱，农民务工就业难度大，这对农民增收造成不利影响。

疫情对农民收入的影响是必然的。首先，从疫情的持续情况来看，前期疫情导致的假期与春节假期重合，影响不大，但随着疫情的时间延长，对农民收入的影响逐渐凸显。其次，从农民工的供给弹性角度来看，如果农民工能找到不错的就业替代，如自主创业、就地从业等，供给弹性大，则工资收入受影响较小。但目前来看，农民工的供给几乎为刚性，农村没有充足的就业机会安置赋闲在家的农民工。2019年我国农村居民人均可支配收入为16021元，其中工资性收入占41%，经营性收入占36%。[1] 此次疫情突发，农民收入中的两个重要组成部分都受到冲击。最后，要看农民工的需求弹性。如果需求弹性小，企业会为农民工支付较高的工资，但同时对劳动量的需求就会减

---

[1] 资料来源：国家统计局：《2019年贫困地区农村居民人均可支配收入11567元》，2020年1月23日，https://baijiahao.baidu.com/s?id=1656513054322107103&wfr=spider&for=pc。

少。此时虽然部分农民工可以拿到较多的工资，却有更多的农民工失去了就业机会。同时，以建筑和制造业为主的第二产业部分企业用工需求会延后到疫情结束，而以服务业为代表的第三产业大部分用工需求往往是当下的，错过现在的时节将无法弥补，很难通过时间上的重新安排调整来减少对农民工资性收入的负面影响。

三　疫情对农业的冲击

（一）对生产环节影响巨大

在生产资料上，种植业短缺的农资大部分为农药和肥料，养殖业主要是缺少饲料。在缺少农产储存品用品、环保用品情况下，农产品的包装出现极大难题；果蔬合作社会出现因缺少机械设备，果树来不及种植，从而出现浪费资金的状况。农资短缺的原因主要是供应商还未完全恢复经营，以及交通管制造成采购困难。具体来看，受前期疫情防控措施影响，养殖业畜禽饲料供应不畅，活禽交易市场关闭，家禽正常供种、运输、屠宰、销售渠道被阻断，造成家禽养殖业暂时陷入困境。在具体生产过程中，有些地方农资下乡推迟、农机上路受限制、农民下田受阻，并且在耕田整地、备种备肥、田间管理环节上延迟，春耕备耕受到一定影响。特别是新型农业经营主体经营风险增大，受临时性劳务工流动管控严格、部分产品滞销积压的影响，资金短缺等问题突出，维持再生产困难加大。

（二）对农业企业及农场等用工造成困难

受疫情影响，农业企业及农场等用工紧缺的具体原因主要包括以下三个方面：一是疫情期间部分乡镇进行隔离或者交通管制造成人员不能正常返岗复工;二是疫情期间难以开展用工招聘;三是受用工成本增加经营户只能压缩用人需求。

受疫情影响,农业劳动力市场供、需两头面临两大困境:一是外出务工难,二是中小企业用工难。在疫情严重暴发期间,人员流动的恢复难度系数远高于物流,从而出现外出农民工就业难和用工方工人短缺的"两头断节"现象。农民工群体跨区域务工特征明显,各地存在不同程度的复工困难局面,大量的农民工仍面临失业风险。

(三)使流通环节遭遇重击

此次疫情对我国农业产业链的流通环节影响较大。为防止疫情扩散,各地实施了严格的交通管制,客观上造成了农产品交易中断、外销受阻、储备困难,由此出现了滞销难题。因为果蔬、畜禽农产品的特殊性,在物流运输中往往造成极大的损失。农产品不仅在生产端受到影响,其在贸易和销售物流环节也受到了严重影响。在抗疫初期,为防止疫情进一步扩散,各地普遍实施了严格的交通管控措施,甚至在省界处挖断了公路,这些措施对于疫情的遏制起了重要作用,但同时也给物流带来了极大的挑战,造成了农产品滞销。一方面,在供给端,当季的蔬菜瓜果成熟后无法及时运出,造成了大量的农产品积压,只能任其在田里腐烂;另一方面,在需求端,某些地方存在蔬菜供应不上、市民囤积蔬菜、价格上涨的现象。由于物流受阻,农产品贸易的供求矛盾格外突出,经济损失巨大。随着全球疫情的日益严峻,发达国家和发展中国家都相继发生大规模感染,各国政府都采取了各种不同程度的管控措施,但是农产品出口受到明显影响,如果疫情继续严重,不仅会严重影响目前的农产品进出口贸易,更有可能造成全球性的经济危机,届时不仅农产品贸易会受到影响,全球经济都会受到重创。

四 风险冲击下农业发展的机遇

(一) 部分特种种植业回暖

随着我国疫情形势逐渐稳定,中医药在这次抗击新冠肺炎疫情中所起到的作用再次引发热烈的讨论。中医药治疗将在短期和中长期对中药材生产、流通、销售等环节和其利益相关者产生影响,尤其是纳入疫情防控重点保障物资清单的中药材,这将给其带来新的机遇。短期来看,目前中药材的供给和需求均高速增长,产业经济快速发展,短期内可以缓解中医药市场长期以来供过于求的库存压力,拉动其市场价格上行。长期来看,中药与西药治疗相辅相成,可以满足快速、有效抗击疫情的需要。这将进一步提升中医药在世界医疗领域的价值和地位,无疑也会推动中药材需求持久上扬,有利于中药材产业加速发展。

(二) 有机绿色食品得到认可

随着国民生活水平的提高,健康和绿色理念逐渐得到认可。受本次疫情影响,"有机、生态、安全"农产品的市场需求增加,特色、功能食品市场优势明显。需求端消费理念的不断升级能够更好地引导生产者优化生产环节的相关选择。伴随着供需双方食品安全意识的升级,产品健康的认知得到重塑,将会加快农产品品质提档升级,从而在市场上形成更为匹配的消费链条以及促进对有机绿色食品的消费。

(三) 农业生产技术优化

在以信息知识为生产要素,以互联网、物联网、大数据、云计算、自动化、智能装备应用为特征的现代智慧农业4.0时代,数字农业发展空间巨大、前景广阔。随着5G、人工智能等新技术的应用推广、大量年轻新型职业农民群体的壮大和各类新型农村合作社的出现，疫情的发展更是要求进一步提高农民对数字农业技术和软硬件的接受度，弥补人才缺口，加快数字农业发展，从而推进现代化农业生产管理模式的示范和推广应用，为疫后生产需求提供科技保障。

（四）农村电商或创新高，运销模式转型提速

我国农产品的传统运销模式无法有效应对此次疫情的冲击，因此疫情会倒逼农副产品销售从线下搬到线上。农村电商在拓宽农产品外销渠道、引领城乡消费等方面起到了重要作用，此番变化之下电商发展速度突飞猛进。2020年春节期间，生鲜电商平台销售量纷纷创下历史新高，其中京东生鲜全平台销售额相比2019年同期增长470%；美团买菜在北京地区的日订单量达到了节前单量的2—3倍；多点到店到家全渠道下单量比2019年同期增长89%，整体销售额达到42亿元，同比增长132%；除夕至初四，每日优鲜平台实收交易额较2019年同期增长321%；大年三十，叮咚买菜的订单量环比增长超300%。[①] 由此可见，此次疫情造成的风险冲击加快了农产品传统运销模式的变革，并且随着5G与云计算、大数据、人工智能等新技术的发展以及彼此的深度融合，还将会进一步促进行业竞争格局的变化和整合。长远来看，我国"三农"发展也必将面临一系列新的变化。因此，积极把握用户消费、生活方式变更的发展机遇，有利于实现农产品品牌、品质、渠道的一体化升级，加速推动众多农业产业向成熟运销模式转型。

---

① 资料来源：《生鲜电商2020翻盘记》，2020年2月18日，https://www.sohu.com/a/373846387_825456。

第二节 外部风险对农业种植业的影响：以大棚蔬菜为例

农业产业链是联结农业生产资料供应、农产品生产、加工、储运和销售、消费等环节的有机整体。整体而言，我国的农业产业链较欧美等其他国家发展较晚，农业组织化程度不高，各组织机构松散，且农业基础设施严重不足，社会化服务体系不完善，农业产业链的建立和运作面临诸多问题。以蔬菜为例，疫情期间，最直接的影响就体现在市民的"菜篮子"变沉了，各地销售市场的蔬菜价格明显普涨，但农民并未因此受益，很多蔬菜产区的蔬菜收购价格不仅没有跟着上涨，反而跌了不少；同时，蔬菜批发商也发愁，市场存货根本走不动，运销队伍出现严重"缺编"，农副产品出现了"隐形滞销"现象[1]。尽管在政府的宏观调控作用下，蔬菜市场的价格和品种结构趋于稳定，但部分地区持续一段时间的"封城""封路"措施，一定程度上影响到了春播的种、肥等农资的运输。疫情的出现，无疑给我国快速发展的蔬菜产业带来挑战，发现发展中存在的不足、思考产业的再升级是应对挑战的必然出路[2]。

为此，课题组以大棚蔬菜为案例开展调查，通过对青山庄园数字有机农场的案例研究，从产业链角度分析了疫情对大棚蔬菜农场的相关影响。研究发现，新冠肺炎疫情虽然给实际生产带来了诸多影响，造成了不利于生产的一些阻碍和困难，但也对大棚

---

[1] 张然然：《新冠肺炎疫情防控下如何保障蔬菜正常生产》，《长江蔬菜》2020年第7期。

[2] 王富增：《疫情给我国蔬菜产业带来的挑战和机遇》，《蔬菜》2020年第3期。

蔬菜的相关行业后续发展起到推动作用。在具体的案例调查分析中，课题组还总结出面对疫情等突发公共卫生事件时共性的困难和冲突，并为大棚蔬菜行业如何应对疫情带来的冲击提出了相应的建议。

一 大棚蔬菜发展现状

大棚种植是经历了市场的选择，在生产方式上克服了时间、空间的阻碍和困难，利用农业技术实现的种植方式。因此大棚蔬菜在蔬菜产业链条中是不可或缺的一部分，支持了不同地区在独特的时节里也能顺利实现生产、运输、销售的各个环节。

并且，实施大棚蔬菜种植，是新形势下推进农业结构调整，促进农民持续增收的重要举措，是国家实施乡村振兴战略中"产业兴旺"的重要内容，是现代农业的发展方向。种植大棚蔬菜是一项投资少、见效快、风险低的高效农业产业之一，是促进农民持续增收的重要途径之一。大棚蔬菜已然成为农民致富及农业结构调整的重要手段。

二 典型案例分析

本小节相关资料和数据由本书课题组通过电话访谈获取和整理（电话访谈提纲附后）。

（一）青山庄园数字有机农场发展情况介绍

青山庄园数字有机农场位于潍坊市昌邑市石埠经济发展区，东靠下小路、潍莱高速出入口，西傍潍河，南依309国道，北邻青山秀水旅游度假区，交通便利，区位优越，是一家集蔬菜种植、采摘品尝、休闲娱乐、旅游观光、农耕体验为一体的大型生态果蔬农业基地。家庭农场总占地400亩，农田水利设施完善，交通便利。

青山庄园数字有机农场建设智能高温大棚 10 座、半制动日光大棚 5 座、智能大厅一座，安装利润温湿度监控调节一体化物联网、水肥一体化、节水灌溉设施及监控设施。目前园区分为东区、西区和为农服务中心三大区域。东区为有机蔬菜种植采摘区、亲子研学区、有机餐厅、开放式厨房、有机体验区等区域。东区主要经营有机果蔬休闲旅游采摘和团队拓展，进行农事体验和农事科普教育，同时提供特色有机自助水饺、有机菜和烧烤。西区为木屋农庄，主要为休闲度假区。园区建设以有机农业为基础，以市场为导向，运用生态学、生态经济学原理和系统工程方法，发展高产、高效、低耗、无污染的有机果蔬产品。其中林果蔬菜全部采用优良品种，严格按照有机色果蔬生产标准种植管理，全部采用山泉水浇灌，肥料以有机土杂肥为主，严禁使用农药以及任何催熟剂，依托地势立体栽培，通风好、光照强，且为砂岩土质，使得果蔬风味、色泽、品质俱佳。在栽培种植方面采用统一技术操作规程、统一种苗、统一肥料、统一用药、统一技术指导、统一品牌、统一销售的"七统一"管理模式，全面推行田间生产档案管理，实行追溯码管理制度，确保了蔬菜品质。

另外，农场进行生态循环种植模式，推行以虫治虫，购买家禽除虫，实现食品安全。目前园区产品已经申请了有机认证，所产的有机食品种类包括白莓、西红柿、黄瓜、辣椒、甜瓜、西瓜等众多果蔬。产品主要供应潍坊中百大厨房等大型连锁超市及本区学校、机关食堂，公司同时采用"互联网＋"营销模式，主要围绕促进会会员，以品牌包装和产品销售为核心目的，搭建了O2O农业产品电子商务平台，重点服务于全区及周边城市。另外，北京、上海、天津、武汉、广州、大连、长沙等大中城市销售市场的有机产品，深受客户青睐。农场带动周边多户农民通过种植绿色蔬菜走上了致富之路，产品深受各级消费者青睐和好评，成为知名品牌。

（二）疫情对青山庄园数字有机农场的影响

经访谈可知，青山庄园数字有机农场在疫情期间的收入相比2019年同期减少30%，但从利润率的角度看，当前40%的利润率可以保证农场的生产经营，不至于造成严重的生产经营危机。在生产层面，该农场主要生产有机蔬菜，其种类重点包括：番茄、南瓜、地瓜、火龙果、面粉、芹菜、韭菜，其中番茄和南瓜的种植面积和产量较多。疫情期间，该农场的农膜、农机具、供水系统、温控系统等生产设备多为前期投入，所以受到的影响相对较少。同时作为有机蔬菜的种植，其农场对于化肥多使用有机肥和转化肥，成本并没有大幅波动。在用工层面，疫情人员流动的相对封闭情况主要造成了用工短缺的问题。在全国人员受限流动中，由于只能偏向于本村镇的老年村民进行雇用，用工成本出现60%的下降。同时，临时雇工缺少经验和年龄较大，造成采摘效率的降低。资金层面，该农场主要为自有资金，同时有一定的国家贴息贷款，疫情期间并未出现资金短缺的问题。

由于疫情期间正值果蔬成熟采摘阶段，该农场的果蔬产品因用工短缺和物流受限无法运输到外地，导致有机蔬菜囤积10吨。对于该部分蔬菜的囤积，农场采用在当地低价处理的方式进行售卖，虽然不能保证如2019年同期的销售情况，但实现了部分资金的回笼。

在疫情中后期，农场负责人表示农场的销量反而出现增加的现象，并表明疫情发生后，人们对于健康饮食、有机蔬菜的认识和观念不断得到提升，消费者购买和使用有机蔬菜的行为大大增加，这使得农场更有信心和动力进行生产和经营。农场负责人还表示其作为第一产业的生产者，在今后的发展中会逐渐向第二产业的农产品加工与第三产业中的休闲农业等相关发展方向联动，通过一、二、三产业融合真正实现利润率的提高，这也会在另一层面带动当地的就业和经济发展，实现社会效应。

三 疫情对大棚蔬菜行业的影响

基于文献和案例的相关研究和分析，课题组发现大棚蔬菜行业受到疫情的影响不是单方面的，而是复杂的，即新冠肺炎疫情对大棚蔬菜行业的影响既包括不利的部分，但同时又蕴含了新的发展机遇，本节将从这两方面进行具体阐述。

（一）不利影响

1. 大棚蔬菜生产环节受到较大打击

在农业生产资料方面，受运输不畅、人工短缺的影响，各育苗企业难以保障此次春播的种苗供应，同时种子、化肥、农药、农膜等农资也非常紧缺，这些将直接影响2020年春季播种的顺利展开，进而导致近期蔬菜供应紧缺、疫情过后蔬菜价格持续偏高等一系列连锁反应。在生产力方面，由于蔬菜产业恰恰属于劳动力密集型产业，劳动力需求量大，疫情下，大多村庄只能采取封闭式管理，这样从事相关农业生产的劳动力不能及时返岗，造成蔬菜生产用工困难。而疫情期间，大棚蔬菜正值采摘季节，用工缺乏导致许多瓜果无法采摘。为了填补用工缺口，大棚经营者可以选择临时雇用本村镇的老年村民，但会面临另一个情况，即临时用工缺少经验且年龄较大，这会导致农事活动生产效率降低。此外，部分蔬菜产区为防控疫情，暂停蔬菜收获或关闭蔬菜加工企业，需求减少给蔬菜生产释放出不利的信号，两方面的影响给大棚蔬菜的生产环节造成较大的打击。

2. 运输渠道受阻影响蔬菜有序供应

蔬菜作为典型的生鲜农产品，运输途中损耗大、成本高。虽然疫情发生后全国多个省份启动一级响应，按照交通运输部"一断三不断"（"一断"是指坚决阻断病毒传播渠道；"三不断"是指公路交通网络不断、应急运输绿色通道不断、必要的群众生产生活物资运输通道不断）的要求，监督排查辖区内高速公路、普通国省道、县乡公路等公路网，尤其是县乡村道路运行情况，确保通往大型农贸市场、蔬菜交易市场、蔬菜基地、蔬菜重点产区（村）等关键场所的公路畅通，但由于检验检疫的需求，间接造成运输时间和人力成本的增加。此外，多地的"封城""封路"措施给蔬菜运输尤其是跨省跨地区的运输造成很大困难。车辆通行受限给蔬菜生产和运输带来了不小的影响，甚至直接影响"菜篮子"的有序供应。

（二）新的机遇

疫情在给大棚蔬菜产业带来负面影响的同时，也催生了新的发展机遇。在新形势下，大棚蔬菜产业具有更大更广的发展空间。

1. 有机蔬菜产业或将迎来快速发展

首先，本次疫情给餐饮、休闲娱乐、旅游等行业带来了很大的冲击，但疫情过后，由于人们消费欲望增强，这些行业可能会出现大幅发展。蔬菜产业与这些产业都息息相关，旺盛的需求则可能带来发展的强大动力。其次，疫情期间出现的劳动力短缺等问题，会倒逼生产者提高生产自动化水平，蔬菜生产的新设备、新机械将会得到逐步推广，如新型传感器的研发投产、水肥一体化高效节水灌溉设施、采摘设施等，进而大幅度提升生产效率，实现快速发展。最后，未来消费者将对绿色、健康、营养的蔬菜产品需求增大，在需求带动生产的市场规律下，绿色有机和地理标志蔬菜产品生产与产业也将呈现一片良好的发展前景。

2. 倒逼生鲜电商迅猛发展

在传统蔬菜销售模式中，与农民打交道的是经销商，农民与消费者并不直接对接，蔬菜供应是从地头通过层层环节才到达消费者的餐桌的。而此次疫情的居家措施"逼迫"很多消费者在线上订购蔬菜。对于消费者来说，一般而言，附近的集市或超市的蔬菜更新鲜且购买更便捷，而此次疫情或许会改变人们对电商购菜的认知，同时这种扩大的需求也倒逼蔬菜电商供应者不断优化和完善包装及保鲜措施，让蔬菜电商供应服务不断升级。由此判断，疫情之后，生鲜电商或将突飞猛进地发展，会催生出诸多新的、细分的机遇。接下来，电子商务、网上交易、电话推销、社区门店连锁、冷链配送等现代物流方式将会更大范围地推广，如盒马鲜生、京东 7 Fresh、叮咚买菜等，实现农产品流通现代化。

3. 促进供应模式多样化

疫情之后，各个城市会加大"菜篮子"工程建设，更多统筹考虑城市人口、蔬菜基地规模、交通区位、物流走向，建设和改造大型销地批发市场和产地蔬菜批发市场，重点建设冷藏保鲜、加工配送、电子结算、信息与追溯平台、质量安全检测、交易厅棚和废弃物处理等基础设施，建成灵敏、安全、规范、高效的蔬菜物流和信息平台，保障蔬菜供应、稳定市场价格。同时，增加城市农贸市场和社区菜店等零售网点，重点建设城乡一体化标准菜市场，配套建设社区菜市场或相应的商业设施，规范发展蔬菜早市、晚市和周末农贸市场，为流动菜贩、直销菜农提供便利条件，方便居民购买。

4. 推动二、三产联动发展

蔬菜产业链可分为纵向产业链和横向产业链。纵向产业链包括上游、中游、下游产业链，如上游的种子、农资、生产设施、设备等，中游的蔬菜生产，下游的蔬菜加工、运输、销售、市场等；横向产业链包括蔬菜的一产、二产、三产，一产指蔬菜的原菜生产，二产指蔬菜的深加工，三产指依托蔬菜园区的采摘、观光、休闲旅游等[①]。在蔬菜横向产业链中，二产、三产目前在我国还属于薄弱环节，发展相对缓慢。特别是本次疫情，鲜菜运输、贮存等短板会让生产者认识到净菜、冻干菜等蔬菜深加工产品对于解决滞销、减少损耗的重要性，消费者端也表现为对深加工蔬菜的认知和接受水平提高。疫情之后，更多的蔬菜深加工企业或将与蔬菜基地建立长期稳定的合作关系，在净菜、脱水蔬菜、速冻蔬菜等方面完善深加工技术，缓解集中上市压力，增加蔬菜附加值。第三产业中的休闲农业不断发挥其联动作用，反向推动当地第一产业和第二产业的成熟发展，从而实现一、二、三产业的联动发展。

四 大棚蔬菜行业如何应对疫情带来风险冲击

综合以上探讨，课题组从产业链角度提出以下七点建议。

一是保障大棚蔬菜的生产资料供应。在统筹防控疫情的同时，要抓好种子、化肥、农药和农膜供应，为菜农提供适销对路的蔬菜品种和优良种苗。同时，畅通物流渠道，确保生产资料进村入户，保证春季蔬菜生产顺利开展。

二是优化销售渠道。疫情期间，以盒马鲜生的"无交接配

---

① 马金骏、曾晓萍、管永祥、顾鲁同：《积极应对新冠肺炎疫情影响 加强蔬菜春季生产管理》，《长江蔬菜》2020年第4期。

送"为代表的电商平台新模式受到人们青睐。发展"农超对接"等线上线下融合销售渠道，不仅可以帮助菜农省去从收购商到实体店的流通环节，也可以获得更多的终端销售渠道，提高销售收益，降低蔬菜滞销风险，破解"买菜贵、买菜难"问题，实现农产品流通现代化。

三是探索开展蔬菜生产保险。面对疫情带给蔬菜经营户巨大损失的教训，政府应因势利导，完善农业支持体系。一方面，激励金融行业开发提供蔬菜风险保险；另一方面，增强蔬菜经营户的投保意识，通过保险降低突发灾害等给农民造成的收入和财产损失，减少蔬菜种植户因灾致贫、因灾返贫的风险。积极探索蔬菜保险方案，出台蔬菜保险政策（种植和价格保险），引导菜农提高投保意识，通过投保规避因病虫等自然灾害造成的损失，降低生产经营风险系数，提高菜农生产积极性，保障产量增长。

四是推广新技术、新模式。在蔬菜产业推广新技术，如有机肥替代化肥，推广设施蔬菜"有机肥＋配方肥＋微生物菌剂"的轻简控施技术模式；在化肥减量增效上，推广蔬菜水肥一体化技术、旱作栽培技术、设施蔬菜秸秆生物反应堆技术、机械化采收技术和采收后商品化处理技术等示范模式，引导蔬菜产业向绿色化、标准化、智能化发展，从而降低生产成本，提升蔬菜种植效益。

五是做好技术指导服务。鼓励和引导农民专业合作社从事产前、产后技术推广服务，加快构建以政府为主导，企业、科技推广体系和专业合作组织广泛参与的多元化农技推广体系。组织各方技术力量，帮助菜农在蔬菜管理和关键技术方面进行网络和入园指导服务，预防和减轻土传病害等问题。

六是健全和完善市场体系建设。完善蔬菜基础设施、预冷库和产后处理设施，提高蔬菜供应能力。蔬菜本身具有短周期、不耐储存的特点，加上此次突发性事件造成的积压滞销的困境，因此，未来必须建立从田间到餐桌各个环节的蔬菜冷链运输，包括田头预冷、净菜加工等商品化处理设施以及冷藏车、冷库等，保障蔬菜品质，促进农民增收。

七是加快推广智慧农业。传统的蔬菜种植属于劳动密集型产业，近年来劳动力成本不断提高，本次疫情更暴露了我国劳动力面临短缺对蔬菜产业发展的挑战，传统的蔬菜产业发展日益艰难。伴随5G时代的来临，人工智能、大数据等高新科技在农业上的应用势不可当，如水肥一体化高效节水灌溉设施、植保无人机等，都将引导传统蔬菜产业走向数字化、智能化。

第三节 外部风险对中国养殖业的影响：以畜禽养殖业为例

我国养殖业，尤其是畜禽养殖业的发展对于推进我国农业结构性调整、加快现代畜牧业建设、改善人民生活和增加农民收入具有十分重要的意义。近20年来，我国畜牧业得到了迅速发展，养殖业的数量与结构日趋合理，随着规模化养殖在畜牧业中所占比例上升，其发展呈现两大趋势：一是规模趋大，二是分布集中化。畜牧业是以种植业为基础的第二性产业，加快发展畜牧业是响应中央"一号文件"所强调的"推动粮食生产区农业结构调整，增加农民收入"的重要举措。加快发展畜牧业，即要求将畜牧业作为农业和农村经济的主导产业，采取有力措施推动畜牧业布局基地化、生产专业化、经营产业化、服务社会化，逐步实现畜牧业现代化，使畜牧业成为农业发展、农民增收和农村小康建设的重要力量。然而新冠肺炎疫情的暴发及流行,迅速冲击全国家禽产业生产,造成禽类产品严重滞销,"出不了村、进不了城",价格大幅下跌,养殖户损失惨重。

综合海外媒体报道,2020年10月以来全球多国的疫情形势出现反弹,这重新导致人员流动性下降。对比国外,虽然国内疫情大多为境外输入病例,偶有波动,且各地方反应迅速,及时抑制了疫情的蔓延,但是食物供应问题将再次显现,国产肉类的流动性保障也会受到一定挑战,政府对进口肉类的严格把控势在必行。因此,研究疫情对国内养殖业的影响,这对于防范疫情带来的食物安全问题,对加强市场信息检测与发布,合理引导预期,出台支持政策,强化市场监管,保证市场平稳有序进行具有重大意义。

为此,课题组选取一些畜禽养殖企业开展调研,从产业链角度分析疫情对我国养殖业的影响,并对其产生影响的作用机制展开分析,相应地提出我国养殖业恢复和发展的建议。

一 调研基本情况

本次调研问卷的问题主要针对2020年2—3月养殖企业的经营情况进行设计(调查问卷附后)。截至2020年11月25日,共回收问卷样本22份,均为有效答卷。本次调研有效样本数据覆盖的区域如图2-2所示,包括黑龙江、辽宁、甘肃、内蒙古、陕西、天津、浙江、湖南、吉林、江西、北京、福建和河南13个省(自治区、直辖市),其中从黑龙江和辽宁收集到的有效样本量较多,各5份。

从养殖的畜禽品种来看,猪类最多,为19家样本企业,其次是家禽和牛羊类。从养殖规模层次(如图2-3所示)来看,

第二章
外部风险对农业生产的影响及对策探究

本次调研的有效样本涵盖大、中、小 3 种规模，分别占比 9%、50% 和 41%，以中等规模和小规模养殖企业为主。另外，本次调研对象未涉及散养户。

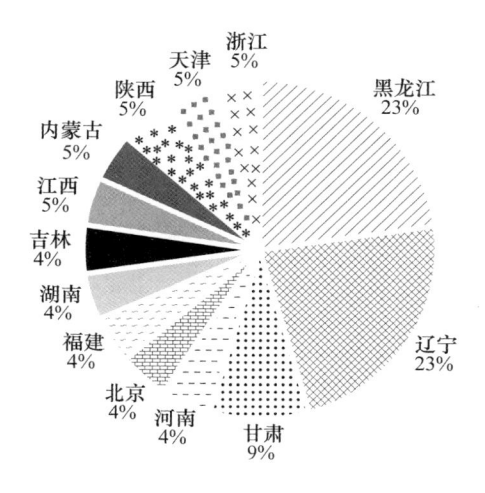

图 2-2　调研样本覆盖区域统计

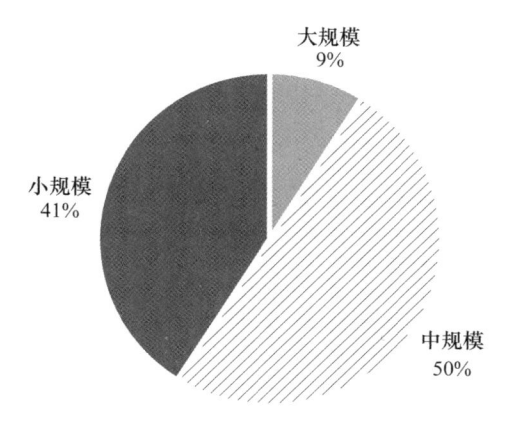

图 2-3　调研样本养殖规模分布

从养殖企业成立和运营时间来看（如图 2-4 所示），成立 5 年以上的居多，共 14 个，占比达 64%，其中成立 5—10 年和 10

年以上各 7 个。其次是成立 3—5 年、1—3 年和 1 年以下，分别为 4 个、3 个和 1 个。

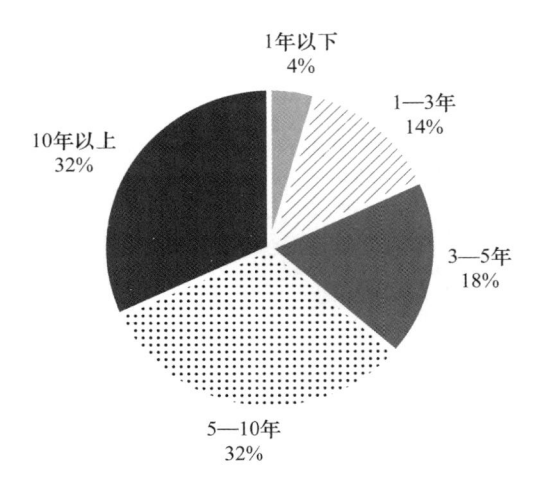

图 2-4 样本企业成立时间统计

从养殖模式来看，大部分畜禽养殖企业采取独立养殖模式（如图 2-5 所示），占比达 72.7%；有 22.7% 的采用"公司+农户"养殖模式；4.6% 的企业选用其他养殖模式，但具体为何种

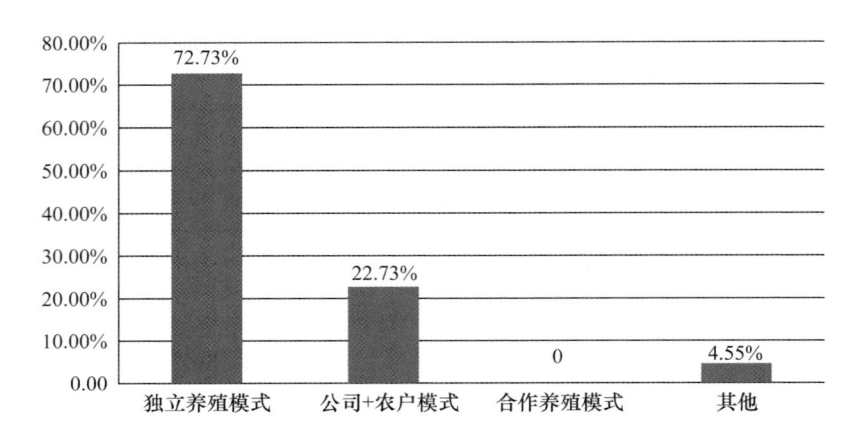

图 2-5 调研样本养殖模式选取情况

模式在本次调查中尚不明确；本次调研样本中无采用合作养殖模式的企业。另外，本次有效样本中，有54.5%的企业采取了有机养殖，有45.5%的企业未采取。

二 疫情对畜禽养殖业的主要影响分析

据了解，新型冠状病毒感染的肺炎疫情对家禽养殖业的影响主要有销售受阻、肉禽压栏严重；集中屠宰困难、市场供应紧急；生产资料保障不足；疫病风险加大等。比如，受活禽市场关闭、交通管制等因素影响，家禽活体运输、销售基本停止影响，安徽省滁州市活禽压栏严重，截至疫情暴发后的2020年2月6日，该市全市存栏肉禽1734.89万只，5日内将出栏216.04万只，10日内将出栏271.87万只。滁州市家禽主要外调宿州和江苏等地屠宰、加工，当时开工的2家家禽屠宰企业日屠宰能力约7.5万只，难以满足需求。加之养殖企业、屠宰加工企业分散，因交通管制调运困难。生产资料保障方面，饲料原料中玉米、豆粕等供应不畅，饲料原料上游工厂（如米厂、油厂）恢复生产延迟，饲料生产企业产能跟不上，造成饲料企业产能下降，部分养殖户出现饲料供应短缺，甚至出现畜禽饿死或者弃养活埋现象。定远县七里塘乡养殖户柏传方因缺少饲料扑杀掩埋1.8万只肉鸡。另外，疫情暴发时正值高致病性禽流感等重大动物疫情多发季节，由于压栏增多，饲养密度增大，管理受限，疫病发生风险倍增，例如全椒县大墅镇一养殖户病死肉鸡6000多只（已经排除禽流感疫情）。[①]

[①] 资料来源：《新型冠状病毒感染的肺炎疫情对家禽养殖业的影响和建议》（moa.gov.cn），2020年2月19日，http：//www.moa.gov.cn/xw/qg/202002/t20200219_6337368.htm。

由此可见，畜禽养殖业稳产保供形势严峻，急需及时有力、有针对性的支持措施。依据本次调研反馈，本书从产业链的分析角度入手，就供应链维持、饲养原材料供应、生产用工、养殖品销售、畜禽粪污及病死畜禽处理和养殖企业未来养殖意愿等方面受新冠肺炎疫情影响情况做详细分析。

（一）资金链维持方面

企业资金链是指维系企业正常生产经营运转所需要的基本循环资金链条，是企业现金流在某一时点上的静态反应。如果企业的资金在循环的过程中流出大于流入，则会出现资金供应不足，资金链断裂的情况，致使企业无法正常运营。[1] 中国财政科学研究院外国财政研究中心研究员李成威等认为，疫情的不确定性对企业影响最大，要特别关注疫情触发中小企业资金链断裂的情况。[2]

本次调研发现，在资金链维持方面，有72.7%的养殖企业在疫情严重期间[3]面临过这方面问题，这其中觉得难以从正规渠道取得贷款，融资困难的有5家，觉得企业资金流动性不足，无法支付员工工资、厂房设备租金或者无法及时偿还贷款和欠款的有9家，觉得应收账款出现呆账、坏账比例增大，资金回笼困难的有5家，另有2家面临其他资金链维持问题。在全体有效样本中调研显示，当面临资金链维持问题时，会通过银行信贷或其他融资方式保持企业运作的养殖企业只占31.8%，这些企业除了采取申请银行贷款这种传统融资方式以外，还会通过供应链融资、寻求民间借贷和通过村内互助组织或亲朋好友间进行周转等方式来

---

[1] 徐玄玄、刘晓红：《上市公司资金链风险规避策略》，《财会通讯》2009年第20期。
[2] 李成威、傅志华：《应对疫情对经济影响的关键是构建确定性》，《财政研究》2020年第3期。
[3] 指2020年2—3月，后同。

渡过难关，而剩下68.2%的企业会选择通过别的方式勉强维持企业运作，比如变卖固定资产或缩小养殖场规模等。在疫情期间银行贷款或其他融资方式的可获得性方面，有45.5%的企业认为比较难获得，甚至有18.8%的企业认为无法获得，只有13.6%的企业认为比较容易获得，另有22.1%的企业未采取银行贷款等融资方式。被调研的企业一般会保持其账上的资金能够支撑的最长时间为1个月至3个月，这一群体占比为45.5%，有36.4%的企业会保持账上资金支撑半个月至1个月，只有18.1%的企业会保持账上资金支撑3个月以上。

（二）饲养原材料供应方面

2020年1月30日至2月15日期间，农业农村部、交通运输部、国家发改委等部门3次下发紧急通知，要求保障农业生产资料正常流通秩序、不得拦截畜禽类产品及原料运输车辆、不得关闭屠宰场，加快饲料和畜禽屠宰加工企业复工复产、确保物资和产品运输畅通。但仍有不少地方采取封锁措施，养殖人员、检疫人员、物流运输人员及屠宰人员难以到位复工，导致部分养殖场出现压栏，影响养殖户的补栏积极性。

本次调研显示，在养殖原材料供应方面，40.1%的企业通常采购一次储备1个月至3个月的饲料，45.5%的企业储备半个月至1个月的饲料，也有13.4%的企业只储备半个月以下的饲料。关于疫情严重期间养殖企业采购饲料到货时间是否延长，有9%的企业感觉未延长，9%的企业在此次疫情中储备足了饲料，当时不需要采购。剩下82%的企业感觉采购饲料到货时间延长了，认为延长半个月以内的企业居多，占59%；认为延长半个月至1个月的占13.6%，还有9.4%的企业认为延长了1个月以上。不过在本次调研样本中，疫情期间采购不到饲料的企业没有。在疫情期间采购饲料的价格方面，有40.9%的企业感觉未发生大幅度的变动，59.1%的企业认为饲料采购价格上涨了，这其中认为涨幅在10%以内的占76.9%；认为涨幅在10%—30%的占15.4%；还有7.7%的认为涨了31%—50%；认为涨幅在50%以上的没有。

在畜禽规模化养殖过程中不可避免会使用到疫苗和兽药，本次疫情中，面临过疫苗和兽药供应断档的企业有27.3%，72.7%的企业未遇到相关问题。但是由于道路阻拦、运输不畅，养殖企业引种或引进活畜禽也受到了限制，有68.2%的企业因此遭遇了无法扩产断档的情况，31.8%的企业未因在引种或引进活畜禽方面受限而面临无法扩产断档。

（三）生产用工方面

受疫情影响，2020年第一季度临时性劳务工流动受到严格管控，工人外出务工的积极性也降到低点，农业生产用工难度可能增加。[①] 但本次调研样本中，有86.4%的企业的生产用工都来自本省域内，其中自己家人、本村、本乡镇、本县、本市和省内市外由小到大范围都依次有较为均匀的分布，但总体来看，雇工来自本县域尤其是本乡镇占大多数。只有13.6%的企业雇工是来自省外全国各地。由此可以推断，绝大多数企业在疫情严重期间不会因为交通运输受阻而面临复工返工难的问题。调研结果也与这一推断基本一致：81.8%的企业由于员工大多来自本县域，未面临复工返工难问题；只有18.2%的企业面临了该问题。在面临该问题的企业中，由于交通运输受阻的确占大多数，但也有受国家防疫要求和复工复产政策限制和员工对疫情发展态势不清的恐

---

① 宋莉莉、张琳、杨艳涛、侯丽薇、王国刚：《新型冠状病毒肺炎疫情对我国粮食产业的影响分析》，《中国农业科技导报》2020年第6期。

惧以及出于对自身健康的保护等原因。在复工生产模式方面。疫情严重期间，27.3%的企业仍采取满员上岗模式，27.3%的企业采取分班轮流模式，36.3%的企业保持重要岗位正常运转，9%的企业受疫情影响较大暂时歇业未复工。

不过受疫情影响，只有27.3%的企业进行了裁员，且这其中裁员百分比（辞退员工数量/员工总人数）主要在30%以下，占66.6%，裁员百分比在30%—50%和50%以上的企业各占16.7%。全体调研样本中，仍有72.7%的企业未进行裁员。

生产方面，45.5%的企业的养殖场出栏数未受影响；54.5%的企业的养殖场出栏数受到影响，这其中有33.3%的企业减少了50%以上，25%的企业减少了30%—50%，16.7%的企业减少了30%以内，但有25%的企业出栏数反而增加，增加了30%以内。

（四）养殖品销售方面

如前文理论基础部分所述，产业链中大量存在着上下游关系和相互价值的交换，上游环节向下游环节输送产品或服务，下游环节向上游环节反馈信息，养殖产业价值链的各环节之间相互关联。受新冠肺炎疫情影响，养殖企业的下游行业如屠宰场、餐饮企业、消费者等的经营状况或者是情绪会向上传递到养殖企业本身，因此养殖品的销售必然会面临一定的波动或是困难。

调研结果显示，畜禽养殖企业2020年相对于2019年同期销量（按只/头计算）均有所下滑，其中销量下滑10%以下的企业占45.4%，下滑10%—30%的占18.2%，下滑30%—50%的占18.2%，还有18.2%的企业相对于2019年同期销量下滑了50%以上。其2020年相对于2019年同期营业收入和净利润也均有所下滑。59.0%的企业营业收入下滑了10%以下，18.2%的企业下滑了10%—30%，18.2%的企业下滑了30%—50%以及4.6%的企业下滑了 50% 以上。59.0% 的企业净利润下滑了 10% 以下，27.3% 的企业下滑了 10%—30% 以及 13.7% 的企业下滑了 50% 以上。

就其下游行业对养殖品采购量降低（即销量下降）的原因（多种）而言，12 家企业认为是由于新冠肺炎疫情导致消费者的社交活动减少，引发下游餐饮行业的萧条；8 家企业认为受疫情影响，下游行业同样面临资金流动性约束；6 家企业认为是因为新冠病毒发病机制出现在海鲜市场，使人们对肉类的消费态度更加谨慎。

（五）畜禽粪污及病死畜禽处理方面

据有关资料统计，我国畜禽养殖每年产生粪污约 38 亿吨，其中 60% 的未能得到有效处理利用，规模化畜禽养殖是农业面源的最大排放源，也是环境污染的重要来源。此次疫情中，延迟畜禽出栏、扑杀滞销畜禽产品及员工延迟复工等增加了畜禽粪污和病死畜禽无害化处理设施投入负担，由此带来的环境污染风险不容忽视[①]。

但在本次调研中，95.5% 的养殖企业的畜禽粪污和病死畜禽都能够及时妥善处理，只有 4.5% 的认为不能及时妥善处理，其原因主要是养殖压栏导致处理用地不足。受"封村""断路"造成粪污车交通运输受阻，粪污无法及时运出、"封村""断路"造成兽医无法及时赶往，病死畜禽量增加、复工困难导致处理人手不足和消毒药品和防护用品购买困难等原因影响不明显。

（六）养殖企业未来养殖意愿方面

在新冠肺炎疫情冲击的背景下，畜禽养殖企业未来生产养殖

---

① 罗娟、赵立欣、姚宗路、冯晶、于佳动、袁艳文：《规模化养殖场畜禽粪污处理综合评价指标体系构建与应用》，《农业工程学报》2020 年第 17 期。

的意愿对于我国在 2020 年以及往后恢复和保障畜禽养殖品尤其是生猪的供应具有重要的现实意义。

首先，受新冠肺炎疫情影响，畜禽养殖企业认为在生产经营中遇到的最大的 3 项困难（多种）依次为：养殖场运营成本（厂房、仓库租金等）增加（16 家）；生产经营资金周转困难（11 家）；订单量减少造成的业务收入损失（10 家）。另外，也有一些企业面临了物流受阻导致养殖压栏、屠宰场关闭导致养殖压栏、员工复工率低导致无法按时履行交易合同所蒙受的违约损失和贷款利息等资金成本损失这些困难。

其次，关于疫情对畜禽养殖企业生产经营带来的后续影响（多种），有 15 家企业担心物流依然受限，养殖压栏，养殖密度增大，超过承载量；9 家企业担心企业难以适应疫情后新的消费模式以及生产经营模式；2 家企业担心受国外疫情的影响，出口困难；7 家企业担心物流畅通后，养殖场集中出栏，流通增大，导致产品价格变低；也有 1 家企业担心销售业绩在短期内难以恢复。说明目前我国畜禽养殖企业普遍存在较大的担忧，认为会面临较大挑战，对自身的生产经营以及对市场的预期不太乐观。

再次，在政府为保障疫情后养殖业生产恢复的系列政策的落实方面，54.5% 的企业认为未得到有效落实，45.5% 的企业认为落实情况较好。政府为保障疫情后养殖业生产恢复的系列政策中，对其提供了较大帮助的主要有为其减免税费和贷款利息、帮助企业调配复工所需防疫物质、帮助企业对接供应链原辅材料、帮助企业招工以及发放成本补贴（设备厂房租金、用水用电等）这些方面。

新冠肺炎疫情暴发近 10 个月后，借助国家政策帮扶以及依靠自身努力建设，各畜禽养殖企业也在积极恢复调整中。养殖场生产经营规模和生产量的恢复情况基本一致，截至调研日期11月中旬，36.4%的企业恢复至疫情发生前；27.3%恢复到疫情发生前的75%—100%；22.7%的企业恢复到50%—75%；仍有13.6%的企业仅恢复到50%以下。在养殖品销售恢复情况方面，同样，36.4%的企业恢复甚至超越疫情发生前；31.8%恢复到疫情发生前的75%—100%；22.7%的企业恢复到50%—75%；仍有9.1%的企业仅恢复到50%以下。

最后，关于养殖场未来两年内养殖规模的安排，超过一半（55.6%）的企业打算保持原有规模不变；也许是在本次疫情中遭受挑战的同时也发现了新的机遇，有36.4%的企业打算扩大规模；有小部分（4.5%）企业打算缩小规模，甚至已有4.5%的企业因遭受严重影响，未来可能停业或关闭。不过总体来看，我国畜禽养殖企业还是具备一定的抵抗风险和冲击的能力，并且能够积极调整和恢复。

三 疫情对畜禽养殖业造成影响的主要原因分析

疫情对养殖产业长期和短期发展造成了较为严重的影响，同时也暴露出该产业发展的突出问题。从外部看，政策措施难落实、乡村道路难打通、运输效率难提升等问题阻碍复产复工、围堵产业发展；从产业内部看，疫情显现出企业资金链周转受畜禽养殖业生产的内在特性制约、资金链断裂加大养殖场经营风险、应对突发事件决策反应机制仍不完善等问题。以下从内外部因素两个角度作简要原因分析。

（一）内部：畜禽养殖业生产的内在特性

畜禽养殖业的自然再生产与经济再生产具有较强的内在连

续性①。养殖业生产经营的是畜禽生物，养殖企业需要在动物新陈代谢过程中及时补给营养物质、排出畜禽粪污，生产过程中可能出现病死畜禽。但受养殖（或存储）空间、饲料供应、产品保质期等因素制约，畜禽产品及副产物需要在一定时期内出售。如果交通运输受阻或者屠宰场、交易市场关闭时间过长，养殖场（户）在短时间内无法马上停产，且必须继续投入生产资料、处理滞销畜禽产品及养殖废弃物，这无疑将会增加其经营成本。因此，与容易即时停产的行业相比，养殖业难以及时止损，受损也更严重。

事实上，自2018年8月非洲猪瘟疫情在我国暴发以来，生猪供给短缺形势严峻，国家出台各项政策大力支持生猪养殖恢复发展，②如自《国务院办公厅关于加强非洲猪瘟防控工作的意见》（国办发〔2019〕31号）③、《国务院办公厅关于稳定生猪生产促进转型升级的意见》（国办发〔2019〕44号）④等文件发布后，多数养猪场（户）在2019年下半年开始补栏；家禽等生猪替代品养殖场（户）因非洲猪瘟疫情导致的消费需求增长，补栏速度加快，且价格波动明显。更重要的是，每年第一季度本是鸡苗等禽类种苗的销售旺季，随着气温回升，部分养殖场（户）已经开始增加存栏，因此，在本次新冠肺炎疫情暴发时，畜禽养殖业的恢复性生产和季节性补栏受到明显冲击。

---

① 舒畅、乔娟：《新冠肺炎疫情防控对畜禽养殖业的影响及对策建议——基于全国786份畜禽养殖场（户）调查问卷分析》，《中国畜牧杂志》2020年第3期。
② 舒畅、乔娟：《新冠肺炎疫情防控对畜禽养殖业的影响及对策建议——基于全国786份畜禽养殖场（户）调查问卷分析》，《中国畜牧杂志》2020年第3期。
③ 资料来源：《国务院办公厅关于加强非洲猪瘟防控工作的意见》，2019年7月3日，http://www.gov.cn/zhengce/content/2019-07-03/content_5405691.htm。
④ 资料来源：《国务院办公厅关于稳定生猪生产促进转型升级的意见》，2019年9月10日，http://www.gov.cn/zhengce/content/2019-09-10/content_5428819.htm。

（二）外部：我国应对突发公共卫生事件的应急管理体系不够完善

此次疫情属于突发公共卫生事件，但是畜禽养殖业在本次疫情中也受到较大波动和影响，这凸显出我国在应对突发公共卫生事件中体现出来的应急管理体系及管理能力的不足。事实上，此次疫情防控暴露出来的不仅是养殖业本身的问题，更是一个国家应急管理体制机制亟须改进和完善的问题。我国需要建设一个科学化、现代化、高效率、广覆盖、多功能的公共卫生体系，特别是突发公共卫生事件应急管理系统的建设，能够更加科学地独立判断和发布相关疫情信息，并迅速调动力量做出反应。不过这是一项宏大的系统工程，不是一蹴而就的事，有许多内外在因素的影响和制约，还需要从各方面进行模式、策略的转变，并且我们也在此次疫情防控和应对处理上，有了一些宝贵的探索经验，这对未来我国不断完善突发公共卫生事件应急管理体系无疑是有益的。

四 疫情下对养殖业恢复和发展的建议

新冠肺炎疫情对中国养殖业带来了重大考验。降低疫情负面影响、提升风险应对能力、保障国内畜禽养殖品供给是未来养殖产业发展的重要方向。目前，疫情尚未完全被遏制，一定要严格贯彻落实党中央、国务院各项决议精神，从技术、资金、产销、管理等多个方面做好保障，统筹协调部门关系，最大限度地保障养殖业生产并提升类似疫情的应对能力。为此，课题组从外部环境和企业内部两个角度为我国养殖业的恢复和发展提出建议。

（一）国家统筹和机制建设方面

一是落实申报贷款贴息等扶持政策，加快推进信贷支持政策落地。组织符合条件的养殖场申报贷款贴息,解决养殖企业资金周转方面的难题。积极开展和推广农业保险政策,降低养殖企业未来的养殖风险,增强其养殖信心。二是加强地方督导和协调,强化部门间协同配合,以更大力度保障畜禽养殖产业上下游企业恢复生产。各级地方政府要统筹调控,在保障疫情防控的基础上,将稳产保供作为重要任务,落实"省负总责",压实"菜篮子"市长负责制,强化县级抓落实责任,保障重要畜产品供给。统筹交通、财政、发改、农业农村、工商等多个相关部门,各司其职,强化协作,形成工作合力,沉着应对新冠肺炎疫情可能会带来的后续挑战。三是加强动物疫病防控体系建设。严格落实非洲猪瘟、禽流感等动物疫情监测排查报告、养殖废弃物资源化治理等政策措施,加强病死畜禽无害化处理,实行活禽交易市场分类管理,及时监测生猪等重要畜禽品种的补栏增养情况。

(二)养殖企业自身经营方面

一是加强环境卫生消杀工作,预防和杜绝新型冠状病毒在养殖场的传播和蔓延。二是根据疫情发展调整畜禽养殖规模。挖掘自身潜力,强化经营管理。三是积极拓宽农产品线上销售渠道、创新市场营销方式。采取线上售卖、线下送货等方式,充分利用淘宝、京东、抖音直播等电商平台开拓线上营销渠道。四是优化商流和物流。与上下游供应商、物流渠道、客户等做好充分沟通,共同压缩利润,共担亏损,互利共赢。五是用好政策红利,在困境中探寻变革。2020年国家和地方在疫情防控期间为支持企业发展出台了一系列政策,包括2020年2月1日中国人民银行、财政部等五部门联合发布《关于进一步强化金融支持防控新型冠状病毒感染肺炎疫情的通知》,2020年2月7日财政部、国家税务总局进一步出台《关于支持新型冠状病毒感染的肺炎疫情防控有关税收政策的公告》,以及各地针对疫情出台的促进中小微企业发展措施等。目前疫情尚未完全被遏制,养殖企业更应结合自身情况,切实理解政策要领,用好用足政策红利,主动谋创新、寻变革、渡难关。

第四节　外部风险冲击下保障中国农业生产的应对思路

进入21世纪,随着我国农业农村经济更加开放,农业的功能、农村的改革、农业的增长方式、农业与外界的联系以及政府对农业的管理方式都发生了深刻的变化。与此同时,影响农业农村经济的不确定性因素也不断增多,由于人们对诱发农业农村危机的各种不确定因素认知的局限,农业农村也更容易遭受损害。危机对产业影响是多元的,此次新冠肺炎疫情对一、二、三产业的影响也是全方面的。疫情对三大产业的影响正在持续:二产可在疫情过后延长工时工期最大限度恢复产能,弥补损失;而对于第一产业,种植业有季节性,农时延误,影响全年;而畜禽业有生命周期,一旦中断引发连环反应,产业受损难以弥补。[①]

尽管新冠肺炎疫情的暴发及蔓延对我国"三农"发展造成了较大冲击,但此次疫情对于我国农副产业发展与应急管理体系的完善也具有重要启示。除了短期的应对之策外,从长期来看,疫情对农业后期的潜在影响正在缓慢释放,应从全局和战略高度给予足够重视,强化和完善有利于农业农村经济健康运行的危机管理体制和机制,全力保障未来粮食生产和重要农产品的有效供

---

① 资料来源:《凝心聚力谋良策　奋发有为战疫情——农科院机关党委》,2020年3月31日,http://dw.caas.cn/gzdt/tzgz/231103.htm。

给，保障农副产业平稳有序发展，保障国民经济平稳运行。

一 全面保障农业生产资料市场供给稳定

农业是受上下游产业影响敏感度较高的行业。农产品流通环节联结供需两端，疫情对流通环节的影响经过上下传导，会造成一系列的连锁反应。农业生产的季节性特征，对农业投入品及时、稳供、保量提出了高要求。在疫情防控进入新常态阶段，首先，应加强重要农业投入品生产和市场运行调度，为全年农业生产做好农资供应准备。比如，加大重要农资原材料和产品应急储备力度，保障钾肥、磷肥等对外依存度高的矿石原料进口渠道畅通，实行重要农资分区分级储备并保持一定比例。其次，各地要加强与各有关部门对接协调，将种子、农药、饲料、兽药等农资产品纳入重要物资供应绿色通道，紧盯重点品种、重点季节、重点区域，确保种子、农药、化肥、农膜、饲料等重要农资产得出、运得到、用得上。另外，积极协调解决企业生产过程中出现的人员隔离防护、交通通行证办理、产品进村入户等难题，保障疫情防控期间种子、农药、种苗、饲料、兽药产品及出栏活畜禽调运顺畅，同时保障价格稳定也不容忽视。

二 引导农企与农民工有序应对风险冲击

在应对疫情等突发公共卫生事件造成的风险冲击时，需要做到以下五个方面：第一，推动和帮助涉及国计民生的相关企业，如农副产品生产、超市卖场、食品加工以及交通物流等相关企业率先复工复产，做到"稳供给、增产能、调结构、防风险"；第二，在经济恢复阶段必须要有行政大推动，同时配合以需求大拉动，对当前市场需求旺盛的方便食品、冷冻食品和农药、化肥生产等企业，要建立生产调度制度，解决农产品"卖不出"和"买不到"的问题；第三，针对民生重点企业，建立派驻联络员制度，实行"一对一"定点服务，协调解决企业生产经营中遇到的困难和问题；第四，精准解决农业企业用工难题，分类保障职工有序上岗，对企业统一组织的返岗包车，纳入疫情防控应急运输绿色通道范围内保障其通行；第五，各地区严格落实分区分级的差异化疫情防控措施，加强农民工疫情防范意识，对施工场地、生产车间等实施封闭式管理，对其施工人员进行实名制管理，降低农民工感染风险，缩小疾病传播范围。

三 着力引导农业生产环节优化

疫情的影响凸显了农产品生产和销售方式的短板，亟须推动机械化发展方式的变革。第一，将农药、化肥、地膜、饲料、种苗等农资生产企业及其原料供给企业纳入重点帮扶企业名单，支持其尽快恢复产能，对其用工、用水、用电及流动资金等需求给予保障和优惠支持，对因疫情影响开工困难的重要农资生产企业发放短期专项特殊补贴，帮助相关企业全面恢复经营和运转，确保春耕春播期间农资的正常调配和运输通畅，切实保障农资供给，全力做好农机备耕工作。第二，为了满足农户生产需求，对急需的肥料、种苗、农药、兽药、饲料、疫苗、种畜禽、小型农机具等生产物资，以及农资经营点库存等进行逐一排查，了解生产资料储备情况，及早谋划对口供应和指导计划。同时要让具有一定规模的农资经营企业和商店采购充足货源，分片、分区组织好农资准备工作，全力保障生产资料供给。第三，要分类细化农村疫情防控科学指导，全力推动、组织和督促农村做好春耕工作，保证2020年粮食的稳产。抓好畜禽生产，对重点地区损失较大的家禽养殖场户给予延长还贷期限等支持。推动屠宰企业与养殖场户对接。加强重大病虫害和动物疫病防控，强化监测和应对准备。第四，建立农贸产品绿色畅通通道，保证农资原料、禽苗、鲜活农产品等涉农类物资运输畅通。在生产物资配送过程中，可效仿目前城市物流配送的不见面提货方式，加大宣传力度，鼓励各地根据生产实际情况创新农资配送方式，充分发挥基层党组织的示范引领作用，在防控疫情的同时保证农资及时配送。

四 调整农业政策和激励机制

农业政策对于农业生产和农村经济发展具有激励效能，调整农业政策和激励机制，需要增加对农业生产者的扶持，尤其是中小规模农业生产企业和小农户。其中小农户是农业生产中最基础、最大的群体，也是最易受全球疫情及自然灾害影响的群体，增加他们的韧性和适应力，对保障我国农业生产非常重要。具体可从以下几个方面入手：一是加强土地使用权益保障，减少土地分割，增加农户获得资金投入和信息通信技术的机会；二是促进包容性的农业综合企业模式的发展，帮助中小规模农业企业和小农户适应不断变化的食物需求和现代供应链的更高质量标准要求；三是推广农业保险并及时启动农业保险赔付，弥补因疫情造成的相关损失，加强对农业企业和小农户相关知识的培训，帮助其更好地进行风险管理；四是拓宽农民增收渠道，加大对农产品滞销地区的消费扶贫力度，广泛建立产销对接的直销渠道，帮助农业企业和小农户销售农产品，引导其渡过难关。

五　创新农产品销售模式

农产品在疫情期间主要有三种销售模式：一是电商平台以直供方式提供服务，消费者到无接触自提点领取；二是大型超市生鲜产品线上售卖；三是传统农贸市场经营户与周边小区用户建立买菜微信群，经营户依据订单配货，送货服务由快递员完成，通过"电商平台＋基地直供＋农户"的销售模式来实现农产品的销售。国内疫情得到控制的情况下，这种新的销售模式仍然可以为农民农产品销售提供可能性。充分利用网络技术，如即时通信，依托快递物流，改变农产品传统的单一线下销售模式，将线上与线下相结合，充分利用电商平台，为农户开拓销售渠道。农民可以利用微信朋友圈，将农产品销售到更远的地方。引导农商产销对接，一方面，创新农产品产销模式，顺应疫情影响下消费方式的变化趋势，推动农产品批发市场及经营大户、骨干流通企业、专业配送中心、连锁超市、电商企业与蔬菜水果生产基地、专业合作社、种植大户直接对接，采取多种形式扩大农产品的采购销售规模。另一方面，鼓励和引导淘宝、京东、蒙牛、盒马鲜生等知名电商平台加大对农产品的营销力度，推进线上线下融合，加快农产品从田间到餐桌的流动。此外，鼓励各地农贸市场、超市、电商企业等采取降低租金、零毛利销售等方式提升农副产品的保供质量和效率。

六　尽快完善扶持农业生产发展的综合性政策措施

当前，保障农业生产对稳住经济社会全局至关重要。2020 年中央和地方陆续出台了一系列应对措施，对稳定农业生产和恢复农村生活秩序等发挥了重要作用，如《中共中央国务院关于抓好

"三农"领域重点工作确保如期实现全面小康的意见》①、广东省农业农村厅发布的《广东省农业农村厅关于落实省委省政府2020年农业农村重点工作部署的实施意见》② 等。2020年提前公布稻谷最低收购价,籼稻较2019年每斤提高1分钱,粳稻价格持平,释放了国家重农稳粮的信号,但涨幅仍未达到市场预期③。因此,既要看到这些单一的、临时的政策短期效果,也要正视后疫情防控时期其对农业的潜在影响和持续压力,建议统筹运用财政、货币、价格、收储、流通、贸易、基建等政策工具,制定包括支持种植业和畜牧业稳定生产、农业设施建设、渔业生产、中药材生产、高标准农田建设、重大动物疫病防控、农机购置方面、农业技术推广服务、农业农村金融等方面在内的扶持农业生产发展的专项综合性政策措施。

七 加强粮食安全预警监测与市场调控

疫情的暴发从引发公共卫生危机开始,逐渐向经济危机、社会危机及国际贸易危机蔓延。粮食既是人民群众最基本的生活资料,也是关系国计民生和国家经济安全的重要战略物资。粮食安全与社会的和谐、政治的稳定、经济的持续发展息息相关。完善粮食应急储备体系,确保粮食市场供应,最大限度地减少紧急状态时期的粮食安全风险是政府的职责,也是粮食安全保障体系的

---

① 资料来源:《中共中央 国务院关于抓好"三农"领域重点工作确保如期实现全面小康的意见》,2020年2月5日,http://www.gov.cn/zhengce/2020-02/05/content_5474884.htm。

② 关于印发《广东省农业农村厅关于落实省委省政府2020年农业农村重点工作部署的实施意见》的通知,2020年4月9日,http://dara.gd.gov.cn/tzgg2272/content/post_2968402.html。

③ 杨久栋、郭芸芸:《疫情对农业后期的潜在影响应高度重视》,《中国农垦》2020年第6期。

重要组成部分。2020年5月7日，国家粮食和物资储备局召开构建新型粮食市场监测预警体系视频工作会议，安排部署推进粮食市场监测预警工作。会议提出要进一步提高政治站位，把粮食市场监测预警工作摆在突出位置；紧紧围绕服务决策、服务行业、服务社会的目标要求，突出做好"早、快、准、精"四字文章，增强前瞻性、时效性、准确性、针对性；准确把握市场监测与监管的有机统一，促进关口前移、强化监管协同、提升监管水平，持续增强粮食安全保障能力；强化组织保障，为构建新型粮食市场监测预警体系提供有力支撑。[①] 非常时期要优先保障国内粮食供给，牢牢守住口粮安全底线。除此之外，我们还要密切关注全球粮食市场走势，特别是跟踪监测世界主要粮食生产国和出口国的政策变化，动态调整我国粮食进出口策略。与此同时，还要加大对我国对外依存度高的重要农产品贸易监测和预警，推演不同情势下我国农业产业链、供应链的影响与变化，及早制定应对预案。

---

① 资料来源：《国家粮食和物资储备局召开构建新型粮食市场监测预警体系视频工作会》（lswz.gov.cn），2020年5月9日，http://www.lswz.gov.cn/html/xinwen/2020-05/09/content_250385.shtml。

第三章　中国食品加工环节的风险冲击应对策略

当前，新冠肺炎疫情早已经成为全球面临的共同挑战，疫情的流行和防控涉及社会经济的方方面面，食品行业也不例外。受疫情影响，企业节后开工延迟，对行业发展带来严重冲击。在社会餐饮基本关停的情况下，居民多为在家用餐，对农副产品和乳制品、酒及饮料等加工食品需求旺盛，因此食品加工行业保价稳供对保障居民正常工作生活具有重要意义。疫情后期，食品加工企业需提高创新能力，补上市场空间，做好轻工业稳定发展的"压舱石"。不论是疫情期间还是后疫情时代，食品加工业都面临着机遇与挑战。

第一节　食品加工业的概念与发展概况

一　食品加工业的概念

食品加工是以农、林、牧、渔业产品为原料，利用劳动力、机器、能量及科学知识，把它们转变成半成品或可食用的产品（食品）的过程。食品加工具体内容包括以农、林、牧、渔业产品为原料进行的谷物磨制、饲料加工、植物油和制糖加工、屠宰及肉类加工、水产品加工，蔬菜、水果和坚果等食品的分选、清洗、分装或精深加工等活动[1]。食品加工必然需要加工方法与程序，即食品加工工艺，就是将原料加工成半成品或将原料和半成品加工成食品的过程和方法，它包括了从原料到成品或将配料转变成最终消费品所需要的加工步骤或全部过程。

食品加工业是以农产品为原料，依据物理、化学、生物及微生物的变化加以处理，改变其形状、性质，目的在于延长农产品保存时间，提高其营养价值或利用价值制成新的食品的工业，包括粮食及饲料加工业、植物油加工业、屠宰及肉类蛋类加工业、水产品加工业、盐加工业和其他食品加工业[2]。食品加工业是农产品加工业中的重要组成部分，也是农业和工业融合联动发展的纽带[3]。食品加工业是一个既古老而又永恒的常青产业，伴随着地球人类文明的演进而发展。但食品加工业的广泛兴起，还是近现代社会的事情。欧洲工业革命带来的技术进步使得食品加工业冲破农产品生产技术和加工技术的约束，资本财富的积累使得食品加工业冲破市场需求约束，食品加工业从而得以快速发展。

食品工业是关系国计民生的工业，也是一个国家经济发展水平和人民生活质量的重要标志。随着经济发展和人均收入水平的提高，食品供给系统也发生了重大变化，由原来的以农业为主发展到农业、食品加工业和饮食服务业的有机结合，食品工业总产值和农业总产值之比不断增加。同时，食品市场不断扩大为食品工业提供了极好的发展机遇，食品工业品日益丰富，城乡居民多样化的食物消费得到了满足，同时也为社会提供了

---

[1] 钟福亚、王凤忠：《茶叶精深加工产业链思考》，《茶叶》2020年第3期。
[2] 罗国亮：《中国食品加工业增长研究》，硕士学位论文，中国农业大学，2003年。
[3] 薛莹、吕杰、韩晓燕、陈迪：《食品加工业绩效评价及影响因素分析——基于东北地区的实证研究》，《农业现代化研究》2019年第2期。

更多的就业机会①。

2018年《食品工业发展报告》指出，食品工业是我国国民经济发展的主导产业之一，西方发达国家国民经济的主导产业均为食品工业。当前食品工业已经成为全球最大的工业之一。食品的产量、类别、质量不仅关系到人民群众的日常生活与生命财产安全，更关系到我国民族复兴的伟大任务。同时，饮食水平也是评价国家文明水平与人民生活质量的重要指标。食品工业的发展也有助于乡村振兴战略开展，解决"三农"问题。大力发展食品工业是农村经济发展的新增长点，农村食品工业发展与农民群众的收入有着紧密的联系。

二 食品加工业的发展与历史演变

（一）食品加工业发展与经济发展密切相关

食品工业的发展，从一个层面上体现了经济发展的状况。图3-1显示不同经济发展水平的国家，其食品工业产值与农业产值的比例有明显的差异②。国际经济社会发展规律表明，当一个国家或地区人均GDP达到1000美元时，虽然农业面临的主要矛盾仍是不断增产满足社会成员对食物量增长的需求即粮食安全（Food Security）问题，但食品工业开始起步，此时的市场主体主要是小微企业，投资主体是社会闲散资金；当人均GDP超过3000美元时，伴随着城市化的快速发展，为了满足不断增加的城市人口对成品和半成品食物的巨大需求，食品工业进入以满足量的需要为特征的粗放而野蛮的快速生长期，食品安全（Food Safe-

---

① 励建荣：《中国食品工业的现状及其发展战略》，《食品与发酵工业》2001年第7期。

② 戴小枫、张德权、武桐、张泓、孟哲、田帅、张辛欣、杨晓慧：《中国食品工业发展回顾与展望》，《农学学报》2018年第1期。

ty）上升为主要矛盾，此时食品生产的市场主体是规模以上企业，投资主体以工商资本为主；当人均GDP跨越10000美元之后，随着社会成员物质生活水平不断提高、对美好生活的向往和需求内涵愈加广泛，营养健康成为广义的食品制造业暨现代农业新的发展目标、任务、重点和使命，此时金融资本大量涌入，科技创新和金融资本双轮驱动，市场主体为大型跨国经营的企业集团，投资活动表现为企业的并购、参股、控股等资本运营，食品工业进入"井喷式"创造社会财富的高速发展阶段。

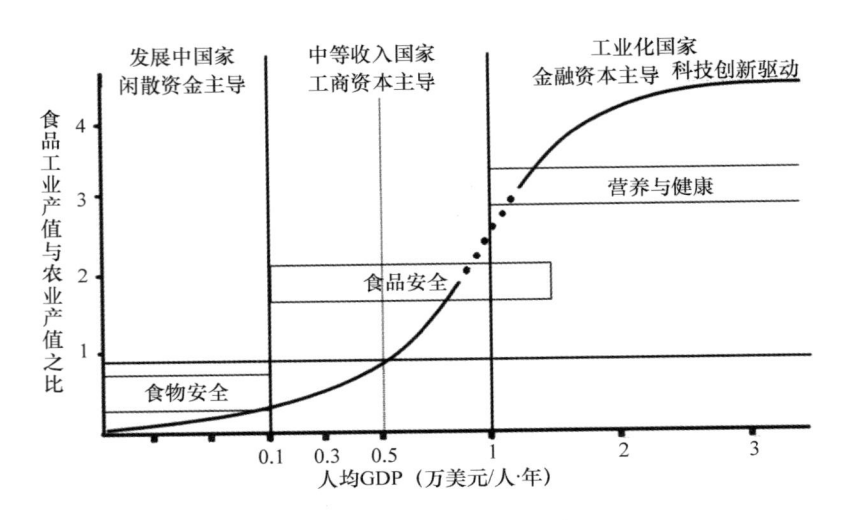

图3-1 食品工业发展阶段

资料来源：戴小枫、张德权、武桐、张泓、孟哲、田帅、张辛欣、杨晓慧：《中国食品工业发展回顾与展望》，《农学学报》2018年第1期。

（二）我国食品加工业的现状与特点

在我国五千年文明发展的历史长河中，历朝历代均奉行"民以食为天""国以民为本"的古训，十分重视食品的生产。由于历史的原因，油坊、磨坊、粉坊、豆坊、食坊、茶坊等中国特色的食品生产活动一直处于封建社会自给自足的传统农业状态，作为对以家庭为主体的食品加工生产方式的补充,传统小农经济的特征非常明显。中国近代意义的食品工业,始于清末进口制粉机械进行的面粉加工业,不仅起步大大晚于西方工业化国家,且发展速度缓慢。直到新中国成立以后,中国才开始了比较系统且稳定的食品工业发展;尤其是改革开放以来,伴随着中国社会快速工业化、城市化发展的历史进程,中国的现代食品工业才得到迅猛发展。

从中国食品工业的发展历史状况看,也无一例外地印证了图3-1所示的基本规律。2000年中国人均GDP抵近1000美元,此后的十余年中国食品工业异军突起,快速发展;2008年中国人均GDP超过3000美元,当年尽管有国际金融危机的影响,但中国食品工业还是逆市上扬,年增速达到29.97%,食品工业产值与农业产值之比达到0.7∶1;2011年中国人均GDP超过5000美元,食品工业高速增长,食品工业产值与农业产值之比接近1∶1;2015年中国人均GDP超过8000美元,食品工业产值与农业产值之比超过1∶1。按照新常态下6.5%—7%的增长速度计算,到2020年,中国人均GDP将稳步跨越10000美元的中等收入大关。可以预见,未来30年,中国食品工业将迎来以营养健康为己任的黄金期和高速发展阶段。[1] 图3-2显示了1961—2016年我国食品生产指数同世界平均水平的差异。

有学者将新中国成立后我国食品工业的发展演变划分为4个阶段,即缓慢增长阶段(1952—1990年)、觉醒阶段(1991—2000年)、高速增长阶段(2001—2015年)、中高速发展阶段(2016年至今)[2]。图3-3显示新中国自成立以来中国食品工业

---

[1] Popkin B. M., "Nutrition, Agriculture and the Global Food System in Low and Middle Income Countries", *Food Policy*, Vol. 47, 2014, pp. 91-96.

[2] 戴小枫、张德权、武桐、张泓、孟哲、田帅、张辛欣、杨晓慧:《中国食品工业发展回顾与展望》,《农学学报》2018年第1期。

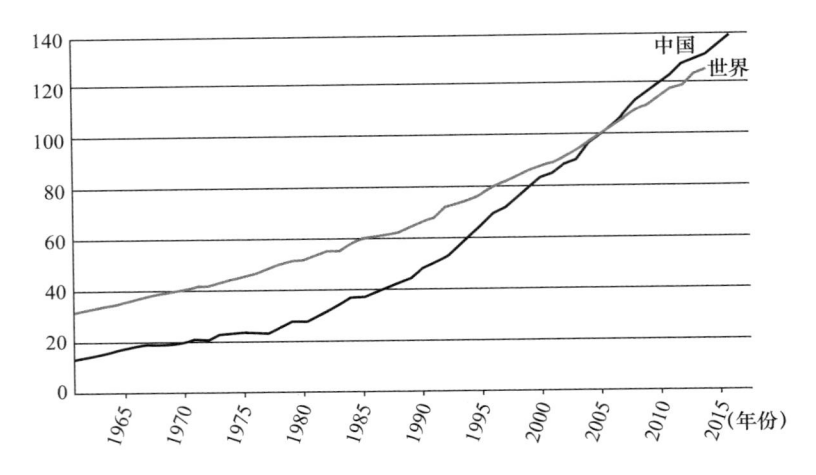

图 3-2 我国食品生产指数与世界食品生产指数的比较

资料来源：笔者根据联合国粮农组织数据绘制。

总产值逐年变化趋势，图 3-4 显示 1980—2015 年我国食品、饮料和烟草产业占制造业增加值的百分比变化，由图 3-3 和图 3-4 可以看出我国食品工业发展过程符合上述四个阶段。

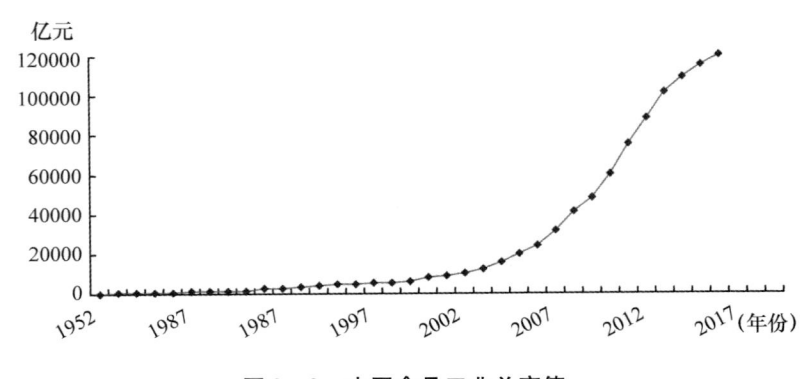

图 3-3 中国食品工业总产值

资料来源：戴小枫、张德权、武桐、张泓、孟哲、田帅、张辛欣、杨晓慧：《中国食品工业发展回顾与展望》，《农学学报》2018 年第 1 期。

图 3-4 中国食品、饮料和烟草产业占制造业增加值的百分比变化

资料来源：根据联合国工业发展组织《国际工业统计年鉴》绘制。

在缓慢增长阶段（1952—1990 年），我国食品工业基础薄弱，技术严重依赖进口，而且对引进技术的消化吸收水平有限，食品消费以初级农产品消费为主，加工食品消费比例非常低。1952 年中国食品工业总产值仅有 82.8 亿元，受益于 1978 年改革开放，1990 年食品工业总产值已达 1360 亿元。这一阶段食品产业的主要任务依然是解决基本温饱问题，食品加工业没有呈现迅猛发展的态势。但国家已开始重视食品学科专业的建设，相继建立了一批涉及食品学科专业的科研院所和高校，如中国食品发酵工业科学研究所（现中国食品发酵工业研究院）、无锡轻工业学院（现江南大学）、北京农业大学（现中国农业大学）等，为改革开放后食品工业快速发展奠定了学科、教育和人才基础。

在觉醒发展阶段（1991—2000 年），由于改革开放带来人均收入的提升以及技术装备的引进，食品加工业开始提速，食用植物油、味精、柠檬酸、盐业等产品产量均居世界前列。技术水平和产业集中度有所提高，缩短了与发达国家的差距，但直至2000年，我国食品工业产值与农业产值的比值也仅有0.33∶1，远低于发达国家同期3∶1—2∶1的水平，食品加工技术亟待创新突破。虽然我国粮食、油料、水果、豆类、肉类、水产品等产量均居世界第一，但深加工率较低，精深加工和综合利用技术缺乏，食品加工业仍待继续发展。

进入21世纪以后，食品加工业进入高速增长阶段（2001—2015年）。到2015年，中国规模以上食品工业企业39647家，实现主营业务收入11.35万亿元，占工业总收入的10.3%，食品工业产值与农业产值之比达到1.1∶1，食品工业已成为国民经济基础性、战略性支柱产业。同时，中国食品工业产业结构、产品结构和企业组织结构不断调整和优化，主要食品产量稳步增长，新产品不断涌现，产品结构向多元化、优质化、功能化方向发展，深加工产业比例上升，有效保障了人们对安全、营养、方便食品的消费需求。

自2015年至今，我国食品工业发展进入新常态，保持中高速增长。2018年，全国40909家规模以上食品工业企业完成工业增加值同比增长6.3%，比全国工业6.2%的增速快了0.1个百分点。若不计烟草制品业，工业增加值同比增长6.5%。经测算，食品工业完成工业增加值占全国工业增加值的比重为10.6%，对全国工业增长贡献率10.7%，拉动全国工业增长0.7个百分点。随着人们对健康的日益关注，营养健康食品需求旺盛，食品产业加快升级转型，碳酸饮料和烟草制造利润下降，而酒、精制茶制造业保持高速增长，国家对精准营养、智能制造等营养健康食品制造理论与技术也给予大力支持。这一时期最为瞩目的是，马铃薯主食产业化开发取得重大突破,① 成为依靠科技创新实现农业供给侧结构性改革的标志性成果。

我国的食品加工行业可分为三大细分行业,即农产品食品加工、食品制造,以及酒、饮料和精制茶制造。农产品食品加工指对来自农业领域的原材料和中间产品进行加工,包括碾米、磨粉和炼油等活动。农产品食品加工市场在我国食品加工行业占据最大份额。该市场的收益由2013年的5.9万亿元增至2018年的7.4万亿元,年复合增长率为5.8%。然而,我国食品加工行业企业数量过多,整体水平较低,多为中小型企业,尚未形成完善的规模生产模式。

第二节 食品加工业受外部风险冲击情况分析

受疫情影响,2020年1—2月农副食品加工业下降16%,食品制造业下降18.2%,以上两项数值均低于全国工业增加值的平均下降值。但与居民生活密切相关商品呈现增长态势,限额以上单位粮油食品类、饮料类分别增长9.7%、3.1%,食品类中冻肉和方便面分别增长13.5%和11.4%。根据目前疫情对经济发展影响的形势,疫情对食品行业中第三产业的影响远大于第一产业和第二产业,对非农产业影响远大于农业产业。1—2月,社会消费品零售总额52130亿元,同比下降20.5%。按经营单位所在地分,城镇消费品零售额44881亿元,下降20.7%,乡村消费品零

---

① 陈萌山、王小虎:《中国马铃薯主食产业化发展与展望》,《农业经济问题》2015年第12期。

售额 7249 亿元，下降 19.0%。

2019 年不同食品加工部门出口占总产业的比例如图 3-5 所示。

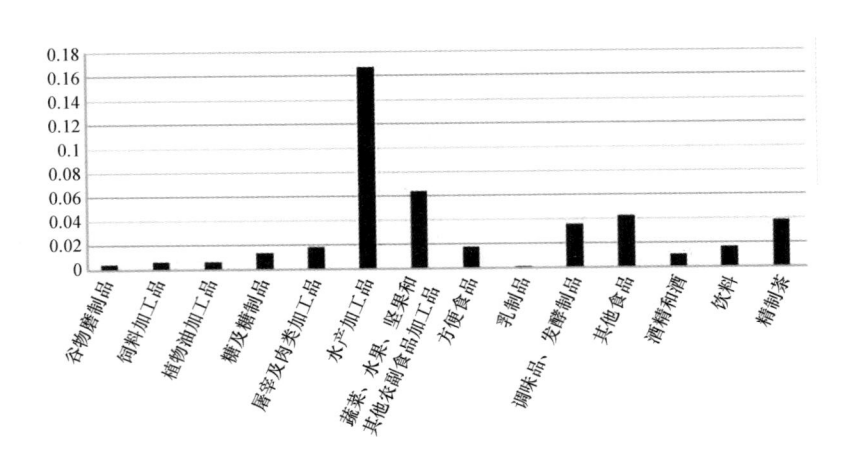

图 3-5 不同食品加工部门出口占总产出的比例（2019 年）

资料来源：中国食品系统研究论坛 2020 年会会议。

一 不同种类的食品受风险冲击情况不同

（一）疫情对必需消费食品的影响

春节期间原本就是每年各家各户做饭的高峰期，加上受到疫情影响，各地居民积极响应国家号召，春节期间不拜年、不串门、不聚餐使得家庭消费必需品销量有所上升。居家隔离期间，除了疫情的相关新闻，媒体报道和社交平台中出现最多的就是各类美食大比拼。

此外，为保障疫区的稳定供应以及必需品市场价格稳定，不少米面加工企业加班加点生产以保障市场供应充足。《经济日报》数据显示，截至 2020 年 2 月 1 日，中粮粮谷面向市场已累计供应包装挂面 260 余吨，面粉、大米分别超过 1000 余吨。① 但值得企业注意的是，因米面粮油产品保质期相对较长，现阶段消费者因为疫情屯粮带来的销量增长可能会影响企业后续的生产销售。由以上消费者行为及市场情况可看出，疫情对米面、面条（包括方便面）、小包装食用油等日常必需品产生一定积极的影响。②

根据京东数据，除夕到正月初九期间，京东全站包括米面粮油及乳制品等在内的民生类商品成交额较 2019 年同期增长 154%。③ 其中，作为主要生活必需品的米、面成交额分别是去年同期的 5.4 倍、4.7 倍，方便食品成交额增长 3.5 倍，食用油增长 1.43 倍。国家粮油信息中心的统计数据显示，2018 年我国食用植物油消费量约为 3450 万吨，餐饮消费占比 41%，家庭用油占比 22%。但疫情期间，尽管家庭消费有一定程度的增长，但从整体比例而言，难以冲抵餐饮渠道的损失。从包装规格来看，由于企业、学校受疫情影响推迟开学和复工，中包装油销量有所萎缩。相比之下，随着家庭烹饪情况增多，小包装油（5升以下的食用油）销量提高。从品种来看，大部分北方的餐饮用油以豆油为主，因此在餐饮业的负面影响下，豆油可能会受到较大的冲击；由于全国处于低温天气状态，棕榈油正值需求淡季，但方便面、饼干等消费需求增加也有利于其食品工业需求增加，预计对棕榈油的整体影响相对有限；此外，市面上菜油以小包装家庭消

---

① 《新冠疫情下中国餐饮业发展现状与趋势报告》，http://www.xinhuanet.com/food/2020-03/02/c_1125652997.htm。
② 桑艳玲、冯仕达、刘军：《新冠疫情对企业生产运营的影响调查》，《商展经济》2020 年第 3 期。
③ 乔金亮：《米面油货足价稳 跟风抢购不可取》，《经济日报》2020 年 4 月 26 日第 4 版。

费为主，疫情时期的延长，致使居家做饭人群增多，所以疫情对菜油需求可能不降反升。由此看出，油脂受疫情的影响程度为豆油＞棕榈油＞菜油。

此外，调味品也是居家烹饪的另一个重要品类。目前，我国调味品市场的终端需求主要来源于食品制造业（25%）、餐饮业（45%）和家庭消费（30%）三方面。近年来，随着居民消费能力的提高，餐饮业、家庭消费和食品制造业对调味品的需求均保持旺盛增长。虽然疫情期间外出就餐受到限制对餐饮渠道的调味品需求带来一定影响，但居家做饭人数增多、家庭消费需求增加，可在一定程度上弥补餐饮需求的下滑。而调味品作为刚需产品，使用周期较长，业绩抗压性较强，受疫情影响程度总体较小。

（二）疫情对非必需消费食品的影响

此次新冠肺炎疫情暴发正值春节前后，往年这时正是拜访亲朋送礼、外出聚会就餐、线下购物的好时机，对具有社交属性的产品来说也是一年中最受欢迎的时候。但是疫情暴发后，为控制疫情而采取的禁止走亲访友和聚餐等一系列措施使这些旺季产品退居为疫情间的非必选消费品，而酒类就是其中一种。

目前我国酒类行业主要包括白酒制造、啤酒制造、葡萄酒制造、黄酒制造及其他酒制造行业。但艾媒咨询对我国酒类消费规模数据显示，白酒、啤酒的习惯饮用者依然是市场的酒水饮用主力。[1]

针对白酒行业这一重要食品行业，按消费场景区分，高端酒

---

[1] 资料来源：《酒行业数据分析：2019年中国白酒消费者平均年龄为37岁》，艾媒咨询，2020年2月1日，https://www.iimedia.cn/c1061/68267.html。

及光瓶酒所受影响较小。春节期间白酒主要消费用途包括：商务用、亲朋赠礼、聚会餐饮、自用等，其中高端酒主要用于商务赠礼和宴请，大部分已经在节前完成销售，受疫情影响较小。光瓶酒的消费场景集中于家庭自用，从往年数据看，春节是光瓶酒的消费淡季。而在本次疫情下，开工延期在一定程度上刺激了自饮需求。对于受疫情影响最大的餐饮业，该渠道的白酒消费基本陷入停滞，同时亲友走访受限，宴席及大众聚饮、亲朋赠礼等消费需求基本为零，造成了次高端品牌及中高端品牌销售困难。而次高端品牌以全国化名优白酒为主，抗风险能力相对较高，且白酒储存期长，随着疫情常态化，餐饮消费逐步恢复，可以逐步消耗库存，受影响程度预计将小于中高端地产酒品牌。综合各种情况来看，白酒行业中，高端酒所受影响最小，而抵抗风险能力弱的小微白酒企业受冲击较大。

啤酒作为另一重要的酒类，受疫情冲击的影响不大。万德数据对我国 2018 年啤酒上市公司销售额占比统计数据显示，啤酒消费场景多在餐饮及夜场，自饮占比相对较少，此外啤酒的销售旺季主要集中在第二、三季度，并非正值春节的第一季度，但疫情给啤酒行业带来影响大小与疫情持续时间长短密切相关。不过，按区域来考虑，华南地区因气温相对较高、淡旺季不如北方地区分明，或将受疫情影响相对更大，尤其是对餐饮、夜场渠道依赖更为严重的品牌。

此外，类餐饮模式下的休闲卤制品销售受疫情影响明显，承受了较大的销售压力。尤其是机场、高铁站等高势能门店，在消费减少、出行频率降低、远离人群聚集地的情况下，受到的影响会更加明显。由于送礼需求转移至自用需求，礼品装休闲类食品和社交属性类休闲食品也会受到抑制，抑制程度大小取决于线上平台销售力度和线下物流的通畅程度。值得注意的是，疫情促使消费者更加注重消费品质。因武汉"封城"已经为腊月二十九，部分乳制品和休闲食品的礼品和团购消费已经完成，受影响较大的是春节期间送礼的礼盒装，如乳制品、休闲食品、保健品、饮料等。从产品属性上看，基础类必选食品食材主要受到物流和复工程度的影响，高端乳制品、保健品主要受到需求端的影响。方便食品属性的产品如速冻食品、即食面包、方便面等，消费需求较旺盛；必选消费如肉制品、常规乳制品影响有限。可选消费属性如保健品，疫情下消费者对健康的关注度增强，会产生正面影响，但同时也因相关线下消费促进活动如门店导购、组织讲堂等受到限制，需求变化不大，价格变化幅度不大。

（三）供应链稳定性、规模效应关系食品加工企业存亡

从供应链角度看，由于原材料供应紧张、农产品流通渠道不畅、产业链受阻等，农业企业生存受到挑战。就农业生产资料企业来看，很多农资企业储备不足，生产能力趋于下降。[①] 2019年，氮肥、磷肥、钾肥等基础原料价格低迷，农药大部分原药价格下滑，农机行业也处在下行通道中，直接导致农资企业原料储存不足。并且由于2020年春节较早，绝大部分农资企业都将生产安排在春节之后。当前疫情之下，原材料进货、员工复工、交通运输等都受到较大影响，农资企业生产能力下降的趋势值得警惕。禽类养殖企业同样受到了较大冲击，特别是春节前后全国许多省份出台规定，禁止销售活禽，特别是特种养殖（如竹鼠、野鸡养殖等），并关闭交易市场。此外，由于部分饲料企业停产导

---

① 娄鹏祥、陈国平：《"龙池香尖"茶的加工及产业发展对策》，《安徽林业科技》2020年第4期。

致有些养殖企业饲料供应不及时，为防止疫情扩散，"封路"等措施导致禽类运输困难等。从出口角度看，随着国际疫情蔓延，水产加工等我国食品行业的主要产品出口普遍面临订单减少或取消、查验和管控加强、渠道受阻等问题，后期出口贸易不确定性风险加剧[①]。

对于食品企业而言，除上述生产经营等方面影响外，销售市场不力是其受影响最重要的方面。由于疫情的持续蔓延，产品严重滞销。"封城""封村"致使终端物料配送艰难。对保质期较短的产品，经销商压力增大，生产企业面临退货压力。

从企业规模来看，疫情的影响对中小企业的冲击大于大规模企业，对民营企业冲击大于国有企业，对重灾疫区企业的冲击大于轻疫区企业，对生产季节性强的产品企业的冲击大于生产季节性不强的产品企业。

结合品类不同特点来看，疫情条件下部分子行业无法生产结构产品，一些产业链条较长的品类受到影响更大，如乳制品行业。疫情发生以来，由于原料运输、工业人员复工复产等原因，原料奶消化问题突出。据不完全统计，2020年1—3月，全国约有超过30%的原料奶需要通过喷粉消化，截至2月初，全国日喷粉量突破1.4万吨，使得企业压力生存加大、利润降低、产品结构简化。另外，疫情全球蔓延趋势加剧导致对外依存度较高的部分婴配乳粉配料价格上涨、物流受阻，造成国际乳粉生产与进出口等供应链延迟等问题，由于高端配料可能被国际大型厂商提前锁定，我国婴配乳粉企业，特别是部分中小企业面临重大考验。

---

① 王立杰：《新冠肺炎疫情对河北省进出口影响及商业银行应对建议》，《商业文化》2020年第13期。

二 后疫情时代食品加工业转型发展中面临的挑战

(一) 餐饮业及中小企业承受巨大影响

"大而不强""多而不优"一直是困扰我国食品加工业发展的重要问题,[①] 食品分销、运输以及餐饮等行业受到很大冲击。首先,人们对于动物源食品中可能含有新冠病毒的担忧很大程度上影响了这些产品的生产全链条。其次,大量餐厅被迫暂停营业,咖啡厅、美食广场、小吃街、餐馆等公共场所关闭。此外,新冠肺炎疫情暴发以来,不少中小企业的经营面临收入下降幅度、生存维持时间、成本支付压力等经营难题,难以维持基本生存。值得一提的是,疫情蔓延导致大量国内食品无法出口至欧洲,例如每年有大批大蒜出口至欧洲,疫情暴发导致大蒜出口受到严重冲击。[②]

由于预包装食品产业链长,企业在恢复生产过程中遇到的困难和问题,是企业自身无法克服和解决的。与物流企业不同,劳动力和上游原材料补充的限制是食品生产企业面临的主要困难。此外,由于突发事件的不可预见性,企业的优、缺点和食品行业的内部分化被放大。现金流充裕、实力雄厚的企业在复工速度、市场稳定、人才吸引等方面具有优势。疫情过后,行业将面临新一轮洗牌,形成"马太效应"。

(二) 食品安全与清洁卫生水平将面临更高要求

疫情下,消费者对自身健康越来越重视,未来这一趋势也不会改变,这对食品卫生安全的要求会进一步提高。随着消费者对

[①] 崔明娟:《"三创"融合推动河南省食品加工业转型发展研究》,《对外经贸》2020年第10期。

[②] 搜狐新闻:《国际权威专家解读新冠病毒与食品安全 畅谈后疫情时代食品产业未来发展》,https://www.sohu.com/a/383068863_172731。

在线食品采购的依赖性增强，线上生鲜供应链将加速整合，各项预防性措施和监察措施会进一步保障舌尖上的安全。传统供应链原材料的参与主体主要由各级食品批发市场与经销商承担，较为分散，同时由于缺乏对供应链整体性和系统性的深入了解，造成了责任意识不强、安全性不高等问题，此次疫情将会给食品供应链在食品安全、质量、效率、成本方面提升带来新机遇。例如，疫情下美团平台推出"安心卡"，使得餐饮企业和消费者之间的信息沟通更加顺畅，间接保障了食品安全。

需要强调的是，所有食品制造业，包括制造商、零售商及餐厅，均须遵守一般卫生守则和世卫组织的食品安全五要素。假设新冠病毒的生存能力和生存时间与 SARS 和 MERS 病毒相似（同为冠状病毒），采取 60℃—70℃加热 30 分钟就足以杀死新冠病毒。另外，生肉、生奶或生动物器官应小心处理，避免交叉污染。消费者担心动物源食品中可能含有新冠病毒，这将影响整个动物源食品产业的全链条。在动物源食品的包装上，应考虑更为严格的灭菌处理手段，以保障安全性。

（三）食品电子商务平台需求激增带来的供给压力消费者沟通与劳动力短缺

一些机构为了更好地支持社会和消费者，正在执行紧急命令或临时监管，由此带来的线上电子商务订单激增，使得供应链的各个环节都面临着压力。在美国，低水分、保质期长的食品订单显著增加，一些制造商重新调整了生产不同商品的设施，以支持电子商务订单的增加。此外，配送人员和设备的清洁消毒也是电商管理环节需要特别重视的，在配送时做到无接触。新鲜食品的无接触配送订单也在美国增加迅猛。如果这些食品是从餐厅或电子商务供应商处订购，送货司机不能与消费者联系，因此确保无接触交付无障碍，与消费者沟通成为重要挑战。此外，考虑到大多数疫情信息是由消费者从社交媒体获得的，而不是科学来源，因此如何确保消费者获得科学、准确的信息也同样需要我们积极探索。另一个挑战是劳动力短缺的问题，以沃尔玛为例，其目前面对的是在未来员工有可能感染新冠病毒。沃尔玛必须完善疾病报告流程，使身体不适的员工拥有报告疾病的途径，确保通过技术改进、雇用和培训员工的解决方案来帮助解决劳动力短缺问题。

目前，有三股力量在介入餐饮供应链的整合之中。第一类是电商企业，例如美菜、美团、盒马鲜生，它们通过已有的电商平台，一方对接餐饮客户，一方对接食品供应商。近年来获得飞速的发展。第二类是大型连锁餐饮企业，它们通过实施前向一体化战略，构建自营的原材料供应平台，例如蜀海即为海底捞创建的火锅供应链公司。第三类是食品龙头企业创建的供应链平台，其目标群体除了餐饮企业，还包括终端消费者。如粮油企业益海嘉里实施中央厨房战略，向餐饮企业提供标准化的半成品，保证产品质量的一致性和稳定性。同时该平台也向消费者直接供应新鲜的餐饮食材，拓展公司业务，以期取得长远发展。

总的来看，受疫情影响最大的餐饮行业及其他相关子产业的恢复情况与疫情未来的发展和我国接下来的管控措施密切相关，此次疫情表明完善无接触外卖配送体系对餐饮行业的复苏有着重要意义。对必需食品而言，总体影响不大。对于食品企业来说，此次新冠肺炎疫情产生的"马太效应"，会进一步促进食品产业的整合，在食品安全、食品销售渠道等领域对食品行业产生长远的影响。

第三节　外部风险冲击下食品加工业
保持稳定性的理论分析

一　危机管理的4R理论

（一）危机管理4R理论的发展历程

危机管理作为管理学中重要的研究领域，广泛运用于项目管理、公共管理与行政管理[①]。

关于危机管理的概念有很多。Ramsay Cameron 将突发事件管理分为征兆期、发作期、延续期以及痊愈期四个部分[②]。同时，他运用医学术语将这四个危机管理阶段进一步进行了形象的描述，并构建了危机管理的基础体系，详细说明了危机管理各环节的基本内容。

Gerald C. Meyers 和 John Holusha 把危机管理分为四个阶段：风险侦测阶段、风险预防和规避阶段、采取措施阶段和总结阶段[③]。风险侦测阶段要求管理者能够根据现场的实际情况，准确识别风险。风险预防和规避阶段要求识别风险后，需要进行风险规避。采取措施阶段，管理者需要采取适合的措施，尽量减少损失。总结阶段则要求对该突发事件进行总结。

Dennis L. Wilcox 等将突发事件管理划分成五个层次，分别是风险规避、预防准备、风险识别、风险控制和风险获利[④]。

[①] 张凝：《基于4R理论的高校突发事件危机管理体系构建》，硕士学位论文，天津大学，2018年。

[②] Ramsay Cameron G., "Protecting Your Business: From Emergency Planning to Crisis Management", *Journal of Hazardous Materials*, Vol. 65, 1999.

[③] Gerald C. Meyers & John Holusha, *When It Hits the Fan: Managing the Nine Crise of Business*, Boston: Houghton Mifflin Company, 1986.

[④] Dennis L. Wilcox, Phillip H. Ault, Warren K. Agee, *Public Relations: Strategies and Tactics*, New York: Harper and Row, 1986.

在此基础之上，进一步对每个具体危机管理过程进行详细的阐述。

此后，众多的专家和学者对4R危机管理理论进行了多次总结，催生出很多不同的理论，其中PPRR理论就是被国内外专家广泛认同的理论之一，其内容包括预防（Prevention）、准备（Preparation）、反应（Response）和恢复（Recovery）。

Robert Heath在其研究中将突发事件管理分为4个部分，即缩减力（Reduction）、预备力（Readiness）、反应力（Response）和恢复力（Recovery）。[1]

4R危机管理理论发展到今天，已经演化为一门较为成熟的危机管理理论，在多个领域都有着较高的适用性和认可度，并被日益广泛地应用于越来越多组织机构的危机管理工作之中。目前国内对于该理论的研究已涵盖以下多个方面。

如医疗卫生领域，胡月研究了4R理论在医疗卫生公共事件中的应用，探讨和构建了基于4R理论基础的医院暴力伤医综合管理体系；[2] 赵艳萍等通过研究4R危机管理理论在突发公共卫生事件的应用，大大提高了医院急救的效率。[3] 教育领域，卢春华则将4R理论应用于普通高校突发紧急事件的应急管理研究当中，总结归纳出一套对于广大高校都具有重要借鉴指导意义的典型做法；[4] 程悦轩将4R理论应用在校园突发事件中，并对校园突发事

---

[1] Heath R. L., "Crisis Management for Managers and Executives：Business Crises：The Definitive Handbook to Reduction, Readiness, Response and Recovery", *Financial Time*, 1998.

[2] 胡月：《公立医院应对暴力伤医的危机管理研究——基于4R理论的分析》，硕士学位论文，北京理工大学，2015年。

[3] 赵艳萍、纳沙鸿、马福彬：《4R危机管理模式在院前急救中的应用》，《中外医学研究》2020年第1期。

[4] 卢春华：《基于4R理论的高校突发事件应急管理研究——以广西G高校为例》，硕士学位论文，广西师范大学，2016年。

件的管理机制进行了改进;① 陈媛将 4R 理论用于构建高校学生心理危机管理体系。4R 理论在安全管理中也有众多的应用,② 李艳凤等通过对突发事件管理进行研究,并以 4R 管理为基础构建了质量安全体系,该体系具有较强的普适性和可操作性。③ 张姝瑜在研究地铁突发事件管理过程中,将 4R 理论引入地铁突发事件管理中,并针对地铁应急管理的不足进行了改进。④ 陈瑞和韩熠将突发事件管理应用到校园安全管理中,在校园发生突发事件时,可以减少教师和学生的伤亡。⑤ 梁民仓等在研究突发事件管理的过程中,将 4R 危机管理理论与交通安全相结合进行了研究。⑥ 吴卉君将 4R 理论与海洋危机管理相结合进行了研究,并针对海洋危机管理所存在的问题,对其进行了改进。专家和学者们对 4R 危机管理理论在政府管控中的应用也进行了研究。⑦ 张玉亮和杨英甲针对政府舆论危机的情况,通过对于 4R 理论的研究提出了相应解决措施。⑧ 刘玉雁将突发事件管理与反恐相结合,提高了我国反恐能力。⑨ 齐梦冉将 4R 危机管理理论应用于对于养老

---

① 程悦轩:《基于 4R 理论的校园暴力袭击事件的危机管理探究》,《经营与管理》2020 年第 2 期。
② 陈媛:《4R 理论在高校学生心理危机处理中的运用——以学生工作个案为例》,《湖北函授大学学报》2018 年第 14 期。
③ 李艳凤、曾映琼、邓玉泉:《危机管理 4R 理论在构建护理安全质量管理体系中的作用》,《护理实践与研究》2018 年第 2 期。
④ 张姝瑜:《基于 4R 理论的杭州地铁应急管理问题研究》,硕士学位论文,西北大学,2018 年。
⑤ 陈瑞、韩熠:《危机管理 4R 理论在校园安全中的应用》,《教育现代化》2019 年第 76 期。
⑥ 梁民仓、刘虎、丁天明:《基于危机管理的海上交通安全管理对策研究》,《管理观察》2019 年第 8 期。
⑦ 吴卉君:《基于 4R 理论的我国海洋危机管理研究》,《农村经济与科技》2015 年第 6 期。
⑧ 张玉亮、杨英甲:《基于 4R 危机管理理论的政府网络舆情危机应对手段研究》,《现代情报》2017 年第 5 期。
⑨ 刘玉雁:《基于 4R 理论的公众反恐能力提升的演进路径》,《中国人民公安大学学报》(社会科学版)2019 年第 5 期。

机构的突发事件管理中。① 除此之外，4R 危机管理理论在市场营销、教育体制改革、边防治理等领域也广受欢迎。

（二）危机管理 4R 理论的内容

危机管理 4R 理论是美国危机管理专家罗伯特·希斯在《危机管理》一书中率先提出的，其内容主要包括缩减力（Reduction）、预备力（Readiness）、反应力（Response）和恢复力（Recovery），其目的是提供一种积极的风险管理策略（见图 3－6）。

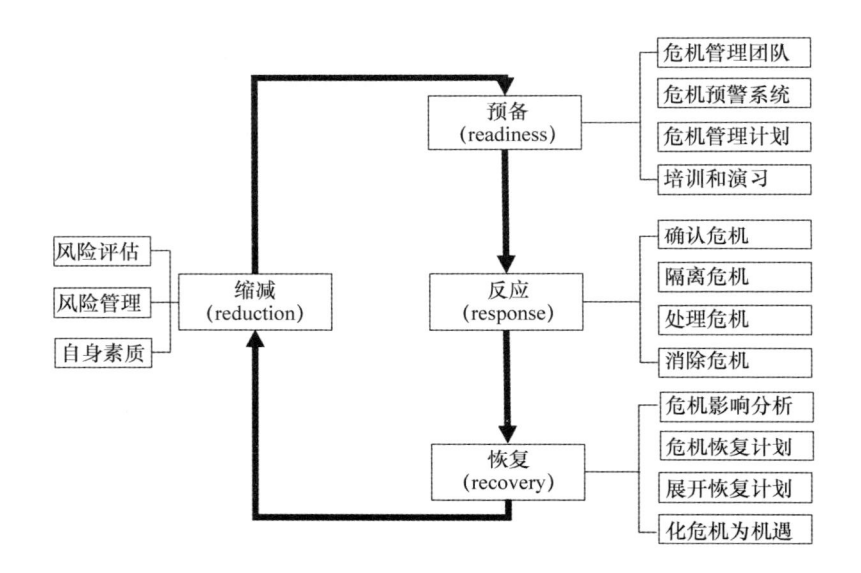

图 3－6　危机管理 4R 模型

资料来源：[美] 罗伯特·希斯（Robert Heath），王成译，中信出版社 2004 年版。

1. 缩减力（Reduction）

缩减力是危机管理中最重要的内容，是危机管理的基础，任何有效的危机管理都不能缺少危机缩减。危机缩减是指减少危机

---

① 齐梦冉：《4R 理论视角下养老机构安全事故危机管理探析》，《管理观察》2018 年第 14 期。

风险发生的可能性和危害性,大大降低风险和缩减危机的发生及冲击力,从而避免时间和资源的浪费。缩减力主要涉及四个方面:环境、结构、系统、人员。

环境方面:组织要清楚地了解所处的危机环境,时刻处在准备就绪的状态,提前做好危机应对的预备工作,建立与危机环境相适应的预警信号,以便及时察觉危机的发生,同时重视对相关环境的管理。

结构方面:保证组织结构内职责分明,各司其职,分工明确,保证危机管理工作的每个部分都有相对应能力的人去负责,有明确的组织条例规章制度,确保危机发生时有章可循。

系统方面:保证组织系统处在一个常态运行的范围内,当危机发生时,组织管理者可以预见并确认哪些防控风险系统可能失灵,并及时做出相应的修正和强化。

人员方面:当组织内的人员具有较强的反应力和处理危机能力时,危机局面就能得到有效的控制,这时候人员就成为降低危机发生率及较少危机冲击的关键因素。组织人员的这些能力可以通过相关的培训和规范的演习得到,也可以通过参加有关危机管理的学术报告学习到。

2. 预备力(Readiness)

预备力主要是进行预警和监视,对每个细节的不良变化做出反应并发给其他系统或负责人。由于危机的发生具有突然性和不确定性,因此组织必须提前做好应对预案和准备工作,以便危机发生时能够快速反应,尽力地保障生命、财产的安全,及时激活危机反应系统。

科学完备的危机预警机制可以准确、直观地评估出危机事件造成的危害,以警示危机管理者迅速做出应对。对于危机预警的接受情况是因人而异的，由于个体自身素质和经验等方面的因素而存在差异，这个时候就要对组织内人员的相关能力有一定的要求，对于人员危机应对能力的训练也是前面所提到的危机缩减中的一部分。组织可请教或者挑选相关方面的技术人员和专家，组成危机管理团队，制订相应的危机管理计划。这是在进行风险评估后需要对相应的突发事件制订相应的应对计划，主要包括对相关人员的能力培训和危机演习等。

3. 反应力（Response）

反应力主要是指在突发事件过程中的处理和应对能力，强调在危机发生后，组织要采取相应的措施加以应对，解决危机。危机反应要求危机管理主体要解决危机管理过程中出现的各种问题，包括控制风险、制定决策、与利益相关者沟通协调等方面。主要包括危机的沟通、媒体的管理、决策的制定等。这个过程的主要工作是要对危机进行确认，并隔离、处理和总结危机，最终通过最优决策方案来降低风险的冲击力。

从危机反应的角度看，首先，组织应该解决如何在有限的时间内快速处理危机的问题；其次，如何在更短的时间内获得更多更全面的危机信息；最后是降低损失，减少危机危害。

4. 恢复力（Recovery）

恢复力是指危机被解决之后进行相关的恢复工作，将所有的工作恢复到危机之前的状态，并进行学习与总结。危机管理组织要对危机产生的影响和后果进行详细的分析，并制订相对应的恢复计划，使组织或者受危机影响的社会公众尽快从危机中走出来，回到正常的生产生活轨道上。同时，对危机的反馈总结也是必不可少的一个环节，通过对危机的反省，找出组织自身的不足，吸取经验与教训，提高组织的管理能力。

影响分析是指对危机造成的冲击和损害程度进行评估。应对评价是指对组织在危机管理过程中的表现进行回顾并进行总结。执行恢复行动,该步骤所用时间相对较长。化危机为机遇,通过危机管理实践,排查危机管理预案中的问题和不足,进而进一步修正危机管理预案和策略,使之更符合组织的实际需要。

有效的危机管理是对 4R 模型所有方面的整合,其中缩减管理贯穿在整个危机管理中[1],这种 4R 危机管理理论在各个领域均有指导和参考意义。

(三)4R 理论应用于食品加工业应急管理的优势

4R 危机处理理论融合了危机管理生命周期理论,从危机产生、发展的动态视角进行了各个阶段的危机管理,涵盖危机事前、危机事中、危机事后控制过程的各个环节,符合危机发展的客观规律。4R 模型中的危机缩减、危机预备、危机反应、危机恢复四个阶段是环环相扣的,形成一个动态的系统循环过程。

疫情背景下,食品行业同其他行业一样,面临着外部和内部的冲击,许多中小型企业在疫情下面临破产风险,可以视为一种危机。从食品行业作为国民经济的"压舱石"来看,食品行业的稳定和完善的应急管理机制,对稳定国民经济乃至社会和谐都有着不可忽视的作用。

4R 理论与食品加工业要求的稳定性、安全性本质相符。危机管理的目标在于减少突发性和不确定性对组织以及个人造成的影响和危害,实现利益的最大化。组成我国食品加工业庞大体系的各个企业进行危机管理的目标也是使自身的损失降到最小。在

---

[1] 颜德如、麻跃琪:《构建全过程的社区应急信息管理体系:基于4R危机管理理论的分析》,《北方论丛》2021年第1期。

疫情背景下，满足自身盈利目标的同时，最大限度保障食品供应，保障人民的"菜篮子""米袋子"供应充足，维持社会的正常运营和秩序，食品加工业建立科学的应急管理体系具有重要意义。

总之，疫情冲击下，食品加工业很好地发挥了"蓄水池"的作用，展现出我国食品加工业良好的弹性和韧性。4R理论可以指导食品加工业建立更好的应急管理机制：一是系统建立食品加工业应对突发事件覆盖危机缩减、预备、反应、恢复的控制体系；二是以危机削减为核心的4R危机管理模型能够最大限度减少突发事件对食品加工业和食品企业的损害；三是4R模型具有很好的可操作性和实践指导意义，细化针对危机的各个应对阶段。

二 基于4R理论的食品加工业稳定性分析

食品加工业在突变环境下持续发展。国家统计局数据显示，2020年1月至9月我国食品工业营业收入同比增长1.23%，实现利润总额同比增长10.1%。中国科协副主席、书记处书记孟庆海表示，疫情下中国食品工业经受住了考验，其应急保障功能及战略储备功能凸显，起到了保障民生的中流砥柱作用，成为我国工业经济的亮点。食品工业已经站到了以安全、健康、绿色为发展目标的新起点。[1] 以下将结合4R危机管理理论分析目前我国食品加工业如何能经受住疫情大考，实现稳定发展的原因。

（一）缩减管理

危机缩减的核心内容是风险管理和风险评估[2]，从而达到危

---

[1] 中国市场监管报：《后疫情时代，中国食品工业迎难而上》，http://www.cicn.com.cn/zggsb/2020-12/10/cms133536article.shtml。

[2] 李全利、周超：《4R危机管理理论视域下基层政府的危机应急短板及防控能力提升——以新冠肺炎疫情应对为例》，《理论月刊》2020年第9期。

机预防的效果。如果危机被有效预防，那么行业面临的危机风险将被有效控制，后续的危机处理过程就无须启动，行业受到的冲击和损失程度也会相应降低。在专业技能方面，我国自 2008 年"三聚氰胺"事件发生以来，一直重视食品安全风险评估科研能力和科技水平，加强食品安全风险评估和监测预警能力建设，完成了与其他管理部门的有效衔接，建立起以专家为主体的食品安全信息源，提高消费者对政府、食品加工业的信任度。成立于 2011 年的国家食品安全风险评估中心是负责食品安全风险评估的国家级技术机构，紧密围绕"为保障食品安全和公众健康提供食品安全风险管理技术支撑"的宗旨，承担着"从农田到餐桌"全过程食品安全风险管理的技术支撑任务，服务于政府的风险管理，服务于公众的科普宣教，服务于行业的创新发展。通过风险评估有效识别确认风险，做到有针对性地风险管理和预防。[①]

  有效的危机缩减需要从制度、人员、环境、系统等方面提升行业抗危机能力。我国各地政府通过完善风险评估、风险分析、风险交流体制进行食品加工业的风险管理工作，[②] 从以经验为主要知识储备的传统食品安全管理转变为以科学分析为基础的风险管理理念，进一步加强行业风险监测、完善行业标准，规避食品安全事件的发生，减小食品加工业受冲击的概率。政府积极推进地方政府食品安全监管工作成本的改革工作，[③] 激励地方政府努力提升食品安全监管水平，通过财政返还和定向转移支付，支持地方政府

---

  ① 《国家食品安全风险评估中心》，https：//www.cfsa.net.cn/。
  ② 王艳秋：《食物安全风险分析的应用研究》，《现代农业》2020 年第 9 期；王艳秋：《浅谈食品安全现状与食品生产过程中的质量管理方案》，《现代农业》2020 年第 10 期。
  ③ 向飞：《我国食品安全问题现状分析——基于制度成本研究》，《现代营销》（经营版）2020 年第 1 期。

购置食品安全检测设备和组织人员培训，进一步夯实了食品加工业的基础，提供更加严格和完备的制度供给。

（二）预备管理

危机预备系统包括组建危机管理团队，建立危机预警系统和危机管理预案,[①] 加强培训和演练等方面。由于食品安全问题出现的不确定性以及内外部环境冲击的突发性（例如此次新冠肺炎疫情），保障行业内部在危机出现之时已经做好了各方面的准备十分重要。危机的预备管理包括组建团队、设立预警系统、制定预案、人员培训等方面。

在组建团队方面，政府不断加强建立统一权威的食品安全监管体系，强化执法过程的效率性、权威性，突出地方政府责任与社会共治、改革基层监管机构、加快网络监管体系建设等关键点设计。在新形势下，政府采用创新管理模式和方法手段实现智慧化监管，健全消费者投诉渠道，落实政府、企业和社会各方责任，充分发挥风险预防机制的作用，将监管工作重心下移，切实提高了监管工作的整体效率。

在预警系统方面，我国积极开展区域间交流合作，构建区域预警交流协作机制[②]；进一步增强食品安全风险识别能力，区域检验检测能力建设得到加强，依靠专家智库，强化未知风险、隐藏风险、新型风险研究和分析研判，挖隐患、找风险，破除潜规则；风险预警交流朝向信息化发展，强化区域一体化信息共享，综合运用各类风险数据，构建风险预警模型，实现预警交流集成

---

① 李玮：《基于4R的突发公共卫生事件危机管理研究》，硕士学位论文，南京中医药大学，2011年。

② 王建伟、宋峰、张浩：《区域食品安全检测及风险预警系统设计与实现》，《电子技术与软件工程》2020年第13期。

化、智能化。①

在预案制定方面，各地为建立健全食品安全事件的运行机制，有效预防、积极应对、及时控制食品安全事件，高效组织应急处置工作，最大限度地减少食品安全事件的社会危害，保障公众身体健康与生命安全，维护正常的社会经济秩序，依据《中华人民共和国突发事件应对法》《中华人民共和国食品安全法》《国家食品安全事件应急预案》《突发公共卫生事件应急条例》等，结合各地实际，制定了相应的应急预案。②

在人员培训方面，重视风险预警交流专业化队伍建设，③充分挖掘区域抽样、检验、分析、统计等方面技术人才，努力构建预警交流领域智囊团，加速推动形成多方参与、包容开放、社会共治的食品安全风险预警交流新格局。

（三）反应管理

4R 理论中的危机反应管理目标是行业在危机暴发时，能够采取有效的措施控制危机、化解危机、消除危机影响，最终达到减少危机对于行业的冲击和损害程度的成效。危机反应管理，强调在危机暴发时能够在第一时间识别、确认危机，全国收集危机相关的信息作为决策依据，根据危机管理预案或实际情况启动相应的应对措施。在控制危机发展程度的同时，争取到更多的时间来应对危机。最后在实际危机处理过程中，采取有效的沟通和措

---

① 福建省市场监督管理局：《强化风险预警交流协作 携手保障区域食品安全》，2020 年 2 月 20 日，http：//scjgj. fujian. gov. cn/yw/sj/202012/t20201217_ 5493193. htm。

② 西安市人民政府：《西安市人民政府办公厅关于印发〈西安市食品安全事件应急预案（2018 年修订版）〉的通知》，2020 年 3 月 5 日，http：//www. xa. gov. cn/gk/zhsgjy/yjyj/5d4909c9f99d6572 b7650096. html。

③ 《中共中央 国务院关于深化改革加强食品安全工作的意见》，2020 年 3 月 14 日，http：//www. gov. cn/zhengce/2019-05/20/content_ 5393212. htm。

施积极消除危机影响。[①]

疫情背景下，原有食品加工业中发展较为完善的渠道建设和科技创新发挥了极大的风险应对和风险疏解作用。这主要体现在渠道供应的及时性和对消费者需求的及时应答。例如，某调味品企业打造完善的食品安全防御体系，从供应链到生产，再到消费端，建立两分钟甚至更短时间的快速反馈体系，每一个终产品都有自己的"身份证"，保证生产过程全程透明化和可追溯化，保证整个全产业链的安全。[②] 进入5G时代，数据来源更加广泛、便捷、快速、多元，面对庞大的消费数据，通过数据化积累与数据分析，了解市场，分析动态，聚焦消费诉求，保障消费者真实所需。

天猫、京东、每日优鲜等线上生鲜超市，在疫情来临之前都在积极探索前置仓模式，积极推进线上和线下以及餐饮和零售的结合，从便利化、个性化、信息化入手，一方面满足消费者疫情对生活基本用品所需，另一方面为企业带来了良好的效益。[③]

（四）恢复管理

在4R模型中，危机的恢复管理既包括及时分析损失，进行相应补救和恢复，使得组织恢复危机前的状态和秩序；又包括从危机处理的过程中总结经验教训，进而改善行业应急管理，促进行业健康良好发展，化危机为提升应急能力的机遇。危机的恢复管理主要包括危机影响分析、危机应对评价、危机预案优化、危机恢复行动、化危机为机遇等方面。

[①] 胡月：《公立医院应对暴力伤医的危机管理研究——基于4R理论的分析》，硕士学位论文，北京理工大学，2015年。
[②] 《后疫情时代食品产业界共话未来发展》，2020年12月23日，http://www.cfoodw.com/n/29955.html。
[③] 巴旭成：《我国生鲜电商新零售模式的研究》，《环渤海经济瞭望》2020年第3期。

关于食品加工业恢复管理的内容将在下一章节，结合疫情期间出台的相关政策、行业的应对对策、企业的积极动作来对后疫情时代恢复食品加工业的正常运转的原因进行深入探讨。

第四节　中国食品加工业的风险应对机制分析

一　保障食品加工业稳定发展的相关政策

2020年2月15日，市场监管总局、国家药监局、国家知识产权局联合出台了《支持复工复产十条》①，3月24日，国务院总理李克强主持召开国务院常务会议，会议要求在做好疫情防控的同时，积极有序推动制造业和流通业复工复产复业，维护产业链供应链稳定，及时协调解决制造业全产业链复工复产遇到的困难和问题。国家及时出台的复工复产政策助力了食品加工业的稳定有序生产发展，保障了国民基本生活需要。通过一定的指导性意见和疫情背景下的严格管控，食品加工业的相关具体管理办法得到了有效落实，很大程度上保障了食品加工业安全生产和高质量发展。

（一）相关政策及管理办法

1. 中小企业扶持政策

国家和地方在疫情防控期间为支持企业发展出台了一系列政策，主要有2020年2月1日中国人民银行、财政部等五部门联合发布的《关于进一步强化金融支持防控新型冠状病毒感染肺炎疫

---

① 《〈市场监管总局　国家药监局　国家知识产权局支持复工复产十条〉解读》，2020年2月28日，http://www.gov.cn/zhengce/2020-02/27/content_5483946.htm。

情的通知》①，2020年2月7日财政部、国家税务总局进一步出台的《关于支持新型冠状病毒感染的肺炎疫情防控有关税收政策的公告》②，以及各地针对疫情出台的促进中小微企业发展措施等。这些政策内容主要包含三个方面，一是生产经营支持。包括停征部分行政事业性收费、降低企业用能及物流成本、延期缴纳税款、支持应急科技创新、减免企业税费和房租等。二是财政金融支持。③ 包括给予奖补资金、实施贷款风险补偿、增加信贷投放、降低融资成本、拓展直接融资渠道、加大融资增信力度、提供差异化"绿色通道"金融服务等。三是社会服务支持。包括援企稳岗和缓缴社会保险费、鼓励相关热线和信息平台发挥作用、建立企业应对疫情复工复产帮扶机制、建立清理和防止拖欠账款长效机制、建立贸易纠纷专项法律援助机制等。

以四川省为例，2020年2月12日，四川省市场监督管理局召开"保价格、保质量、保供应"视频会议，各级政府都严格落实相关要求，结合企业需求，协调多方资源，助力企业渡过难关。④ 目前食品加工企业享受天然气费用同比下降，厂区水电费缓交3个月，2—4月员工社保减半征收，减免部分养老保险、工伤保险和失业保险等一系列惠企政策。在资金上，银行考虑到企业生存问题，给予部分企业年底最优惠的贷款利率，发放补贴，降低了企业的融资成本。国家政策的实施和良好贯彻落实为

---

① 《五部门联合印发〈关于进一步强化金融支持防控新型冠状病毒感染疫情的通知〉》，2020年2月2日，http://www.h2o-china.com/news/302360.html。

② 《关于〈国家税务总局关于支持新型冠状病毒感染的肺炎疫情防控有关税收征收管理事项的公告〉的解读》，2020年2月12日，http://www.chinatax.gov.cn/chinatax/n810341/n810760/c5143589/content.html。

③ 夏洪利：《新冠肺炎疫情背景下复工复产政策对营商环境优化的影响分析》，《行政科学论坛》2020年第6期。

④ 周圆韵：《高金食品——全力守护"菜篮子"》，《经营管理者》2020年第4期。

食品加工业注入了一剂强心针，同时国家及地方各级监管部门、卫生健康部门的联合行动也为食品加工业健康安全生产保驾护航。

以上举措惠及国家各行业产业，食品加工业作为轻工业稳定发展的"压舱石"，也在政策保障下稳步实现了复工复产。据统计，[①] 2020年1—3月农副食品加工业，食品制造业，酒、饮料和精制茶制造业主营业务收入累计同比增速分别为 -10.60%、-15.00%、-19.00%，均有所回落。利润总额累计同比增速分别为2.20%、-33.50%、-21.90%，其中农副食品加工业发挥了民生保障的重要功能，利润实现小幅增长，食品加工业的生产力和创收能力亟待疫情消散后进一步释放。

2. 主要监管政策

受疫情影响，企业节后开工延迟，对行业发展带来冲击。但食品是百姓刚需消费品，特别是由于当前社会餐饮业基本关停，居民在家用餐，农副产品、乳品、酒及饮料等食品销售旺盛。所以企业延迟节后正常开工使得行业库存迅速消化，企业将在复工复产阶段开足马力加快生产。截至2020年3月7日，全国粮食应急加工企业共计5388家，开工4264家，占比79.1%。但国内疫情防控进入常态化阶段，国际疫情不断蔓延，食品加工业生产风险依然存在，尤其是供给广大食品下沉市场的生产加工小作坊。因此，加强监管力度、管控源头疫情风险十分必要。

2020年2月26日，国家市场监督管理总局发布了《关于加

---

① 王宁：《新冠病毒肺炎突发与治理的人文反思》，《上海交通大学学报》（哲学社会科学版）2020年第5期。

强食品生产加工小作坊监管工作的指导意见》[①]，通过开展小作坊摸底建档工作，实行小作坊食品"负面清单"管理，落实食品安全主体责任，加强小作坊食品生产监管，严厉打击违法生产加工行为，推动了小作坊食品生产经营活动逐步规范和提升，探索了有益经验，取得了积极成效，有效防控了小作坊食品安全风险。《意见》还指出，各地市场监管部门要强化监管服务，加强指导帮扶，促进提升小作坊食品安全管理水平。鼓励小作坊改进设备工艺、加强创新研发，引导具备条件的小作坊申请食品生产许可，推进生产加工规模化和规范化，引导小作坊提升食品品质，以传统工艺为依托，采用优质食品原料，推进小作坊食品优质化。把小作坊升级改造、集约发展、品质提升、品牌创建等与推进乡村振兴结合起来，推动小作坊由"小散低"向"精特美"转型升级。

除此之外，不同食品类型的加工企业所面临的疫情风险不同。德国、英国等欧美国家肉类加工企业相继出现了新冠肺炎聚集性疫情，屠宰、分割、存储、包装等工作场所多为人员密集的低温封闭环境，存在较大的病毒传播风险，[②] 所以为科学指导肉类加工企业做好疫情防控工作，有针对性地提高肉类加工企业的防控意识和防控能力，国务院应对新型冠状病毒肺炎疫情联防联控机制综合组印发了《肉类加工企业新冠肺炎疫情防控指南》，对进一步加强肉类加工企业新冠肺炎疫情防控工作提出具体措

[①] 国家市场监督管理总局：《市场监管总局关于加强食品生产加工小作坊监管工作的指导意见》，2020 年 2 月 27 日，http://gkml.samr.gov.cn/nsjg/spscs/202002/t20200226_312122.html。

[②] 中华人民共和国中央人民政府：《〈肉类加工企业新冠肺炎疫情防控指南〉解读》，2020 年 7 月 24 日，http://www.gov.cn/zhengce/2020-07/23/content_5529619.htm。

施；发布《冷链食品生产经营新冠病毒防控技术指南》[①]，指导疫情防控常态化期间正常运营的冷链食品相关单位和从业人员落实好生产经营防控主体责任，以预防冷链食品从业人员和相关人员受到新冠病毒感染，以及食品及其包装材料被新冠病毒感染者污染为主线，突出冷链食品的装卸、贮存等重点环节的防控。

（二）行业协会和社会团体

2020年3月3日，中国食品工业协会发布了《关于支持食品企业做好复工复产工作的通知》[②]，表示将为全面推进食品行业复工复产做出以下努力。

积极协调相关部门，支持尽快开工。全力协助符合防疫条件的会员企业创造条件尽早复工复产；了解企业复工复产过程中遇到的实际困难，及时向有关部门反映并配合协调解决；加强与卫生健康部门沟通，协助企业科学、精准落实各项疫情防控政策和安全生产要求。

协调解决食品企业用工用料用能用运难需求。积极搭建平台，加强供需对接，帮助企业畅通供应链；收集掌握行业用工情况，及时向有关部门反映；协调解决企业生产原料和产品运输、仓储、配送、通关等问题。

加强宣传引导，开展线上培训。依托中国食品工业协会官网及微信公众号、《中国食品安全报》、《中国食品工业》杂志及各分支机构媒体，总结经验，发掘战疫典型，加大对会员企业开展防疫工作、积极复工复产、履行社会责任等方面的宣传力度；开

---

① 中华人民共和国中央人民政府：《关于印发冷链食品生产经营新冠病毒防控技术指南和冷链食品生产经营过程新冠病毒防控消毒技术指南的通知》，2020年10月27日，http://www.gov.cn/xinwen/2020-10/27/content_5555114.htm。

② 《中国食品工业协会：关于支持食品企业做好复工复产工作的通知》，2020年3月4日，http://www.cnfia.cn/archives/2136。

展线上培训，提升企业复工复产能力。

提供专业化服务，减轻企业负担。帮助企业了解并争取各项优惠政策，帮助企业降低在进出口贸易等方面损失，为有需求的企业出具不可抗事实性证明。搭建会员信息交流平台，畅通沟通机制，交流先进经验。

开展跟踪调研，及时反映行业诉求。通过问卷及电话调查等方式加强对行业企业调研，跟踪了解疫情对食品行业的冲击和影响。

为了落实以上举措，食品工业协会举办了2020中国食品行业社会责任建设发展论坛，邀请来自政府、行业协会、研究机构、食品行业企业的代表参会，共同探讨食品行业企业如何切实有效开展社会责任实践，如何更好地利用自身专业优势贡献行业可持续发展，助力企业复工复产后的转型发展，形成食品行业企业社会责任建设成果，整理汇编骨干企业的示范典型，扩大榜样作用，号召企业积极主动承担社会责任。此外，还编写了《食品工业企业社会责任实施指南》行业标准，全面将食品工业企业社会责任压实、落实。

（三）企业应对策略——以高金食品为例

新冠肺炎疫情打乱了食品加工行业原有的生产计划。如何防疫、如何保供成为各企业面临的首要难题。以四川高金实业集团有限公司为例，反映食品加工企业应对策略的及时性、有效性。高金食品是四川一家集生猪养殖、屠宰、肉制品精深加工、鲜销连锁等为一体的肉类龙头企业，同时也是此次新冠肺炎疫情中四川省15家保供企业之一[①]。

---

① 周圆韵：《高金食品——全力守护"菜篮子"》，《经营管理者》2020年第4期。

高金食品首先成立了公司疫情防控小组，全面负责疫情期间公司防疫、生产等工作。疫情防控期间，肉类产品市场需求量激增，按照公司原有生产计划，春节期间每个厂区安排 30—50 名留守工作人员，负责节日期间肉类市场供应。疫情防控期间市场激增的需求量，迫使高金食品必须紧急恢复生产，保障市场需求。高金食品养殖、生产、机修、品控、业务、物流部门等共计 340 名干部职工，连续多日到岗加班，持续生产，与各商超系统沟通产品的货源情况。所有员工 24 小时手机不关机，春节期间不间断安排生产、物流配送，为四川人民守住了"菜篮子"。

高金食品为防疫实行"划区域工作法"。厂区外的物流和采购人员、厂区内的生产人员根据其工作路径，进行工作区域划分。物流、采购人员不得进入厂区内部，实行物资厂区外交接，减小疫情防控的难度，同时确保生产物资不断供。同时，号召生产人员紧急复工，在对员工的身体健康进行检查后，公司实行"分班上岗"生产制度：原有厂区留守员工全面生产，调配后勤、行政人员到生产线上进行辅助生产，原辅助生产人员及时进入主生产线生产，全力保障市场肉类供应需求。

公司还强调：不裁员、不降薪，稳定员工思想，做好个人防疫，通过在线办公进行相关工作、学习和业务的开展。同时加强全员培训，开设多门线上课程，并召开各项会议，结合公司的年度计划，设立共同目标，同舟共济，共渡难关。截至 2020 年 4 月，集团生产工厂在通过政府机构的复工审核后，员工到岗率达 80%，恢复了约 50% 的生产力。

此外，高金食品在配合国家做好疫情防控前提下，要调动一切有限资源、采取一切必要手段紧急生产，全力保障各渠道供应，始终坚守"三不"原则，不断供、不涨价、不降低服务质量。与此同时，高金食品结合渠道模式，集中优势资源创新营销模式，依托公司信息平台的搭建，增加线上新零售业务，解决客户需求，打造社区爱心团长送货上门服务。截至2020年4月，社区爱心团长送货上门服务已覆盖四川成都、湖北、黑龙江鸡西、河南新乡等地社区片区。仅成都片区，爱心团长就有300多人，主要是负责将在高金订购的货物送货上门，分发给各个小区住户。

从2020年2月22日起，高金食品遂宁公司负责了遂宁多地700吨省级政府储备肉的具体投放工作。投放工作按照"超市定点、移动订购、小区配送、网上团购"的方式，已设置投放销售点33个。而在崇州市，由高金食品负责的一批500吨政府储备肉已于3月2日起陆续投入市场，这批储备肉对于缓解当前市场上的猪肉消费压力，平稳物价起到了重要的作用。

困难面前，多数食品加工企业做到了各级管理干部与一线员工并肩作战，实现工作的无缝对接，管理技术人员深入车间、顶班代班、支援前线、填补因疫情影响不能到位的岗位缺口，保障生产经营正常运转和产品正常供应，同时配合政府举措，利用新型生产模式合力保障人民基本生活所需。

二 风险冲击下食品加工业稳步发展的原因分析

2020年食品工业运行情况及全年运行展望报告显示[①]，2020年1—7月，食品工业以4.39万亿元的营业收入，实现了0.05%的增长，同比由负转正，为中国经济实现正增长贡献了力量。中

---

① 搜狐新闻：《后疫情时代，这一行业率先反弹！》，2020年5月20日，https://www.sohu.com/a/395034290_115524。

国食品科学技术学会理事长孟素荷[①]提到，疫情期间支撑食品工业实现正增长的根本原因，一是中国食品工业主要行业向机械化、自动化生产转型，生产力水平大幅提升；二是夯实了食品安全的科学基石，不断把价格竞争变为价值竞争，体现大健康；三是产品多元化创新，提供了更加健康、安全、美味、高颜值的食品。而疫情则成为展示和推动这些重要提升趋势的"加速器"，见证食品工业的整体进步与提升。

（一）供给提质增效

疫情期间食品加工行业，由于原辅料储备充足，国际大宗商品原料进口渠道畅通，上游供应链基本稳定，企业生产能力未受到明显影响。据中国轻工业联合会副秘书长于学军[②]介绍，农副食品加工业和食品制造业自3月起，酒、饮料和精制茶制造业自4月起环比实现正增长。农副食品加工业完成利润总额同比增长20.07%；食品制造业同比增长8.48%，连续2个月同比增长。除此之外，国家对食品加工科技的大力支持和资金投入以及轻工业自动化的普遍发展、产业链机器换人的变化都对食品加工业在疫情期间的稳定运行起到了重要作用，也成为我国供给侧结构性改革的重要助推力量。

虽然在严峻的疫情形势下，我国食品加工企业依靠政府支持和自身强大的生产力依然保障了人民基本生活需求的食品生产，更促使制造企业在稳定供应的同时逐渐提高了生产量，实现了稳中求进的新发展。

---

① 中国食品科学技术学会：《我国食品科技与产业深度对接的黄金期已经到来——中国食品科学技术学会第十七届年会在西安召开》，2020年10月29日，http://www.cifst.org.cn/a/dynamic/dongtai/20201028/1976.html。

② 经济日报—中国经济网：《于学军：疫情下，食品工业应急能力亟待提高》，2020年10月20日，http://www.ce.cn/cysc/sp/info/202010/14/t20201014_35887206.shtml。

（二）消费转型升级

疫情期间居民足不出户成为主要的防疫措施，"宅经济"应运而生，同时也伴随着直播带货、生鲜电商、拼团抢购等新模式的兴起，国民的消费力依托各类线上平台首先获得复苏并进一步发展。市场对加工食品的要求也变得多元，消费者选择食品时从"吃得好"向"吃得健康"转变，同时也越来越注重硬品牌和好口碑。各种各样的加工食品在2020年餐饮行业普遍受到冲击的状况下不断推陈出新，比如速冻食品出现了购销两旺，甚至缺货的局面。数据显示，2020年1月24日到2月20日，某电商平台上的速冻水饺、馄饨类总销量同比增长78%[1]，"网红食品"也在一波又一波热潮更替中不断催生出新型加工食品。

并创造新一轮消费热潮，在这种"宅经济"利好的大背景下，消费的快速转型不仅稳定了内需，使得国民有途径释放消费欲望和消费力，也使得食品加工业创新了产销模式和产品，实现了正增长。

（三）企业应急管理

食品工业疫情下能否平稳过渡与食品加工企业本身有着密切关系，食品企业应对风险和保障供给水平是企业应急管理能力的体现，于学军分析2020年以来食品工业运行特点：一是疫情防控并坚持生产，对社会经济稳定做出贡献；二是生产快速恢复，收入利润回升好于全国工业；三是主动调整结构，保障原料利用和消费需求。基于危机管理4R理论分析，复工复产阶段企业重视安全卫生生产，通过进行风险评估和风险管理以

---

[1] 陈秋衡：《后疫情时代食品行业的危与机》，《农经》2020年第10期。

及加强对企业人员的培训等工作来控制风险，在生产过程中加强对病毒风险的监测，发现问题及时处理解决，对危机进行确认，并隔离、处理和总结危机，最终制定最优决策方案，同时在政策保障下快速恢复生产，提高了企业缩减力、预备力、反应力和恢复力，从而全方位提高了企业应急管理能力。但部分中小型食品加工企业由于收入下降、生存维持时间短、成本支付压力大等问题，难以维持生产甚至难以生存，要进一步提高食品加工业整体的生命力和应急能力，还需要借助疫情催生的产业机遇和市场发展趋势，优化产业结构，完善产业链，提升产品质量和管理能力等。

三　风险冲击下食品加工业发展新机遇

（一）加工食品外延扩充

新冠病毒的传播让国民更加意识到机体免疫力的重要性，徐家强等报道了重症肺炎患者的营养不良状态会影响新型冠状病毒感染肺炎预后，强调了给患者提供良好营养支持的重要性。此外，在武汉的新冠肺炎病例中发现，60岁以上的老年人占病例数的44%，说明老年人更容易感染新型冠状病毒肺炎。[1] 究其原因，新型冠状病毒传染性强，引起肺炎症状主要是机体免疫系统与病毒博弈的结果，而人体抵抗病毒能力的高低取决于人体免疫力的强弱。[2] 尤其是老年人面临着多种身体机能的下降以及疾病导致的营养不良等状况，其免疫系统的正常运行则依赖于基础性营养素（脂肪、蛋白质、维生素等）的不断供给，这些营养素就

---

[1] 景小凡、李晶晶、母东煜等：《居家老年人防控新型冠状病毒肺炎的合理膳食建议》，《中华老年多器官疾病杂志》2020年第3期。
[2] 韦佩贝、戚穗坚：《疫情全球化常态化趋势下中国预制调理食品市场发展现状》，《食品与机械》2020年第9期。

需要从日常膳食的营养食品中获得[1]，食物营养多样性成为消费者选择的重要考虑因素。

同时随着信息化和社区网络配送的发展，成品化、便捷化、营养化、工业化的预制调理食品推动着家庭"厨房革命"和餐饮制作模式的变革[2]，尤其在疫情期间，国民对营养和食品感官性质的要求有了更大提高，具有文化内涵的全国各地特色美食也开始依托食品加工业走入寻常百姓家，因而预制调理食品成为人们饮食的一部分，并成为食品产业的快速增长点。[3] 疫情期间，除了传统速冻食品，预包装柳州螺蛳粉、武汉热干面、桂林米粉等常温型预制调理食品的加工得到了极大的发展，据2020年央视网报告，受新型冠状病毒肺炎疫情影响，仅2020年1—4月预包装螺蛳粉出口额就达2019年的2倍多，曾经只能"现做现吃"的地方美食通过食品产业链和加工业的发展变得"自给自足"了。

未来预制调理食品要得到更广大人民群众的普遍接受，还需要减少防腐剂的使用，满足"绿色、安全、健康"的基本要求。我国也在食品加工业领域不断投入大量资金、进行政策引导，促进食品工业走上"智能、节能、低碳、环保、绿色、可持续"的产业化道路。

（二）食品加工技术创新

科技创新是引领食品工业发展的第一动力，中国食品科学技

---

[1] 于洪志、徐磊、丛洪良、吴琦：《浅谈天津地区新型冠状病毒肺炎救治体会》，《天津医药》2020年第6期。

[2] 韦佩贝、戚穗坚：《疫情全球化常态化趋势下中国预制调理食品市场发展现状》，《食品与机械》2020年第9期。

[3] 范晓攀、王娉、葛毅强：《预制调理食品中的常见微生物及其防控》，《食品工业科技》2016年第8期。

术学会上提到全球食品工业正在从食品高技术改良向高技术食品制造转变，即从传统的食品品质改良到新型食品的全新合成，比如植物肉、细胞培养肉、植物奶等"未来食品"，基因工程改造益生菌为载体的"活体生物药"、富硒食品等功能性食品、保健食品以及药食同源食品等。随着对益生菌的研究不断深入众多方面，包括菌种资源挖掘、构建菌种资源库，解析菌株生理、明确产业化应用特性，挖掘菌株功能、选育优良益生菌菌株，菌株产业化应用等。中国工程院院士、江南大学校长陈卫（2020）称："益生菌产业正在升温"[1]，给食品加工业带来新的发展机遇。

此外，基础研究的不断发展为延长食品贮藏时间、优化食品风味质构、提高食品理化性能等提供了新手段，企业也在加快研究可保留加工食品营养成分的液氮速冻、真空冷冻干燥等技术[2]，为食品加工业的高质量发展带来了新的机遇。国家重点研发计划专项（2020）研发的移动式高精度贮运一体化装备、小型化在线无损快速分选装备在疫情期间已经运用到实际生产中，发挥了积极作用。

（三）食品生产理念转变

面向食品科技前沿、面向食品产业需求、面向人民生命健康，是新时代赋予我国广大食品行业从业者的责任与使命担当，我国食品产业进入高质量发展期，人们对营养健康的需求，促使饮食结构对营养健康的影响研究更为深入，尤其是疫情期间，消费者对食品健康品质有了更高的要求，我国食品营养与健康研究

---

[1] 《陈卫谈益生菌产业：应避免盲目追捧 建议行业标准细化》，《经济日报》2020年10月29日。

[2] 张卫卫、王静、石勇、段小果：《真空冷冻干燥食品加工技术研究》，《食品安全导刊》2020年第27期。

也正处于从传统的表观营养向基于系统生物学的分子营养学方向转变的重要阶段。

食品加工业的生产理念正基于人民的需求转变为生产营养更复合、原料更绿色、包装更安全、种类有特色、食用更方便的产品。例如，改善乳制品加工工艺，充分挖掘乳成分中的功能因子、功能成分，并最大化地利用、富集，成为乳制品工业价值提升的重要方向。[①] 研究还显示，我国绿色食品初级产品、初加工产品、深加工产品数量每年均保持增长态势，[②] 其中大米、小麦粉和精制茶三大类产品占初加工产品数量的70%以上，绿色食品深加工具有极大发展潜力。邓亚军等研究的由新鲜果蔬加工成的果蔬纸作为休闲食品或可食性包装材料，能保留基料果蔬原有的香味、色泽和各种营养成分，同时提高果蔬和包装物的附加值，新食品包装的开发给食品加工业提供了良好保障。[③]

（四）应急保障地位凸显

疫情期间，食品行业特别是方便食品、特殊食品等行业在保障供给方面发挥了重要作用。疫情期间，大多数人被要求在家中隔离，方便面和冷冻食品成为市民的首选。据商务大数据服务机构 ECdat away 统计（2020），2020年1月24日至2月20日，天猫平台上，方便面总销量同比增加57%，水饺、馄饨类总销量同比增加78%，自热火锅总销量同比增加144%，肉制品总销量同比增加264%，汤圆总销量同比增加60%。回顾国家面临重大风

[①] 赵旭飞、胡志和、薛璐等：《超高压对牛乳感官、理化及乳蛋白加工特性的影响研究进展》，《乳业科学与技术》2020年第1期。

[②] 乔春楠、李显军：《绿色食品加工产品发展现状与难点分析》，《中国食物与营养》2016年第6期。

[③] 邓亚军、谭阳、冯叙桥等：《新型加工食品果蔬纸研究进展》，《食品科学》2017年第21期。

险的每一个历史时期，加工食品都是较早抢售一空的商品，也是紧急救援救灾时最需要的资源。与此同时，在疾病治疗过程中对于特医食品的使用也在不断增多，特医食品成为病人重要的营养支持。在疫情防控形势严峻的背景下，除了方便、快捷地获取食物，获取高质量的多功能食品以提高免疫力、减少慢性疾病风险等也逐渐成为消费者的进一步需求，食品加工业的"压舱石"作用不断凸显。

四 食品加工业前景展望

（一）产业链转型升级带动生产力提高

疫情促使食品行业面临诸多挑战，劳动力较为密集的传统加工企业在疫情期间难以及早复工复产，受到了极大冲击。所以相比之下，生产设备智能化、信息化程度较高的生产企业面对突如其来的疫情，"抗击打能力"更强。此外，疫情还促使那些以互联网、电商平台为主要销售渠道的企业产品迅速占领市场。由此可见，这轮行业重组后，幸存下来的食品企业将对市场需求和行业新技术更加敏感，拥有人工智能技术和互联网支持的企业将在竞争中极具优势。近年来，随着计算机信息技术的飞速发展，我国食品工业借助科技创新也取得了较大进步[1]，技术装备水平也持续提高。

基于测控技术和信息采集技术构建的食品加工物联网可以在无损的情况下对生产线进行全面监控监测，结合红外光谱技术、电化学传感器等手段还能做到对食品感官特性、基础品质指标的分析。食品加工企业应用专业的分析软件和管理系统，通过对人、财、物的管理对食品企业进行流程化管理，极大地提高了生

---

[1] 邱秉慧、王海滨：《浅谈信息化技术在食品加工与生产管理中的应用》，《福建茶叶》2020年第4期。

产效率和效益。除此之外，利用测控技术、视觉识别系统、分拣多媒体—语音功能等信息化技术，能极大地减少生产岗位的人工消耗，也避免了人员进出带来的污染风险。未来将信息化技术中的物联网技术、测控技术和数据融合等新技术和理念持续使用到食品加工和生产管理等过程中，能极大提升我国的食品加工业的应急能力、风险管理能力以及生产食品安全性。

（二）产业发展模式探索新方向

食品加工业的发展正在朝着高端化、绿色化、智能化、融合化迈进，这一进程中产生的新变化让我们对食品加工业的前景满怀信心。在"大众创业、万众创新"的推动下，除了食品生产技术设备和管理的创新，食品加工理念也在不断创新，着眼于人的快捷需求，生产复合营养元素的食品比如蛋白棒、蛋白饮料等食品；立足于现代人的饮食需求，研发并生产更多全谷物食品、添加谷物食品；考虑环保和可持续发展，生产植物基食品比如植物奶、培养肉、植物肉等，同时也不断致力于改善健康食品的感官特性，使大健康的发展理念不断惠及更多群体。食品加工业未来承担的不仅仅限于生产职能，而是提供更加人性化、消费者友好型的产品，并形成良好的交流机制，建设服务型企业，承担更多社会责任。

食品加工业也正在朝着集约化、规模化的方向发展。众多地区纷纷建立食品加工企业园区建设，借助群体群策的优势，以提高质量和增强效益为中心、以供给侧结构性改革为主线，努力打造具有中国品牌价值的食品加工企业园区[①]。地方特色的饮食文化是地方名片也是企业名片，在具有美食资源优势、口碑优势的地区组建起的食品加工产业园快速打通生产链条，保障生产原料

---

① 张福顺：《食品加工企业园区建设管理与发展对策》，《肉类研究》2020 年第 5 期。

供应，产生区位优势，释放生产能力，产生更大的品牌效应。

（三）创新型人才培养模式迸发活力

在食品加工技术型人才的培养过程中，技术类院校和普通高校都更加注重实践和实训。陈艺晖等[①]探索了专业学位研究生实践基地创新建设模式，校企合作不断加强，导师配备更加丰富精准，时间训练环节更加有效，象牙塔里的学生有了越来越多走出去动手操作的机会，也加深了对食品加工产业的了解与兴趣。

疫情背景下，教学实践活动无法顺利开展，多地多所学校开发了线上教学新模式，运用微课、慕课等形式提前录制企业加工视频，进行线上教学。除此之外，周兵探索将创客教育结合到食品加工技术课程的教学中，激发学生的创新潜力，成为同类课程教改实践的有益尝试[②]。近年来，大型食品加工企业走进高校开展创新大赛、学校开展的学科竞赛等，激发了学生在食品设计、创意方面的潜能，同时也为企业提供了新思路，产学合作的加深将会为食品加工的高技能人才培养助力，为食品加工业不断输送更多、更优质的新鲜"血液"。

第五节 关于保障食品加工业更好更快发展的政策建议

一 优化扶持政策保障

新冠肺炎疫情暴发以来，给不少企业经营带来了冲击。中小食品加工企业面临收入缩减、存量急剧减少、成本支付压力等问

[①] 陈艺晖、林河通、林艺芬等：《专业学位研究生实践基地创新建设模式研究——以福建农林大学农业硕士食品加工与安全领域为例》，《安徽农业科学》2020 年第 24 期。

[②] 周兵：《互联网背景下创客教育在高职食品加工技术课程中的应用探索》，《福建茶叶》2019 年第 9 期。

题，难以维持生存。疫情的全球性蔓延导致国内食品出口和国外食品进口受限。疫情冲击了食品生产的全产业链，仅靠企业自身的风险应对能力和恢复力难以克服，大多数食品加工企业的管理能力尚不完善，所以在应对突发公共卫生状况中，国家及时出台相关保障惠企政策至关重要。

（一）政府主导畅通产销渠道

在各级部门积极协调下，企业有序复工复产，但仍有相当一部分食品加工企业因自身渠道受限，导致原材料供应不足，无法满足需求。也有一部分企业由于下游销售端需求缩减而自身缺少直接销售渠道从而导致产品滞销。建议中小型食品加工企业所在地的主管部门加大帮扶力度，依托国家政策文件，主动进行企业困难和需求情况的走访调研和登记上报，在合法合规的前提下进行分类归纳，就近寻找企业上下游供应渠道，设立相关专项补助资金，对生产和销售环节实行价格调控和补助。指导一部分能力较强的企业先行复工复产，根据经验带动小型企业恢复生产。为了防疫还可以视情况开设专门物流运输通道，实行全程录像监控，运输车辆做好消毒检疫。

除此之外，因港口海关及冷库延迟开工，到港货物的清关效率下降，一些涉及进出口的肉企面临了进口费用增加、港口提货时间延迟等问题，进而影响工厂及下游客户的原料供给，政府有关方面应该积极协调各大主港及船务公司，给予企业一定时间的免箱期和免滞港费，并定点对屠宰厂进行储备肉投放，支持食品企业保供生产。切实的保障举措不仅能稳定供给市民生活物资，也能激发企业生产动力，坚定落实好"六稳六保"，打赢疫情防控和复工复产的"双战"。

（二）放宽金融服务政策

受新型冠状病毒肺炎疫情影响，食品加工生产各环节资金投入增多，重振经济需要金融机构大力"输血"。建议以政府为主导，减免中小企业税费，放宽信贷政策，适当降低利率和延长贷期，鼓励有条件的食品加工企业加快恢复生产。地方金融机构也应该积极承担社会责任，对贷款诉求进行全面、精准的风险评估，改变"一刀切"的放贷审批服务模式，加大对普惠金融领域的内部资源倾斜，提高小微企业"首贷率"和信用贷款占比、无还本续贷比例，进一步降低小微企业综合融资成本。优化基本金融服务。

（三）完善标准化体系建设

食品的国家标准是保障食品安全生产和符合基本要求的刚性工具，如今加工食品的形式不断创新，疫情背景下随着互联网贸易和直播经济的发展更是催生了不同种类的食品，加工食品的种类边界正在模糊化、食品添加物也不断增多，食品国家标准的缺位极易令不法商贩铤而走险，生产损害人民生命和健康的食品，给食品安全和监管带来了不小的挑战，所以相关食品国家标准的及时出台和订正十分有必要。监管部门应对新型加工食品加大抽检力度，增加检验项目，对存在风险的食品进行密切关注并及时上报有关部门，完善加工食品国家标准。

此外，还要加强对食品加工企业标准化认证的监管，食品生产加工过程中出现的安全问题与生产环节中的多种因素相关。在建立风险管理机制的过程中食品企业要根据法律法规和相关流程的要求，促进生产过程的标准化，不仅有利于生产效率提升，还在一定程度上减小了对人工的依赖程度。通过GMP、SSOP、HACCP等体系要求从顶层设计来规范食品的整个生产流程，依据工艺流程，建立CCP点，通过CCP点的有效控制来预防生产过程中的风险。

二 强化行业协会、团体作用

(一) 建设企业资源共享平台

受疫情影响,食品加工行业协会举办中国食品工业云享会线上展会,[①] 召集各类食品企业共同参与,2020年以来已经举办了多期线上云享会,针对不同的行业热点问题设定不同主题,集中展示一批重大产品成果,科技创新成果。行业协会主导的企业交流平台能更好地促进产业融合发展,延伸产业链、扩大品牌效应,对食品加工行业的复苏和健康快速发展有着重要意义。行业协会应进一步发挥纽带的积极作用,承担更重要的社会责任,采取更加多元的线上线下交流方式、更大规模的宣传形式,号召更多的企业特别是中小微企业加入交流中来,并在展会中充分介绍每种产品和技术的细节,开展实操演练和指导,真正为食品加工企业带来新的活力,用新思想、新科技为企业增效,为产业赋能。

(二) 加强国际合作交流

饮食习惯因时而异,因地而异,不同的国家和地区有独特的饮食文化,也就有了形色各异的加工食品。虽然全球化的进程让食品的国际界限逐渐模糊,人们能轻松享受进口食品,但我们需要不断汲取其他国家的食品加工先进理念和技术,与知名国际公司进行合作交流,寻求技术指导和支持;与国际标准化组织建立协作关系,积极帮助食品生产加工企业逐步建立符合国际标准的食品安全管理体系。正如习近平主席给星巴克董事会名誉主席的信中所提到的,中国开启全面建设社会主义现代化国家新征程,将为包括星巴克等美国企业在内的世界各国企业在华发展提供更

---

① 《中国食品工业云享会第十一期线上活动将于11月25日开始》,2020年11月24日,http://www.cnfia.cn/archives/13750。

加广阔的空间。也希望星巴克公司为推动中美经贸合作和两国关系发展做出积极努力。[①] 行业协会和相关团体需要以包容的心态了解他国食品生产加工及发展状况，以文化自信的姿态扩充新时代中华饮食文化的内涵。

（三）发挥基础研究作用

食品加工行业协会承担着起草行业标准、团体标准的责任，所以要进一步加强对食品加工领域科学层面的研究，进行文献调查、高校合作洽谈，了解食品加工的内在机制；深入各类型企业进行走访调研，了解企业诉求和痛点难点；对消费者消费习惯和心理等进行调查，了解加工食品的市场前景和意见、建议。从而全面把握新型加工食品在原料供给、加工技术、生产包装、安全保障、消费市场等方面的问题，使标准兼具科学性和实用性的指导意义。

三 全方位提高应急处突能力

（一）强化风险管理

对企业来说，依据"4R"理论，要提高风险应对能力就要提升缩减力、预备力、反应力和恢复力，加强生产过程中的风险管理机制和实施，严格把控生产的各个环节；对国家来说，则要重视加强整体食品加工行业的建设，例如通过资金、人员支持建设大型企业工业园和生产技术培训中心；通过科研项目加大对基础研究的投入力度，并采取激励措施推进高校食品加工科研成果向实际应用转化；通过食品行业企业的风险管理体系建设和监督检查，及早识别风险企业并采取相应措施。尤其是在后疫情时

[①]《习近平主席复信美国星巴克公司董事会名誉主席霍华德·舒尔茨》，2021年1月15日，http://www.xinhuanet.com//mrdx/2021-01/15/c_139670879.htm。

代，病毒依然存在传播风险，要对食品加工企业的生产原料进行严格把关和监督抽检，根据及时出台的管理制度办法，落实好企业的防疫措施和安全操作，降低生产风险，提高恢复能力。

（二）健全追溯体系

食品生产加工链条是食品从农田到餐桌最核心的中间环节，需要对生产的关键环节进行严格把控。在疫情防控形势严峻时期，冷链食品不断被检测出新型冠状病毒，更加大了食品加工环节的风险。在大力推动国家食品追溯体系建设的背景下，要及时有效地出台实操性政策文件，利用大数据、物联网等互联网科技将各类食品加工企业，尤其是高风险食品加工企业的生产过程纳入追溯体系中，可以采取一定的补贴或奖励措施引导企业自觉加入追溯体系的建设中，一方面可以及时针对产品问题追根溯源，提高消费者投诉和纠纷的解决效率；另一方面也可以有效促使生产方强化责任意识，减少源头问题发生。

（三）加强生产培训

我国中小微食品加工企业较多，机械化水平不高，操作、分装等环节往往依赖大量人工，疫情形势下生产线上人员密集，增大了病毒传播和食物二次污染的风险，潜在性危害较大。除了加强短期内的防疫消毒措施，长期来看，应该加大对中小型食品加工企业尤其是农村地区的小规模厂房、作坊等关于生产技能和卫生操作的培训力度，建议设立专项资金补贴，更换老旧机器设备，引进自动化、信息化、标准化生产线和专业的管理人才，推进小微企业的生产转型，解放劳动力，降低生产风险，提高经济效益。

第四章　外部风险冲击下中国食品流通领域风险分析与风险控制

为有效应对新冠肺炎疫情，中国采取了限制流通的防控措施，例如号召群众尽量减少不必要的外出等，力图减少人员、物品的流通，以最大限度地减少新冠肺炎疫情的传播与蔓延。到目前为止，新冠肺炎疫情防控形势持续向好，疫情在全国范围内得到有效控制。然而，在新冠肺炎疫情防控常态化趋势下，我国多地出现进口海产品新冠病毒阳性的案例，食品冷冻运输流通领域污染和食品外包装检测有病毒的情况频发，冷链环节逐渐成为疫情高风险点。受此次新冠肺炎疫情影响，食品安全问题，以食品冷链运输环节为代表的食品安全问题再次摆在公众的面前，成为21世纪备受全球关注的重点。食品安全事关人们的生命健康和社会经济发展，属于重大民生问题和社会问题，保障国内市场食品安全是保障人民身体健康、维护社会稳定的重要因素之一。我国消费市场庞大，随着经济和社会的发展，我国消费需求逐渐升级，对食品的种类及质量安全的要求越来越高，而越来越多的食品实现了远距离运输，消除了地域限制，能够在国内国外市场自由流通。可以说，食品流通领域的安全是确保食品安全的重要一环，绝大多数食品是通过流通过程到达消费者，流通领域涉及食品从生产领域向消费领域的转移过程，流通环节中问题频发且追溯困难，这也大大增加了食品安全监管的难度。本章旨在梳理食品流通领域的内涵与作用，厘清食品流通领域存在的风险，通过风险评估方法对食品流通领域的风险进行分析，最后提出有效的食品流通领域风险控制措施。

第一节 食品流通领域的内涵与作用

一 食品流通的内涵

食品流通，是指食品从生产领域向消费领域的转移过程，包括运输、存储、装运、包装、流通、加工、配送、信息传递与处理等环节[①]。传统食品流通主要由商流、物流、信息流三部分组成，随着电子商务的兴起，资金流成为现代食品流通的重要构成要素之一，是实现电子商务交易活动不可或缺的手段。现代流通经济运行过程实质上是商流、物流、信息流和资金流的分立与一体化过程，这样可以有效地克服流通运行过程中的空间和时间的矛盾，使商品交换能灵活进行，以适应不断变化的市场环境。在流通过程中，一方面，通过交换活动而发生的价值形态变化和商品所有权转移过程，即商流；另一方面，在商流过程之后，发生的是商品实物流转的过程，即从包装开始，通过装卸、运输、贮存、保管等过程，将商品运送到消费者手中，这个过程是物流过程。同时，与商流过程和物流过程相伴发生的还有与之相关的信息流和资金流活动。所谓信息流，即流通信息的产生、加工、传

---

① 陈金玲：《我国流通领域食品安全监管的困境与进路》，《法制与社会》2018年第25期。

递、贮存等信息活动，包括商流信息过程和物流信息过程；资金流，则是指在营销渠道成员之间随着商品实物及其所有权的转移而发生的资金往来流程。

二 食品流通的作用

食品流通领域与生产领域一样，在社会再生产过程中居于重要地位。在一定社会经济条件下，生产决定流通，流通又反作用于生产，而当社会生产力发展到一定程度，生产就会完全建立在流通的基础上，使得流通成为不可缺少的必要组成部分，统一于再生产过程之中。这种统一性表现在社会生产运动过程中的多个方面，从而揭示了流通的功能。

（一）实现功能

食品流通是实现商品价值和使用价值的唯一途径。企业生产的食品只有进入流通过程，才能实现使用价值，获得相应的货币收入，满足生产的需要，并完成生产过程中必要的劳动耗费和及时补偿，保障社会再生产的正常进行。因此，从一定意义上讲，商品价值和使用价值的实现过程，就构成了商品流通过程的经济内容。

（二）中介功能

食品流通是连接生产和消费两端的中介桥梁，这种中介功能的实现，使得生产过程和消费过程得以衔接，也使得社会再生产过程的连续性得以保障。此外，流通中介功能的实现，不仅有利于流通的环节、速度、规模、质量等方面的改进，还有利于促进生产结构与消费结构的合理性，克服产销脱节现象。

（三）调节功能

一方面，食品流通是促进社会资源合理配置的有效手段，通过价格机制反映市场的供求关系，从而调节社会资源合理流动；另一方面，食品流通是调整社会生产力布局的有力工具，能促进社会生产分工及专业化发展，促进生产、加工、管理技术进步，提高生产率。

（四）分配功能

食品流通是实现社会再生产的必要条件，它能满足社会再生产迅速发展各种需求，引导社会价值转移，使生产者、加工企业、物流商、经销商之间的经济利益进行再分配，并使其合理化。

三 保障食品流通安全的必要性

冷链物流（Cold Chain Logistics）一般指冷藏冷冻类食品在生产、贮藏、运输、销售，到消费前的各个环节中始终处于规定的低温环境下，以保障食品质量，减少食品损耗的一项系统工程。[1] 2020年，新冠肺炎疫情的暴发以及"海鲜市场""三文鱼"等词汇的频繁出现，让"冷链""食品流通""物流运输"等词获得了全社会的广泛关注，冷链物流一时间走入大众视野。艾媒咨询数据显示，2019年冷链物流市场规模已达3780亿元，2020年将达到4850亿元。新冠肺炎疫情的暴发推动消费者对生鲜产品及无接触商品配送的需求激增，国家市场监管总局加大对活禽交易的限制，再加上政府部门对冷链物流发展的高度重视，冷链物流经历了十年平稳发展之后，在2020年，迎来了它的黄金暴发期。在国内国际双循环大形势下，保障食品流通安全、加快促进冷链物流创新发展具有重要意义，努力构建连接国内国际双循环的冷

---

[1] 朝露：《2020中国冷链物流企业排行榜》，《互联网周刊》2020年第22期。

链物流产业生态体系，有利于服务民生改善和消费升级，进一步激发经济增长新动能。

（一）保障食品流通安全是保障国内食品供应的基础

在新冠肺炎疫情暴发初期，多地出现因封闭隔离而导致食品流通领域流通难的现象，使得食品流通领域出现部分断裂，国内食品供需脱节，直接威胁国内对果蔬、水产等食品的基本供应。在后疫情背景下，食品通过物流运输既能突破地域的限制，确保新鲜食品运送到全国各地；又能减少人群接触，降低疫情传染概率，食品流通领域的重要性逐渐显露出来。与此同时，食品在流通环节中的安全性直接关系着国内食品供应的数量和质量，紧密影响着消费者健康。因此，保障流通领域的食品安全，是保障国内食品供应安全和稳定的基础，是打好疫情防控阻击战的重要任务，也是稳定人心和社会的有效举措。

（二）保障食品流通安全是食品风险管理的重点

风险是指对人体健康或环境产生不良效果的可能性和严重性，导致这种不良效果的原因之一是由食品中的危害或食品生产过程所引起，这里所说的危害是指潜在的将对消费者健康造成不良效果（事件）的生物、化学或物理因素。风险分析是指对可能存在的危害的预测，并在此基础上采取的规避或降低危害影响的措施，具体来说，需要对食品生产涉及的种植采收、运输贮藏、市场销售等全链条各环节涉及的风险进行分析，以便于进一步地管理和控制。[①] 食品由原产地向目的地流动的过程中，涉及仓储、运输、分销等多个环节，各个环节都可能出现食品安全问题，因而食品流通风险来源复杂，监管难度较大。从风险管理的角度来

---

① 霍红、樊千语：《果蔬农产品质量安全影响因素的研究》，《农民致富之友》2015年第7期。

看，食品的流通环节较多且具有动态性，更容易出现食品安全问题，产生食品运营风险，因而是食品安全风险管理的重要一环。因此，保障流通领域的食品安全尤为重要，只有降低食品物流风险，保障国内食品安全，才能有效促进我国食品电子商务的发展，提高市场经济运行效率。

（三）保障食品流通安全是扶贫助农的关键

在脱贫攻坚的决胜之年，电商扶贫能够为脱贫攻坚、扶贫助农按下"加速键"。为解决多地出现的果蔬、水产等食品的滞销现象，食品平台成为拓宽销售渠道、促进农产品流通的重要抓手。发展农村电商是扶贫助农的重要形式，是推进乡村振兴的新动力。电商让一批"养在深闺人未识"的贫困山区农产品通过互联网走进千家万户，也让偏远地区的绿水青山变成脱贫致富的"金山银山"，还通过产销高度衔接为社会各界参与消费扶贫提供了便捷的通道，更让进城的务工者、大学生有了返乡的动力，激发了山村的巨大活力[1]。借助网店运营、直播带货等低成本营销方式，可以突破物流、信息流的"瓶颈"，将深山里的土特产送往普通百姓餐桌。电商扶贫实质上是以市场化的方式实现社会资源最大范围和最大限度的整合，这就摆脱了传统扶贫主要依靠单一主体的"输血式"扶贫模式，而是以搭建平台、开拓市场、引导消费等方式实现可持续的"造血式"扶贫。在电商扶贫的过程中，保障流通领域的食品安全对于农货出山、农民脱贫十分重要，这能够减少果农、菜农的损失，切实提高农产品销量，帮助贫困农户增收脱贫，是电商扶贫的重要基础。可以说，只有保障流通领域的食品安全，才能打通农产品流通的产业链条，确保农

---

[1] 梁华、王册：《电商拔穷根 托起致富梦》，《湖南农业》2020年第12期。

货出山，保障产品质量安全，对推进农民脱贫、乡村振兴具有关键意义。

（四）保障食品流通安全是互联网新技术应用的示范

食品本身伴随着易污染、保质期短、品控难等问题，对食品流通领域建设和物流技术有着较高的要求。借助互联网和物联网技术：一是能够确保食品电商 IT 系统的正常运行，保障电商业务和食品物流运输等业务的有效开展；二是能降低冷链物流配送成本，将用户购买食品的价格维持在可接受范围内，提高食品流通领域效率；三是可实现食品电商在流通全过程的冷链运输和安全监控，完善食品电商上、中、下游联合协同，构建食品流通安全监控管理体系，保证整个流通过程的安全、高效、透明。人工智能、大数据、物联网等现代网络技术的应用，能够有效降低食品电商的损耗，为保障流通环节中的食品电商的质量安全提供技术支持，是互联网新技术应用的成功示范。

第二节　食品流通领域风险分析

一　流通领域食品安全风险现状

到目前为止，我国新冠肺炎疫情防控形势持续向好，疫情在全国范围内得到有效控制。然而，在新冠肺炎疫情防控常态化趋势下，我国多地出现进口海产品检测出新冠病毒阳性的案例，食品冷冻运输流通领域污染和食品外包装检测出病毒的情况日益严重。从 2020 年 7 月 3 日到 8 月 13 日，短短一个多月时间，福建厦门、辽宁大连、江西平江、重庆沙坪坝、云南、山东烟台、安徽芜湖、深圳龙岗、陕西西安 9 地检出 10 起冷冻海产品集装箱内壁或食品外包装被病毒污染,给当前国内防疫带来严峻挑战。[1]

　　食品安全链,冷链最关键。据专家介绍,与普通物流相比,冷链物流有三大特性,又称 3T 原则,即产品质量取决于冷链储藏温度(Temperature)、流通时间(Time)、耐藏性(Tolerance)。冷链物流的核心是全程不断链,一旦断链脱温,就会给货品带来不可逆的影响。因此,由于长距离运输和保鲜保质的需要,众多的进口生鲜食品需通过冷链运输。而在全球疫情蔓延扩散之下,如果食品产地国家和地区对疫情处置防控不力,相伴而来的则是潜在而巨大的污染风险[2]。在疫情防控过程中,冷链环节逐步引起重视。首先对于北京新发地的疫情,通过分析新发地新冠肺炎疫情发现,病例主要集中在水产品经营区域,而且这一区域环境受到新冠病毒污染最严重。这些发现提示,北京新发地疫情可能与海产品有关。同时也发现,在活鱼等常温水产品区域,疫情并不严重。再回顾年初武汉早期疫情,在华南海鲜市场,病人也主要集中在冷冻海产品区域。这些线索都指向冷链运输进口的海产品,可能就是疫情源头。顺着这条线追查,果真发现了多个国家输入的海产品受到新冠病毒污染。随后,全国多个城市海关对进口冷冻海产品或肉食品检测,发现新冠病毒核酸检测呈阳性。越来越多的证据显示,冷冻的海产品或肉食品,可能把疫情国家的病毒带入我国。这些事件使得海关等部门加大进口检测力度,全国各地市场监管和卫生部门也都对当地冷链食品加强了监管。

　　北京、大连、青岛疫情发源均与冷链环节相关。在这几次突

---

[1] 何雪华:《9 地 10 起冻品检出新冠:为何病毒存活那么久? 民众如何防护?》,《广州日报》2020 年,https://www.thepaper.cn/newsDetail_forward_8750259。

[2] 刘国信:《进口冷链食品频频检出新冠病毒　如何确保冷链食品消费安全》,《肉类工业》2020 年第 11 期。

第四章
外部风险冲击下中国食品流通领域风险分析与风险控制

发应急事件的处理过程中，我们逐渐从中吸取了许多有益的防控经验：一是北京新发地疫情，这使我们首次对冷链运输的冷冻产品进行关注，这也是世界上首次发现并证实：污染的食品经冷链运输，可以跨国引发新冠肺炎疫情，外防输入还要关注国外来的货物，特别是严防经冷链运输的食品把新冠病毒带入国内，进而引发新的疫情。二是大连疫情，再次证明冷链运输受新冠病毒污染的食品，可以引发新冠肺炎疫情。这些疫情直接促使我国加强了对冷链经营的冷冻肉食及海产品从业人员的管理。三是青岛疫情，则是主动对冷链从业人员定期监测，发现了处于感染早期的无症状感染者，因此未形成较大范围扩散。

2020年9月至11月的北京、大连、青岛三地疫情，一起比一起发现得早，规模也越来越小。这是我们不断吸取教训、总结经验的结果。这些经验概括起来，就是定期对冷链产业的环境检测、对从业人员不少于每周一次的核酸筛查，以便及时发现处于早期的感染者，把疫情控制在萌芽中。既要确保进口冷链食品安全、保障人民群众身体健康和生命安全，也要提升口岸通关效率、保障产业链供应链稳定。2020年11月9日，国务院联防联控机制发布《进口冷链食品预防性全面消毒工作方案》，这一方案具有重要的现实意义。这份文件是我国新冠肺炎疫情防控常态化的重要政策性文件。在发现多起进口冷链食品引发的新冠肺炎局部暴发疫情后，国家不是简单草率地禁止进口冷链食品，而是把控制由进口冷链食品污染可能引发的新冠肺炎疫情纳入常态化管理，把风险控制在最低水平，在确保进口冷链食品安全、保障人民群众身体健康和生命安全的同时，又为提升口岸通关效率、保障产业链供应链稳定提供了政策支持。

秋冬气温降低，需要严防疫情卷土重来，疫情防控不能有所松懈，尤其需要格外关注冷链环节的疫情防控情况。抓好冷链环节疫情防控，要做好三项检测工作。一是对进口的产品及外包装进行抽样检测，以便及时发现污染的食品；二是对冷链经营产业的工作环境，包括运输车辆、储存的冷库等，定期进行环境采样，检测污染情况；三是对冷链从业人员，要开展不少于每周一次的核酸筛查，以便及时发现处于早期的感染者，及时发现疫情，及时扑灭疫情。在管理上，一方面，要培训所有冷链产业管理者和从业者，强化常态化防控措施落实、落细；另一方面，要定期对冷链产业新冠肺炎疫情常态化防控措施落实情况进行督导检查，发现薄弱环节，及时堵住风险点。

总的来说，受新冠肺炎疫情影响，食品安全问题，尤其是冷链食品运输相关的问题再次摆在公众的面前，成为 21 世纪备受全球关注的重点和难点。食品流通安全问题事关人们的生命健康和社会经济发展，属于重大民生问题和社会问题，因此保障国内市场食品安全是保障人民身体健康、维护社会稳定的重要因素之一。我国消费市场庞大，随着经济和社会的发展，我国消费需求逐渐升级，对食品的种类及质量安全的要求越来越高，而越来越多的食品实现了远距离运输，消除了地域的限制，能够在国内国外市场自由流通。可以说，食品流通领域的安全是确保食品安全的重要一环，绝大多数食品是通过流通过程到达消费者，流通领域涉及食品从生产领域向消费领域的转移过程，许多问题都可能在流通环节中暴露且追溯困难，这大大增加了食品安全监管的难度。

二 食品流通领域风险主要研究内容

流通是产业链上的核心环节，是提升产业链核心竞争力的切入点。[1] 流通产业被定义为基础性、先导性或战略性产业,许多学者研究了其在产业协调[2]、经济增长[3]、内需启动[4]等方面发挥的重要作用。农产品流通环节暴发的风险事件,事关农产品产业链主体的生存与发展,关系到农民增收、农业增效及社会稳定。[5]食品流通衔接食品运销、批发和零售,是实现食品生产成本补偿、价值增值以及食品收益的关键,更是连接农村与城市、农业与工商业,以及农民与城市居民的桥梁。国内学者对食品流通风险研究的主要内容可归纳为表4-1所述的多个方面。

表4-1　　　　　　食品流通风险研究的主要内容

流通领域食品风险研究内容	代表性研究
价格风险	廖杉杉、鲁钊阳基于理论总结分析了农产品价格风险的成因;特别是北京新发地农产品有限公司董事长张玉玺(2012)结合其在农业领域二十多年的实践经验指出,造成农产品价格波动的因素可归纳为自然因素和非自然因素,其中前者指农业生产与生俱来的弱质性,后者则包括农业干部弱势、农产品产销信息不畅、种子遭国外垄断、农产品流通成本高、务农收益不如务工、店面摊位及超市进场费等租赁费用昂贵等。
利益协调风险	张晓林等运用博弈理论探讨农产品食品流通领域管理模式对流通主体间的利益协调。

---

[1]　上创利、赵德海、仲深:《基于产业链整合视角的流通产业发展方式转变研究》,《软科学研究成果与动态》2013年第3期。
[2]　罗振华、高彩云:《流通产业链优化外部资源要素配置的方式研究》,《经济论坛》2007年第2期。
[3]　李明义、杜树雷:《首都流通产业组织创新的几点思考》,《北京工商大学学报》2009年第6期。
[4]　黄漫宇:《FDI对中国流通产业安全的影响及对策分析》,《宏观经济研究》2011年第6期。
[5]　张晓林、罗永泰:《基于全产业链的农产品流通困局与流通体系建设研究》,《商业经济与管理》2012年第12期。

续表

流通领域食品风险研究内容	代表性研究
信息风险	刘家松从基础制度、主体、立法、内容四方面全面比较了中美食品安全信息披露机制存在的差异，系统分析了差异形成的原因并得出了相关的启示。
道德风险	尹新哲等、王春晓等分别研究了农产品批发市场的产品检测、行业监管等功能，企业间的信任机制对道德风险的防范作用。
质量风险	马宏佳从食品安全的角度入手，浅析我国茶叶在流通领域中面临的质量安全风险，包括农药残留、重金属含量、微生物及真菌毒素污染风险等，并探讨相关对策。
品牌风险	楼晓东探究了品牌资源的共享及其产生的规模效应。
资金风险	穆月英和杨鑫基于演化博弈模型得到假说，运用双向固定效应模型验证食品流通领域中消费者赔偿激励的重要性，研究表明：在消费者鉴别投诉成本小于预期赔偿额以及政府监管资源约束下，提高消费者投诉赔偿额对食品质量安全风险控制效果更好。
政策风险	任博华等通过国内外情况对比，分析了我国农产品流通中政府职能存在的诸多问题，赵冬昶则探讨了完善政府职能的系列对策。
物流风险	远亚丽指出了农产品物流风险研究尚存的问题，认为当前研究对风险缺乏细致的识别分类，对风险程度缺乏科学的度量，难以进行预警和控制。覃朝春等将农产品冷链物流运转过程中的质量问题作为一个有机的整体加以综合分析研究，从全面质量管理的视角，对建立 HACCP 管理体系进行分析，围绕全面质量管理"三全"管理和"持续改进"的核心思想，提出相关建议，完善农产品冷链物流的质量管理。

资料来源：廖杉杉、鲁钊阳：《农产品价格风险的成因及规避机制研究》，《农村经济》2013 年第 3 期；张晓林、李广：《鲜活农产品供应链协调研究——基于风险规避的收益共享契约分析》，《技术经济与管理研究》2014 年第 12 期；刘家松：《中美食品安全信息披露机制的比较研究》，《宏观经济研究》2015 年第 11 期；尹新哲、黄守军、任玉珑：《农产品产地批发市场道德风险的协调策略》，《中国流通经济》2013 年第 3 期；王春晓、徐开新、杜卓君：《信任在水产品产业链安全中的作用机制研究》，《中国渔业经济》2013 年第 1 期；马宏佳：《从食品安全角度浅析茶叶在流通领域中存在的质量安全风险》，《福建茶叶》2020 年第 10 期；楼晓东：《农产品区域公用品牌风险评估方法探讨》，《社会科学家》2014 年第 3 期；穆月英、杨鑫：《食品质量安全监管下经营者罚款与消费者赔偿的效果比较——以流通领域为例》，《经济问题》2018 年第 4 期；任博华、贾悦虹：《我国农产品流通中政府职能创新——基于中美比较研究》，《商业时代》2010 年第 33 期；赵冬昶：《食品流通安全风险管理机制研究——基于流通模式创新视角》，《价格理论与实践》2011 年第 3 期；远亚丽：《都市圈一体化视角下农产品物流风险预警体系的构建》，《江苏农业科学》2012 年第 40 期；覃朝春、王正华：《全面质量管理视角下农产品冷链物流质量控制》，《商场现代化》2020 年第 21 期。

由此可知，食品流通风险的研究内容已较为全面，涵盖了食品流通风险的各个要素。对于单一风险要素，主要进行了定性的分析，而对于食品流通领域风险体系，则产生了较多定量化的研究成果。此外，当前研究成果多集中于食品流通风险的事前控制阶段，对风险事件发生后的反馈及应对机制的研究较为空白。

三　食品流通领域风险主要研究视角

围绕食品流通风险及相关问题，一部分学者从单一的视角展开了较为深入的研究，可归纳为流通主体的视角以及政府的视角；另一部分学者则立足食品流通相关的多个主体的视角展开综合的论述。

（一）基于企业的视角

该部分研究集中于对食品流通风险的分析以及风险防范对策的提出。一是在问题分析方面，如王晓晨和齐麟等[1]探讨了绿色食品流通企业管理创新问题；古川[2]研究了大型流通企业集团在农产品质量安全中的重要作用，并分析了我国流通产业尚存的问题。二是在风险防范方面，如蒋和平立足企业角度提出增强预测和经营决策能力、降低交易费用、生产经营多样化、销售合同制等多项措施；刘金星等研究了农产品行业协会在农产品品牌风险防范上发挥的作用；卢春森等[3]探讨了现代物联网技术在流通企业中的运用，以构建农产品流通安全可追溯信息系统，实现农产

---

[1] 王晓晨、齐麟：《绿色食品流通企业管理创新存在的问题》，《经济研究导刊》2018年第2期。

[2] 古川：《监管压力下流通企业供应链质量安全管理》，《中国流通经济》2019年第1期。

[3] 卢春森、刘永峰：《建立"赣南脐橙"标准化生产质量追溯体系，保障产业安全的探索与建议》，《现代园艺》2012年第1期。

品产、供、销全过程的监控，应对食品流通信息风险和质量风险。

（二）基于政府部门的视角

该部分研究成果主要集中于风险防范措施的提出。一是加强引导，如李明义等研究了政府部门在流通产业布局中的引导作用，推进大、中、小型企业联合，以充分发挥大企业的龙头、规模效应和小企业的网络效应，形成多元分工协作的流通联盟；付宗平[1]强调政府部门要减少形成价格风险的政策管制，引导市场对农产品价格进行自主调节。二是完善制度，如郭家耀[2]提出通过制定完善的监督管理制度、开展全方位、现代化的监督管理，以提升食品流通环节中食品安全监督工作的有效性和全面性。三是加大扶持力度，如刘学云[3]提出政府应鼓励流通主体对农产品物流技术体系的构建、农产品物流信息平台的建设；尹新哲等[4]在研究交易主体的道德风险时，指出批发市场的存在能在一定程度上缓解相应风险，而交易主体是否进入批发市场取决于直接交易和进入批发市场交易的成本的权衡。政府部门应结合不同区域批发市场的特点提供相应的加强利益监管或财政补贴等不同形式的政策扶持。

（三）基于综合的视角

基于多个视角的研究，旨在从系统的层面提出食品流通风险的防范措施。针对利益协调风险，杨占科探究了供销合作社以及

---

[1] 付宗平：《农产品价格风险的评价模型及应用》，《统计与决策》2014年第3期。
[2] 郭家耀：《食品流通环节强化食品安全监督的措施》，《食品安全导刊》2019年第3期。
[3] 刘学云：《宁夏鲜活农产品物流风险分析与防范对策研究》，《价值工程》2011年第32期。
[4] 尹新哲、黄守军、任玉珑：《农产品产地批发市场道德风险的协调策略》，《中国流通经济》2013年第3期。

政府宏观政策在推行农产品产供销一体化，从而实现利益均摊、风险共担的重要作用；郑风田等[1]从政府、消费者、产业界三个方面提出建立食品安全保障体系，指出成功的食品安全政策是多部门的责任。针对价格风险，李桂芹等[2]从菜农、蔬菜批发市场、蔬菜零售终端三个层面探究促进全产业链价格科学传递和合理分配的对策。针对物流风险，唐立新[3]立足流通企业和政府部门角度分别提出物流技术的应用、物流保险体系的建立等措施。此外，慕静[4]构建了政府机构、食品行业协会、食品消费者等多方主体协管食品安全问题的公共平台，实现流通各环节的监管资源共享；生吉萍等[5]对食品流通领域的风险来源进行分析，运用风险矩阵法将风险进行分级，并从政府、企业、消费者等视角提出风险控制策略。综上所述，不同学者分别立足农产品流通的各主体视角做出了相应的研究，总体的研究视角较为全面，涉及与农产品流通相关的农户、企业、政府、行业协会、消费者等。

第三节　食品流通领域风险来源分析

流通领域是食品生产到消费者食用的中间环节，主要包括食品仓储、运输、销售等形式，消费者主要是通过批发市场、超市、食品店等经营场所接触食品流通领域。食品经营者在实际经

---

[1] 郑风田、胡文静：《从多头监管到一个部门说话：我国食品安全监管体制亟待重塑》，《中国行政理》2005年第12期。
[2] 李桂芹、王丽丽：《蔬菜全产业链价格传递机制研究》，《农业经济问题》2012年第11期。
[3] 唐立新：《农产品物流风险分析》，《现代物流》2011年第4期。
[4] 慕静：《食品安全监管模式创新与食品供应链安全风险控制的研究》，《食品工业科技》2012年第10期。
[5] 生吉萍、宿文凡、罗云波：《食品流通领域风险分析与风险控制》，《食品工业科技》2020年第19期。

营过程中对食品的保存、运输、销售环节重视不够，或者监管部门在流通领域存在监管漏洞，都将导致食品出现较大的安全风险。

一 流通领域食品质量安全关键点风险分析

近年来，我国在食品领域不断出现安全问题，让人触目惊心。不仅危害消费者的身体健康，还对食品加工行业和社会造成了巨大的经济损失。由于食品的生产涉及环节较多，造成食品安全问题的原因较为复杂，一般研究通常认为这些安全问题主要来源于生产环节。而基于食品特质，食品很多可以进行远距离、广市场的销售，进而加大了检测其流通领域质量安全关键点的难度。因此，对于食品的质量和安全关键点，是否能够在流通环节得到有效的监管，还需进行一定的风险检测与风险评估。流通领域作为我国食品安全管理的重要环节，对其进行风险分析，以加强流通领域的食品风险控制管理工作，将对提高国内总体食品安全水平发挥重要作用。通过综合分析，通常情况下，流通环节食品质量安全风险的关键影响因素主要表现为以下几个方面。

（一）存储和运输环境不达标

加工食品中的一些冷冻类产品，假设其是由四川某地运往新疆某地，如果运输环境不能达到冷冻类食品的需求，就会造成冷冻产品的升温，使食品中的致病菌大量繁殖，进而使产品发生变质。消费者一旦食用了这种加工食品，轻者可能出现腹痛腹泻，重者可能会诱发肠胃炎等疾病。

（二）包装材料或储存容器使用不当

经营过程中，由于包装材料或储存容器原因造成食品污损，消费者往往容易忽视包装容器造成的食品安全问题。包装容器一般会带来两个方面的问题，一是包装容器本身材质不合格会释放有毒有害物质造成食品污损，二是经营者不定期或不及时清理食品容器造成食品污损。经营者由于时间和人力的原因往往只重视包装容器的外观整洁，很少能做到定期、彻底地对包装容器进行清洗、消毒，造成食品安全隐患。

（三）销售环境卫生不达标

某些超市的自制区，由于长期生产和销售作业，未能及时彻底清理卫生，死角残留污垢严重，极有可能导致微生物数量和化学指标超规，影响食品质量，消费者食用之后会出现身体不适等情况。

（四）销售环境规划设置不合理

有些超市将干货区设置在了保鲜区的冷柜旁边，致使干货区产品出现潮解变质的情况。

（五）食品放置时间过长而引发安全问题

有些商家基于一些加工食品的特点，认为长时间放置也没问题，便疏于管理。如散装坚果这类食品，若长期与空气接触，就会发生一定的化学反应，导致食品的酸价和过氧化值超标，影响食品的口感和质量。

（六）经营人员健康问题

《食品安全法》明确规定，食品生产经营者应当建立并执行从业人员健康管理制度，患有传染病的人员不得从事接触直接入口食品的工作。因此，经营单位安排患有传染性疾病人员从事食品经营活动会造成食品污损，给食品安全带来一定风险，而且这种风险消费者和监管部门在现实生活中较难发现。

通过总结分析，食品在流通中的装卸、存储等环节都易出现问题。一般从品类上来讲，食品中散装食品更容易出问题。从环节上来看，由于预包装食品需要多一道运输的工序，破损的可能性更大，风险就更高，也就更易出问题。因此，流通环节中，流通主体要更加注重改善细节，注重运输和存储环境，为降低食品安全风险做努力。

二 食品流通领域风险来源分析

（一）源头风险

流通领域的源头把控至关重要。一些经营者将利益看作最大的追求目标，于是设法放宽食品出厂前的型式检验标准，或者在进入流通过程中未经过合法手续或流程等，这都会致使不合格食品流入市场，最终危及消费者健康。野生动物本身携带的有害微生物造成的食品安全问题在流通领域的风险分类上，属于源头风险。目前存在乱捕滥猎、倒卖走私、食用野生动物等违法犯罪问题，一些农集贸市场、花鸟鱼虫市场、宠物商店等场所是野生动物非法进入流通环节的重要关口，容易成为野生动物"地下交易"的滋生地。不法分子有意避开正规的手续和流程，使得没有猎捕、收购许可的野生动物，例如蝙蝠、果子狸、穿山甲等进入流通领域，消费者食用这些"携带未知病毒"的野生动物势必产生严重后果，公众的生命和健康安全以及相关经济和社会安全将受到巨大威胁。

另外，对于某些小作坊生产的"三无"食品，虽然外观与正规商品没有明显不同，但缺乏生产日期、质量合格证（或生产许可证）以及生产厂名称等标识，故难以对食品进行追溯，不能有效对风险源头进行控制，也不利于对消费者进行风险预警，造成食品安全监管困境。食品安全监管的首要防线为流通领域食品经营许可工作，这也是食品市场准入许可的第一道防线①，相关工作没有做好也会导致食品流通许可风险大大增加。

（二）包装风险

直接接触食品的材料和制品属于食品相关产品的范畴，这些包装材料或储存容器造成的食品安全问题容易被消费者忽视，因此食品包装安全是食品安全的一个重要组成部分②。包装风险主要有以下三种情况：一是包装材质风险。包装容器在整个流通过程与食品密切接触，若包装材质本身不符合规定，不但起不到保护食品的作用，其释放的有毒有害物质具有迁移到食品中的风险，反而造成食品受到污损，对消费者健康造成更大风险。二是容器污染风险。经营者很难做到定期、及时地对储存容器进行彻底清理，也会使食品遭到一定程度的污损③。三是磨损风险。在物流运送中，食品包装难以避免地会有不同程度的磨损，当食品包装不符合规定时会出现食物直接外露在外界环境中的可能性，此时外包装已无法保护食物，还会增加食品的化学污染，导致食品出现腐败变质。

（三）运输储存风险

在食品行业中，食品出厂后的运输、储藏、物流等环节均属于流通领域④。在这些环节中，因装卸操作不当、装载方式不合理、储藏环境不达标等因素造成的食品安全问题均属于流通领域的食品安全风险。在食品仓储运输过程中，每种食品都有其特定

---

① 杨敬波：《食品流通许可风险与防范》，《中国工商管理研究》2010 年第 11 期。
② 岳青青：《食品包装产品安全风险分析与有效控制措施》，《绿色包装》2020 年第 4 期。
③ 徐宁：《加强食品包装材料风险监测的建议》，《现代食品》2017 年第 6 期。
④ 张晓彬：《食品供应链环节的企业食品质量安全风险管理探究》，《食品安全导刊》2019 年第 30 期。

的保存方式，例如常温保存、低温保存、冷冻保存等，若在流通阶段受到物流公司资金问题、技术问题等的影响[1]，没有按照其要求的条件保存，使食品中的致病菌大量繁殖，易导致食品在运输储存过程中出现污损或腐败变质[2]。

(四) 销售风险

超过保质期或已经变质的食品进入流通领域是一种比较常见的食品安全风险。保证销售食品都不会过期对经营者来说，确实是个挑战，需要经营主体进行常态化规范管理。不同的经营销售场所发生保质期问题的风险概率不同。一般来说，为尽量减少食品保质期问题引发的经济损耗，大型商超、连锁店、批发市场等食品流通数量相当巨大的销售场所会配备特定人员对商品保质期进行科学管理，以"先进先出"为原则进行接货和销售，并定期对每种食品的保质期进行检查，一旦发现过期食品，便立即从货架上撤下并上报有关负责部门处理，这种规范化的制度管理从一定程度上可以降低出现过期食品的风险[3]；而对于一些个体零售店、流动商摊等，由于经营者缺乏与食品安全相关的科学知识和系统性的培训，法律意识、道德意识较为淡薄，容易出现在进货时不认真履行法定进货查验义务，不重视商品的商标、厂名厂址、生产日期及合格证等内容，或者不注意食品的科学摆放等现象，进而大大增加食品安全风险。

(五) 监管风险

一是流通许可风险。包括登记许可程序出错、许可资料审查

---

[1] 李清艳：《食品加工与流通中的安全隐患》，《现代食品》2017 年第 3 期。
[2] 李阳、郭焰：《流通环节加工食品质量安全关键点风险评估》，《食品安全导刊》2017 年第 6 期。
[3] 杨雯：《连锁零售店运营过程的风险分析及控制措施》，《科技创新与应用》2015 年第 17 期。

出错、实质审查出错、现场核查出错等风险。二是日常监管风险。包括日常巡查不到位、巡查工作流于形式、督促食品经营者履行法定义务、完善食品质量准入制度不到位。三是专项整治风险。除了日常监管，还会根据实际情况开展一系列的专项整治工作，比如对重点商品、重点地域、重点时节的食品安全整治工作。四是食品安全执法风险。包括行政处罚程序不当、采取强制措施越权、行政处罚中的不廉洁行为、滥用自由裁量权。五是食品抽样检验风险。包括越权抽检、抽样检验程序违法、抽样超时。六是突发食品安全事故处置风险。包括处置不力、处置不及时、处置不当等方面。七是食品安全信息发布风险。工商部门，对重大食品安全信息没有发布权，对食品安全监管的重大信息也必须通过市级以上工商部门批准。

总的来说，食品流通领域主要包括源头风险、包装风险、运输储存风险、销售风险和监管风险五大风险来源，涵盖食品入市、交易、退市三大过程，涉及运输、储存、销售等多个环节，每个环节都具有食品安全问题出现的可能。因此，更加需要对食品流通领域的各关键因素进行风险分析，明确风险来源，进而进行重点监控和改进。

三 流通领域存在的食品安全漏洞

此次新冠肺炎疫情的发展过程中暴露出了许多我国在流通领域存在的食品安全漏洞，这些漏洞的存在，使得不法分子有机可乘，破坏国内食品安全和国家安全。基于此，梳理我国在流通领域存在漏洞，能够促进查缺补漏，进一步完善我国流通领域食品安全管理制度，保障流通领域的食品安全。

（一）法律上的"盲区"

一是现行的食品安全方面法律法规体系不够完整。在流通领域有农业、卫生、质检、商务等多部门参与,一旦产生食品安全问题,在流通领域的隐患排查工作开展较为困难。二是内容不够全面。此次新冠肺炎疫情暴露出我国在食品安全风险评估制度、食品安全预警制度、食品安全危机处理制度、食品安全事故处理制度等相关制度规定存在一定的漏洞,一些重要内容尚未纳入法律的调整范围,食品安全保障制度还存在一些空白[①]。在法律法规方面还存在着一些盲区,如仍没有针对批发市场的法规。由于生产过于分散,如果完全靠从生产环节抓食品安全管理,漏洞太多。

(二)管理上的漏洞

一是政府对"食品安全"经费投入不足。近年来,我国在流通领域食品安全监管方面投入经费少,一些检测设备严重老化,一些必备的检测设备尚未购置;抽检经费严重不足,检查中经常出现一些无法认定的质量问题;食品流通许可证的发放要求免费,所需费用由财政列入预算给予保障,但实际上经费却难以保障,这些问题都大大制约了食品安全监管工作的开展。二是工商机关监管能力不足。推行的进销货台账等制度,在实际工作中落实难;市场主体经营方式不规范,导致农村市场监管难;工商部门监管手段不足,导致无缝监管难。三是职能部门之间缺乏有效的信息交流机制,导致全方位监管难。

(三)认识上的缺失

一是食品安全知识普及与安全意识不高。疫情之下,少数国人滥食野味的陋习,对公共卫生安全构成了重大隐患。城镇居民对食品安全的认识相对较高,农村消费者食品安全意识较低,加

---

① 孙鹏:《流通环节食品安全漏洞、监管风险及化解风险的对策》,《奋斗》2013年第7期。

之消费能力有限,间接造成了违法食品有市场需求、违法者有生存空间。二是消费者对安全优质食品的认知水平不高。农村消费者维权意识薄弱,在遇到问题食品时,农村消费者的投诉率比较低。三是市场经营者素质普遍不高。部分食品经营者法律意识、道德意识淡薄,唯利是图思想严重,不讲求诚信道德,不注重食品质量;部分食品经营者在进货时不认真履行法定进货查验义务,很少去注意商品的商标、厂名、厂址,甚至生产日期及合格证等内容。

四 流通领域食品安全风险产生原因分析

（一）制度性原因

《中华人民共和国食品安全法》于 2009 年 6 月 1 日已开始实施,在 2015 年、2018 年全面修订,最新版《食品安全法》涵盖了"从农田到餐桌"食品安全监管的全过程,对涉及食品安全的相关问题做出了全面规定,从机制体制上全方位构筑食品安全法律屏障,建立起一定的流通环节食品安全监管系统。但是,各地监管部门依旧周期性地曝光问题食品黑名单,在流通领域进行的食品例行检查中,不合格的食品仍源源不断地进入流通市场。尽管分段监管的管理体制进一步明确,这种监管体制的优点就是各部门责任分工明确,各自职能清晰,尽量避免交叉监管,但主要问题是在各环节交叉区域内会出现部分监管盲区,给日常监管带来一定风险。例如,在食品现场制售环节(包括蛋糕店、煮玉米、糖葫芦、煎饼、烤白薯、棉花糖、烤肉等)方面,目前质监、工商、卫生各部门仍存在职能分工不清晰的情况。

（二）管理部门原因

从政府角度来分析,政府追求的目标应该是市场稳定、价格合理、食品安全、消费者无投诉。政府相对于食品生产者、经营者并不掌握着更多信息,但它掌握着更多的市场控制权,它可以通过制定运行规则来平衡信息不对称的问题,最终实现自身目标。同时,从某种程度上来说,政府的每一个工作人员都是消费者,因此,政府从根源上来说和消费者有着共同的利益追求。同时从追求市场稳定的目标来看,政府始终是与生产、销售不安全食品的生产者、经营者利益相反的。但由于政府立法体制、法律执行体制、执法监督体制、社会监督体制等一系列体制的滞后性,或者在操作层面上,具体执行人与食品生产者、经营者达成了利益联盟,抑或是存在工作经验不足、专业技术力量不足、人力不足等管理部门原因,都会给食品安全管理带来风险。

(三) 经营者自身原因

从食品生产者角度来分析,生产者掌握着比食品经营者、消费者、政府都多的食品安全信息,这些信息包括食品的成本、成分、添加物质以及是否被污染等一系列信息,即使是食品生产者考虑到市场的信息反馈和消费者的认可度,在信息绝对化不对称的现实条件下,最大限度地降低成本、提高收益也是每一个生产者的最终选择。另外,政府监管者作为了解相关信息的唯一利害关系人,如果政府能够参与到食品生产者与经营者、消费者的信息均衡工作中,必然对食品生产者造成干预,如果政府因为种种原因不参与信息均衡工作,必然造成生产企业违法程度的逐渐加重,造成食品安全风险。因此,对于掌握更多信息的食品生产者来说,政府监管部门的行为对其违法行为的牵制最大,而食品生产者、消费者的作用相比非常微弱。

相对于食品生产者,食品经营者属于信息劣势一方。虽然食品经营者不掌握食品的成本、成分、添加物质以及是否被污染等一系列信息,但对于消费者来说,食品经营者具有信息方面的优势,其原因是食品经营者掌握食品进货单位是否正规、食品是否属于假冒伪劣、食品储存运输环节是否安全、食品销售环节是否安全等信息。同时,由于食品流通环节并非单一流通环节,大量食品经营者属于完全中间环节,也就是说,既不接触食品生产者,也不接触食品消费者,因此,食品经营者的信息均衡关系属于完全对称、均衡信息关系。

可见,流通环节是一个相对多元和复杂的信息均衡环节,层级越高的食品经营者掌握的食品安全信息越多,食品安全风险的高低必然与掌握食品安全信息的多少相关,也就是与流通领域食品经营者的层级有关。最后,食品经营者与食品生产者一样都要受到政府监管者的影响,如果政府能够主动参与食品生产者与经营者、消费者的信息均衡工作中,必然对食品经营者造成干预,如果政府因为种种原因不参与信息均衡工作,必然造成经营者违法程度的逐渐加重。不论是食品经营者还是商品经营者,盈利都是经营单位的主要目标,在社会经济利益的诱使下以及经营者素质整体偏低的现实下,要保障食品安全绝对不出现问题是不可能的。因此,经营者自身也成为流通领域食品安全产生风险的原因之一。

(四)消费者原因

从消费者角度来分析,消费者追求的目标是物美价廉,但对食品安全信息的掌握相对于食品生产经营者始终处于弱势地位,选择采取措施的消费者多数都是以失败告终,逐渐地更多持观望心态的消费者选择了"免费搭车",消费者的弱势地位逐渐加重,消费者的声音会越来越少,食品安全风险从消费者环节会日益加重。由于消费者属于信息均衡关系中最弱势的群体,必须制定相应的措施对其进行保护,同时消费者自身应该提高获取信息的意识,主动向食品安全信息不全的食品说"不"。一方面,当其合法权益受到侵害时应该对其采取适当的补偿,同时对违法生产、经营者进行震慑;另一方面,政府最大限度地避免食品安全风险。最后,消费者尤其是低端消费者应该运用手中的权利主动不去购买不合格食品和不合法经营主体销售的食品,将自身受伤害的风险降到最低。消费者的消费目的大多为物美价廉,或为选择最适合自身消费能力的产品。由于我国固定人口量和流通人口量都较大,总体消费需求和消费市场庞大,且存在大量低端消费需求,这给经营者经营低端食品提供了大量的市场,因此消费者需求也成为流通领域食品安全产生风险的原因之一。

第四节　流通领域食品风险评估模型的构建

在风险分析和风险管理的基础上对食品安全风险进行科学评价,有利于食品流通领域更好地进行食品安全监管。食品安全风险评价的方法有很多,常用的有层次分析法、主观评价法、矩阵分析法等,每种方法都有各自优点及局限性。在选择风险分析模型时,主要从实施的难易程度出发,兼顾考虑模型的适用性及可行性。但是,影响食品流通领域风险的项目多,产生风险的来源复杂、动态变化强,而且我国食品流通领域的追溯体系还不够健全,为风险分析工作造成了一定难度。

一　食品流通领域风险评估模型的选择与比较
(一) 风险评估方法介绍

食品流通领域的风险问题是一个多属性的决策问题,目前有关多属性决策问题已经具有较多的研究成果，包括线性加权综合法（SAW，WAA）、乘法（WGA）、理想点法（TOPSIS）、AHP、数据包络（DEA）、基于信息熵的多属性决策方法等，同时近些年也有许多学者提出基于神经网络、人工智能技术、粗糙集理论等的多属性决策方法。

在多属性决策方法的权重确定问题上，总结前人的研究发现，现有的权重获取方法可主要划分为三类：主观赋权法、客观赋权法和组合赋权法。

第一，主观赋权法主要是依赖于专家的知识和经验对指标赋值，常见的方法有特征值法（例如 AHP）、序相关分析法、机制迭代法等。主观赋权法的缺点就是过于依赖评价者的主观判断。

第二，客观赋权法主要是根据原始数据之间的关系通过一定的数学方法来确定权重，其结果不依赖人的主观判断，具有较强的数学理论依据。常用的客观赋权法通常包括主成分分析法、熵值法、多目标规划法等。

第三，组合赋权法则是将二者合二为一，将前两种方法得出的权数合成，具有上述两种方法的优点，既有较强的数学理论依据，又可有效地避免过多主观因素的影响，常见的组合赋权法主要有加法集成和乘法集成。主要的风险评价方法的优、缺点如表 4-2 所示。

表 4-2　　　　　　　　风险评估方法比较

方法	优点	缺点
层次分析法	能够统一处理定性与定量因素，把难以量化的评价因素两两对比再量化，层次分明，思路简单	主观性较强，多用于线性评价，不适用于评价指标过多的复杂评估模型

续表

方法	优点	缺点
网络分析法	对于复杂情况，能够较好处理具有相互依赖型的风险	权重主观性较强
OWA算子	根据管理者经验确定风险权重，通过模型对现有数据进行定量分析	各个风险之间的内部联系考虑较少
数据包络法（DEA）	客观性强，建模前需对数据进行无量纲化处理，计算方便	只能从投入产出角度来评价风险，应用范围较窄
BP人工神经网络法	定性与定量相结合，具有自学能力，较好地解决风险评价的动态和非线性问题，可消除指标间相关性造成的影响	建模难度较大，结构不宜过于简单或者复杂
模糊层次综合评价（F-AHP）	能较好地解决难以量化、模糊的问题，解决判断的模糊性和不确定性问题	无法解决评价指标之间评价信息重复的问题
风险矩阵法	为确定各项风险重要性等级提供了可视化的工具	需要对风险做出主观判断，可能影响使用的准确性

（二）风险评价方法选择

食品流通领域风险评估指标体系中的指标大多难以量化，而且这些风险因素复杂而且无规律可循，因此难以对食品流通领域的风险进行准确的评价。目前对食品流通领域风险评价的成果中，大多数都是评估其对食品流通领域的影响程度，但是没有深入分析其影响力大小。综合考虑各种评估方法，最后决定使用风险矩阵法来对食品流通领域风险进行评估。

根据上文介绍，常用的指标权重确定方法分为主观赋权法和客观赋权法。主观赋权法是一类根据评价者主观上对各项指标重视程度的判定来赋予权重的方法。层次分析法（Analytic Hierarchy Process，AHP）是主观赋权法的一种，由美国运筹学家T. L. Saaty在20世纪70年代中期提出，是一种将与决策相关的因素分解为目标、准则、方案等内容来开展定量评估与定性评估结合的决策方法，该方法具有系统、简洁、灵活等优点，能够有效地综合评价决策者的比较和判断，目前已被广泛应用在政府、企业绩效等各个领域[①]。

模糊层次评价法（F-AHP）是将模糊数学与层次分析法相结合的一种分析方法。首先依据模糊数学将难以量化的因素进行量化，并通过模糊变换原理将各个指标进行合成，通过层次分析法确定指标权重，从而对某个对象进行综合性评价[②]。此种方法能对现实社会中一些对象的风险进行评估，因此本部分利用模糊层次评价法对食品流通领域风险进行评估。

由于食品流通领域风险评估指标综合性较强，本书采用主观赋权法中的层次分析法（AHP）为主要方法，与多指标综合评价方法相结合，以此确定食品流通领域风险评估指标体系的各项权重。采用层次分析法对食品流通领域风险评估指标建立相应的层次结构模型或目标树图，对各层次指标赋予权重构建判断矩阵，能够比较客观地反映各因素对食品流通领域风险的影响程度，从而为指标体系的建立提供帮助。

二 风险矩阵法

风险矩阵法出现于20世纪90年代中后期，由美国空军电子系统中心最先提出，并在美国军方武器系统研制项目风险管理中

[①] 郭金玉、张忠彬、孙庆云：《层次分析法的研究与应用》，《中国安全科学学报》2008年第5期。

[②] 谢小梅、胡豹：《基于层次分析法的米果果小镇创意农业发展水平模糊综合评价》，《浙江农业科学》2019年第11期。

得到广泛的推广应用。风险矩阵法可将数理统计与专家经验判定相结合，使风险可视化，便于对风险进行综合定性评估（朱启超等，2003）。风险矩阵法实施的主要程序是事先通过风险指标体系的建立，通过定性分析和定量分析对风险影响的严重程度、风险发生的概率范围进行评定，将这两个参数分配到风险矩阵中，使不同的风险因素落到相应的区域，然后通过专家经验判定确定风险等级，在矩阵中使用不同颜色表示相应的风险程度，从而实现对食品安全风险的评估。食品流通风险分析模型构建流程见图4-1。

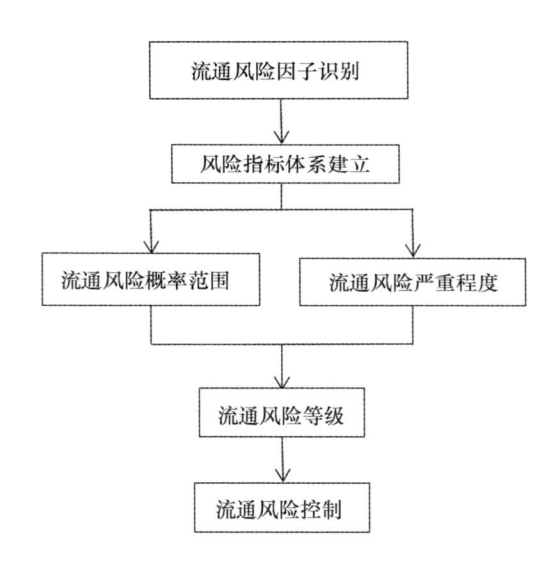

图4-1 食品流通风险分析模型构建流程

风险矩阵法模型的建立是在风险定义的基础上，建立一个横轴为风险严重程度，纵轴为风险发生概率的二维矩阵模型来确定风险值，其表达式为：

$$Z_i = F(X_i, Y_i) = X_i \cdot Y_i$$

式中：Z_i 为第 i 项指标的风险值，X_i 为第 i 项危害指标发生后对应的严重性，Y_i 为第 i 项危害指标发生的可能性。

该模型主要针对食品流通风险监测，由于食品流通风险具有动态性，在运输销售过程中受到风险因素多，风险来源渠道多、较难识别。食品安全问题发生的概率范围判定，可参考多种源的信息，政府监管中采集的数据是较为可靠的数据——监督抽查不合格率、消费者投诉率、食源性疾病发病率等。在确定风险严重程度时，需要遵循的前提是食品经出厂时的型式检验是合格的，即排除了食品生产环节的风险，只考虑食品经物流、销售到达消费者的过程，具体标准如表 4-3 所示。

表 4-3　　　　　　　　　风险严重程度

风险严重程度	具体表现
可忽略	不会产生影响和危害
微小	致人不适，经自行处理可恢复
一般	致人患病，经医院治疗短期可恢复
严重	（1）致人严重急性中毒，或致畸、致癌等严重慢性伤害； （2）致群体轻微中毒事件
关键	（1）致人死亡；（2）致群体急性中毒事件

根据以上判定准则组成专家小组，将食品安全风险评估所需的相关信息提供给各位专家，运用德尔菲法对食品流通风险项目发生的概率范围与严重程度进行至少三轮的研判，并求出各位专家研判结果的平均值，以确定风险等级，如表 4-4 所示。在流通领域中，运用该模型对不同类型食品进行风险分级，以便按照风险等级高、中、低的顺序开展食品安全监测工作，对高风险食品进行严格监控审查、专项监测、拉网式排查，对于中风险食品

进行常规监测，而对于低风险食品，可以适当减少监测频率，甚至在一定时间内免予监测。通过制定兼具针对性和灵活性的监管措施，可以有效避免对于低、中风险食品的过度监测，以及对于高风险食品监管力度不足的问题，从而有效降低监管成本，提高监管效能。

表 4-4 风险矩阵

风险概率范围/%	风险严重程度				
	可忽略	微小	一般	严重	关键
0—10	低	低	低	中	中
11—40	低	低	中	中	高
41—60	低	中	中	中	高
61—90	中	中	中	中	高
91—100	中	高	高	高	高

在对不同食品的流通风险进行分析时，首先应明确风险来源。从危害类型来看，风险来源可分为物理、生物、化学风险；从涉及环节来看，主要有源头风险、包装风险、运输贮藏风险和销售风险。根据这些风险因子，以及风险的严重程度（X_i）和风险发生的可能性（Y_i），可通过公式（1）计算对应的风险值，查表 4-2 得出不同的风险等级，从而制定兼具针对性和灵活性的监管措施，以发挥最精准、最有效的监管力量。

第五节 食品流通领域的风险控制策略

对于常见的食品流通风险，可以采取以下风险控制措施，从总体上降低风险发生的可能性，进一步提高食品在流通领域的安全性。

一 加大监管力度，完善食品流通风险管理体系

食品安全关系每个人的切身利益，完善流通领域食品安全风险管理体制机制历来是专家学者的热议问题。特别是《食品安全法》颁布以来，新的监管体制试行已三年，期间暴露出的诸多问题，更是吸引了社会大众和诸多学者的目光。综观国内外各专家学者的研究，针对流通领域食品安全风险管理的改进对策主要包含完善监管体制、优化风险管理、建立健全责任和激励机制、构建多元治理模式等。

食品在流通环节面临较多的风险隐患，单凭生产者经营自律难以达到良好的风险控制效果，故需要政府进行介入管控，加大流通市场的监管力度，消除监管盲区。为了加强流通环节食品质量和安全的检测，必须大力推行并完善现有的流通环节食品安全监管系统。经调查统计，我国中西部地区食用加工食品的比例较高，进而应该加快中西部地区流通环节食品安全监管系统的推行。在现有监管系统基础上，根据实际情况，对其完善和改良，围绕"紧抓超市管理、倒逼批发严控、规范零售环境"的思路，完善"五个平台"的建设，最终实现"社会监督、经营自律、工商监管"三位一体的食品安全工作格局。

在重大的突发疫情灾难中，政府需要统筹协调，构建更为完善的应急风险管理体系，充分发挥视频监控、质量安全追溯、大数据分析等智慧监管平台作用；梳理统计滞销产品信息，对于存在滞销风险的农产品，要深入了解生产企业、农民合作社等生产经营现状，提前摸清采收、分拣、包装、运输、销售、商业库存及政府储备等情况，做好本区域内和跨区域的产销对接。疫情背

景下，保障流通领域食品安全的大方向，应该是完善以物流企业主体规范、政府有效监管、行业高度自律有机结合的食品流通风险管理体系。具体措施是：（1）建立食品安全流通风险防控责任链，防范区域性、系统性食品流通安全风险；（2）严格管控物流公司的食品流通许可，对食品的渠道资质、供货源头、物流卫生条件等严格审核；（3）结合风险分级，抓好重点区域、重点企业、重点环节和重点产品等的风险防控、隐患排查和集中整治。

在此疫情防控的关键时期，对于流通企业应采取更为严格的食品安全监督检查，严格实行不合格食品的退市、召回、销毁、公布制度，建立以生产经营主体自律、政府监管、行业自律有机结合的流通环节食品质量安全防控体系。[1] 建立食品安全风险防控责任链，防范区域性、系统性食品安全风险，严格管控食品流通许可，抓好食品生产企业的日常监管、全面管控。同时，各地根据实际情况，合理、准确地梳理出风险点，监管部门结合风险分级抓好重点区域、重点企业、重点环节和重点产品等的风险防控、隐患排查和集中整治。[2] 在此次新冠肺炎疫情背景下，各地工商局、林业局等有关部门应积极配合，全面清查超市、串店、饭店、土特产经营等重点场所的野生动物交易与售卖，督促经营主体依法依规进行经营，降低食品流通领域的风险。

二 确保物流信息化，建立食品全程可追溯系统

当前，食品安全问题屡禁不止的一个重要原因就是问题很难追溯，尤其是在流通环节，可能造成问题的原因都是相互作用

---

[1] 钱建平、宋英卓、王姗姗等：《风险矩阵和流程分析法挖掘小麦粉加工中质量安全追溯信息》，《农业工程学报》2019年第2期。
[2] 李然、朱岩、王勇等：《风险矩阵分级模型在哈尔滨市食品安全风险评估中的建立与应用》，《现代生物医学进展》2018年第16期。

的，因此，常常出现责任不明的情况。鉴于食品流通领域的复杂性和动态性，确保物流信息化和全程可追溯化能有效降低监管难度，使食品加工流通体系规范化鉴于食品流通环节的复杂性和动态性，确保物流信息化、全程可追溯能有效降低监管难度，进一步规范食品流通安全管理体系。目前，我国只有少数的食品商家配有产品信息二维码，但通过扫描二维码只可查询到产品供应商，而产品的生产信息、冷藏储运过程中应用的标准、产品温度、出入库日期等信息无法追溯。

食品可追溯系统可以提升消费者对产品的信心和忠诚度。我国应逐步完善食品流通领域风险冷链可追溯系统，设立农产品质量安全监管机构，建立全程透明化管理系统。第一，在产品生产过程中，依靠温度及湿度传感技术，维持食品保鲜的低温环境，延长食品保鲜时间，保证产品的采收、冷库存储和商品化处理符合要求；第二，在产品运输过程中，依靠 GPS、GIS 等可视化的监控管理手段实时记录位置和温度，对货物和冷藏车运输进行全程监控记录，减少错误操作导致的损耗成本，并通过物联网平台对发现有质量安全问题的食品及时预警，以免造成对其他的食品污染；第三，在产品配送过程中，将公司配送物流信息、冷库温度监控系统、车辆运输监控系统整合，建立完善的温度记录及追踪体系，并与客户系统对接，方便客户查询系统数据。

通过信息科学技术将互联网和物联网进行结合，利用 GPS 跟踪控制系统等可视化的监控管理手段时时记录位置和温度，实现食品全程可追溯化，并通过物联网平台对发现有质量安全的食品及时处理，以免造成对其他的食品污染。在拟定食品运输保管制度时，对流通相关人员进行岗前培训，避免运输导致包装破损，从而引发安全风险问题。新兴的 RFID 自动识别技术，具有成本低廉、抗恶劣环境强、非接触识读和保密性强等特点，可以被用作食品流通环节中有效的跟踪手段，准确获取导致食品安全问题出现的具体环节和原因。再配合流通环节食品质量安全监管系统的记录，能够及时监管和改善经常造成食品安全问题的相关流通环节，实现良性监管，提高加工食品的安全和质量监控，为人们的健康生活提供保障。

三　提升冷链运输水平，优化食品冷链物流模式

冷链物流随着国家政策的扶持和发展指导，行业规模迅速扩大。在生鲜宅配等新零售模式逐渐发展壮大的趋势下，我国食品冷链物流水平亟待提高，食品智能冷链物流模式亟待进一步优化。首先，应寻求冷链运输技术突破。国家应继续投入资金大力发展冷媒技术，用超低温蓄冷剂代替干冰，着力解决全程低温运输和"最后一公里"资源匮乏的问题；积极在食品包装材料上寻求创新，通过研发使用低价、轻巧的循环保温材料等，提升冷链运输水平，提高运输安全性。其次，应优化冷链物流模式。构建覆盖主要食品产销地区的全流程冷链物流基础设施网络，将各种无线传感器与食品流通管理系统相结合，对食品的状态进行实时监测，使其处于一个低消耗、不易腐烂变质、不易被病毒细菌侵害的最佳阶段，及时对腐败污损现象进行预警；优化"生鲜生产基地＋冷链物流""食品＋冷链宅配"等物流模式，完善食品直销体系，提升社会化冷链物流服务水平，保障冷链食品的流通安全。

具体来说，冷链物流需要向"五新"迈进：一是新消费。在新零售的背景下，伴随着整体经济的发展和居民生活水平的提高，消费群体、消费理念以及消费方式等方面，进入全新阶段的

消费状态。二是新零售。今后将更有针对性地向消费者推送相应的商品信息，从而更精准高效低成本地实现销售，物流行业在新零售中发挥的作用就是完成商品的交付。三是新流通。伴随着生鲜电商等领域发展，冷链物流环节也得到了跨步式的发展机遇，但同时也对冷链物流环节提出了更高的运作要求。四是新物流。冷链物流的新基建建设，将进一步推动目前冷链物流的能力提升以及升级建设。政策性的支持，将给冷链物流注入新的发展活力。五是新技术。冷链物流已经逐渐向智能化、科技化、自动化方向转型升级，绝大多数企业都会有大笔资金投放在冷链物流技术方面，今后科技将代替人工，为冷链物流赋予更高的价值。

四 提高流通效率，创新食品流通领域结构

如何在降低流通成本的前提下，进一步降低食品在食品流通领域各环节的安全风险是当前亟须解决的问题。为了有效解决这个问题，需以物联网、大数据和云计算等为技术支撑建设数字平台，鼓励规模化单品生产和物流标准化，形成食品安全和物流标准准入机制，建设产加销、仓配售一体化的全食品流通领域体系和集仓共配体系；以数字订单驱动食品全食品流通领域体系，提升城市安全食品的供给水平和调控能力，提高保质、保量和保应急的水平。

在市场需求改变和技术进步的推动下，我国食品流通领域结构将进一步向数字化、多元化、高效率的方向不断创新。需以物联网、大数据和云计算等为技术支撑建设数字平台，鼓励规模化单品生产和物流标准化，形成食品安全和物流标准准入机制，培育发展集仓储保管、冷藏冷冻、流通加工、信息收集发布为一体

的大型区域性生鲜批发市场，建设"产加销、仓配售"一体化的全食品流通领域体系和集仓共配体系。以数字订单驱动食品流通领域结构体系，提升安全食品的供给水平和调控能力，提高食品流通过程中保质、保量和保效率的水平。另外，为将疫情以来的食品增量用户转化为存量，实现消费升级，应鼓励电商企业基于消费者数字化、交付电子化和场景聚焦化，主动适应消费者的购买行为，增强消费者的体验感。着力打造"直播带货""社区团购"等营销新模式，通过社交媒体、微信小程序等途径开通O2O、外卖等模式拓展营销渠道，实施"线下经营—线上下单—第三方配送"的居家消费模式。

五 增强消费者信任，建设企业安全信用保障体系

食品企业要维持好企业的良好形象，需要从组织管理模式和制度规范建设入手，建立包括快速检测技术体系、监管宣传举报网络体系等正规化的安全信用体系，从而提升消费者对于品牌的信任度，以利于食品企业的长远发展。此外，面对新冠肺炎疫情的冲击，食品企业更要注重安全管理，在流通源头加强产品品牌建设和标准制，降低食品安全事件发生的概率。无论是食品供应商、中间商还是销售商，都应建立诚信档案，做好食品出入记录，对于运输、销售不合法食品应进入诚信体系黑名单，采取严厉惩罚处理措施。对于第三方物流企业来说，更要建立物流信用体系，完善售后服务，提高消费者信任度和满意度。

第六节 中国应对食品流通领域风险的展望

在新冠肺炎疫情背景下，通过线上购买食品成为消费者采购

第四章
外部风险冲击下中国食品流通领域风险分析与风险控制

日常所需的重要选项,"宅生活"催生了"宅经济"的发展。在疫情防控常态化趋势下,提高食品仓储物流运输水平,保障食品在流通领域的质量安全,成为当前促进食品消费市场发展、确保国内食品安全的重要问题,对保障民生意义重大。

本章梳理了食品在流通环节的风险来源,初步构建了食品流通风险矩阵图,以区分不同等级的风险,并对食品流通风险存在的问题提出了相关措施,以减少食品在收购、运输、储存、销售等各环节出现安全风险的概率。在新冠肺炎疫情下,为应对流通环节食品安全风险,降低冷链运输过程中携带病毒的风险,应着重对流通领域的冷链运输进行有效监管。

综上所述,保障流通领域的食品安全需要政府监管与行业自律相结合,完善食品流通风险管理体系和全程可追溯体系,不断提高冷链物流技术水平,创新食品流通领域结构,进而实现食品消费市场的发展迭代,确保食品流通环节的高效性和安全性。通过对食品流通环节进行严格把控,确保将营养健康的食物安全地运送到消费者手中,满足消费者对营养安全食品更高层次的需求。

第五章　疫情冲击下中国食品销售变化与风险应对

受2020年突如其来的新冠肺炎疫情影响，各地出现交通限流现象，对我国经济、人民生活产生了极大的影响。武汉暴发疫情，无数的商店、超市、企业等全部闭店，人民宅在家中，不聚餐，不访友，各地小区均采取封闭式管理。交通管制导致配送受阻，零星营业的零售门店出现大面积抢购，缺货严重、门店拣货人手不足的一系列生态链问题接踵而至，这让食品企业销售环节压力加大，受到不同程度的不良冲击。众多中小微企业面临着成本剧增、需求骤减带来的经营风险。小微企业原本租金、员工工资已经占去成本大头，在不够明朗的经济形势下，已经是风雨飘摇，此时还要面临卖不出去的问题。尤其是对线下消费场景依赖性较强的企业，比如批发市场关闭、餐饮店无法正常开业、商超无人问津，负面影响更为明显。

在这种形势下，为减少人员流动，响应国家号召，人们无法出门购买食物等生活必需品。食品企业为了更好地销售，不得不借助互联网的便利，纷纷转而采用直播带货、线上订单、送货上门的方式进行销售。线上销售的方式，能够适应疫情防控的常态化管理，减少人员流动，防止传染病的扩散，同时，线上销售能

第五章
疫情冲击下中国食品销售变化与风险应对

够给予消费者充分的自主权，让消费者享受互联网的方便与快捷，能够最有效率地连接消费端和销售端，连接需求端和供给端。在疫情肆虐的背景下，线上销售促使盒马鲜生等主打生鲜产品的新零售企业进入飞速增长阶段，这就意味着新零售模式的开发肩负着服务万千用户的重大责任。党的十九大报告提出，"推动互联网、大数据、人工智能和实体经济深度融合"。近年来，随着互联网科技的发展以及社会各领域创新驱动，融合了生产、销售、餐饮的食品新业态正在蓬勃发展，这也对食品企业销售提出了新课题。本章主要聚焦疫情下新的销售模式——新零售，探讨疫情对新零售的影响，分析疫情背景下新零售面临的机遇和挑战，提出新零售的发展策略，旨在为应对疫情形势、促进食品销售提供研究思路。

第一节 销售模式的变化

新冠肺炎疫情对农业、食品企业的冲击巨大，多年供大于求的农产品市场销售疲软，终端预订效果减弱，年前兑现率不高。近年来粮价不稳，农户种地积极性降低，土地流转、托管和包地大户集中购种时间延缓，综合影响导致很多企业年前铺货率不高。本次新型冠状病毒感染肺炎疫情事发突然，诸多不良因素叠加到农业有限而短促的销售时间上，使得部分农业企业丧失生存的资本，面临品种滞销、库存积压、现金断流，甚至倒闭的风险。然而，对于新冠肺炎疫情冲击带来的现金流锐减、交通阻滞、开工延迟等问题，也有很多食品企业快速地做出了反应，通过主动调整企业战略有条不紊地应对疫情带来的挑战。一些品类还迎来了高速增长期，尤其是生鲜电商、方便食品等。食品行业中受突发疫情影响较大的主要集中于收入规模小且无品牌价值的企业，而收入规模较大或具备品牌价值的企业受疫情影响相对较小，具有良好的抗风险能力，[①]如双汇发展、三全食品、洽洽食品、海天味业、千禾味业、贵州茅台、五粮液等。

这次疫情对于食品销售企业来说既是一种挑战，也是一种机遇。企业应及时认识到疫情后消费者的各种变化，并采取应对消费者消费习惯的有效措施，及时更新升级企业管理营销模式，在新的消费形势下占据主动地位。只有这样，才不会受到同行业的排挤，在商业大潮中有一席之地。可以说，受这次疫情影响，无论是外在的客观环境，还是人们内在的心理需求，都发生了较多变化。一方面，消费者的购买欲会下降，外出购物相对受到限制，这不利于食品的销售；另一方面，食品销售面临新的机遇。从消费者身上暗藏的商机进行分析，在疫情及后疫情期间，为了避免与人接触，现阶段的消费者宅家较多，更多地选择线上购物且有囤货的习惯。这在一定程度上可以看出大健康食品、植物肉、方便速食、救灾食品都已经迎来发展的风口，这也为食品销售模式的发展及转变提供了新思路。在消费者主权时代的大变革时期，新零售企业面对着疫情的考验：如何快速实现食品线上销售的策略布局、如何实现线下门店库存周转、如何提高门店拣货效率以及零售货物业务配送能力等。基于此，在新冠肺炎疫情背景下，研究新零售行业的机遇、挑战与对策，具有重要的现实意义。

[①] 张春洋、应佩容：《2020年新冠肺炎疫情对企业价值的影响及启示——基于我国食品饮料行业A股上市公司》，《商场现代化》2020年第16期。

一 新零售的内涵及特征

(一) 新零售的内涵

新零售(New Retailing),即个人、企业以互联网为依托,通过运用大数据、人工智能等先进技术手段,对商品的生产、流通与销售过程进行升级改造,进而重塑业态结构与生态圈,并对线上服务、线下体验以及现代物流进行深度融合的零售新模式。单良[1]认为新零售重新构建了消费者、电商平台和生鲜产地之间的关系,利用现代互联网技术对消费者的偏好进行分析,然后制定出有针对性的营销模式,将线上与线下相结合,在为消费者提供便利的同时,也会提高顾客的购物体验,从而为企业带来更多的利润。李玉志和赵炳盛[2]指出新零售是以互联网技术为基础,聚焦于实现商品或服务的全渠道转型升级,进而实现线上、线下与现代物流技术的融合发展。杜睿云和蒋侃[3]提出零售之轮、新"零售之轮"理论是新零售的理论支撑,全渠道零售则是新零售的基石,新零售是企业以互联网为基础,运用大数据、人工智能等先进技术,对商品生产、流通与销售的全过程进行升级改造,重构业态结构与生态圈,对线上服务、线下体验以及现代物流进行深度融合的一种新模式。本部分认为新零售是将线上、线下、现代物流技术以及大数据技术四者的深度融合,重构消费者的购物方式,一方面,既能帮助消费者在较短的时间内获得

---

[1] 单良:《盒马鲜生"新零售"商业模式创新及对策建议——基于 Osterwalder 模型》,《商业经济研究》2019 年第 13 期。

[2] 李玉志、赵炳盛:《互联网金融背景下新零售行业发展战略研究》,《商业经济研究》2018 年第 24 期。

[3] 杜睿云、蒋侃:《新零售:内涵、发展动因与关键问题》,《价格理论与实践》2017 年第 2 期。

商品，快于传统的电商行业；另一方面，又能为消费者提供良好的购物体验。

(二) 新零售的特征

新零售可以在较短的时间内得到快速的发展，与其新的销售渠道、新的配送方式密不可分，这种形式不仅是线上与线下的相融合，也是供应链以及现代物流的相融合。孙昊和刘耕成[1]总结的新零售四大特征如下。

一是生态性。"新零售"的商业生态构件将涵盖网上页面、实体店面、支付终端、数据体系、物流平台、营销路径等诸多方面，并嵌入购物、娱乐、阅读、学习等多元化功能，进而推动企业线上服务、线下体验、金融支持、物流支撑四大能力的全面提升，使消费者对购物过程便利性与舒适性的要求能够得到更好满足，并由此增加用户黏性。当然，以自然生态系统思想指导而构建的商业系统必然是由主体企业与共生企业群以及消费者所共同组成的，且表现为一种联系紧密、动态平衡、互为依赖的状态。

二是无界性。企业通过对线上与线下平台、有形与无形资源进行高效整合，以"全渠道"方式清除各零售渠道间的种种壁垒，模糊经营过程中各个主体的既有界限，打破过去传统经营模式下所存在的时空边界、产品边界等现实阻隔，促成人员、资金、信息、技术、商品等的合理顺畅流动，进而实现整个商业生态链的互联与共享。

三是智慧性。各种新技术的运用为新零售的发展提供可能。一方面，随着支付宝、微信等支付手段的出现，为线上购物提供了可能；另一方面，智能分拣和无人超市等人工智能技术的应

---

[1] 孙昊、刘耕成：《新冠疫情下新零售行业发展现状、机遇及建议分析》，《上海商业》2020年第9期。

用，不仅节约了大量的人力成本，也降低了消费者的时间成本，提升了顾客的购物体验。此外，大数据的出现能够准确分析出不同消费者的需求，并推送给消费者。

四是流动性。物流，无论是在传统零售业生态构架内还是在"新零售"生态体系中，都是不可或缺的关键组成部分，在各交易主体的购、存、销等业务活动中承担着商品存储与流转的重要职能。在新零售的发展过程中，现代物流起到了关键性作用，客户从下单到收到商品通常只需要短短的三十分钟，并且是送货上门。此外，门店和供货商之间的送货时间也在大大缩减。

二 疫情下新零售模式的发展现状

突如其来的新冠肺炎疫情让很多行业均受到严重打击，尤其像餐饮、零售等聚集度高，人群密度大的行业更是面临着"倒闭""关店""巨额损失"等重大挑战。在国家"少出门，不聚会"的防控政策下，各地居民更多选择在家办公，更多地选择使用生鲜类 App 进行线上消费（如图 5-1 所示），这无疑加速了零售行业的转型。[①] 以盒马鲜生为例，新注册用户飞速增加，在多地实行封锁管制之后的一周，盒马鲜生周活跃人数急剧上升，达到 1188 万，订单数量较 2019 年同期激增 220%，北京 29 家盒马门店蔬菜每日补货量达到往日的 3 倍，甚至一度出现运力超载的现象。此外，叮咚买菜在本次疫情中快速崛起，新增用户也突破了 4 万人，新增用户幅度高达 291.4%，京东到家销售额相比 2019 年同期增长 470%，除夕至大年初六，蔬菜销售额同比 2019 年增长 510%，水果同比增长超 300%，鸡蛋增长 770%，

---

① 孙昊、刘耕成：《新冠疫情下新零售行业发展现状、机遇及建议分析》，《上海商业》2020 年第 9 期。

乳制品增长370%，水饺、馄饨等速冻食品销售额同比增长790%。但同时随着销售量的暴增，供应链也出现了不同程度的困难，但相较于传统的零售商，在这次疫情中，以盒马鲜生为代表的新零售企业表现出极大的优势，在订单量暴增下虽短期内出现紧张局面，但在一定程度上为整个行业的长远发展创造了新的机遇。

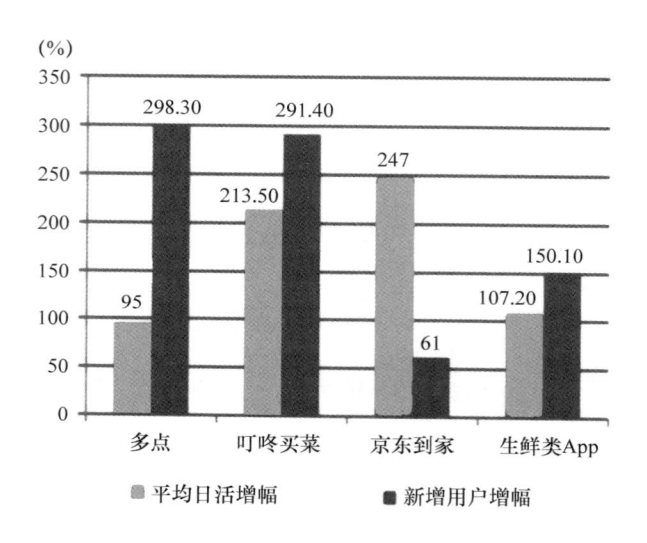

图5-1 2020年春节（1月24日至2月2日）生鲜类App平均日活与新增用户增幅

资料来源：《2020年新冠疫情下生鲜电商行业成为抗疫主力军，疫情使新零售出现新机遇》，https://www.huaon.com/story/522672.2020-03-30。笔者根据公开资料整理。

"盒马鲜生"作为具有代表性的"线上线下一体化"新零售试验点，其在疫情期间的表现尤为突出，具有以下特征。

第一，线上业务需求量大增。疫情期间，大多数居民不方便外出，而生鲜、瓜果蔬菜、禽蛋鱼肉等又是生活必需品，关乎一日三餐，因此人们对于配送到家的服务需求大大增加。①

第二，库存紧张导致供货不稳。线上订单的大量增加对于货源补给的要求也大大提高，这导致盒马的库存紧张，供货商无法按时到位，以至于种类不齐全，供货不稳定。

第三，物流配送效率降低。盒马"三十分钟配送服务"也因为疫情的影响无法得到保障。疫情期间，人员稀缺，再加上线上订单暴增，大大影响了配送效率。

第四，疫情过后面临客户黏度不稳定问题。疫情终将会过去，而疫情过后，现存的大量线上客户是否能够长期留存是包括盒马在内的所有新零售企业面临的问题。相对于仅仅提供到家服务的纯前置仓模式，盒马"线上线下一体化"的模式将更占优势。

三 新零售的三种形式

新零售是线上、线下、物流三者结合的"新零售"模式。基于互联网思维和科技，倡导线上、线下和物流三者有机结合，对现有零售业进行全面升级和改造，使商品生产流通和服务更高效。"新零售"概念中包含以下三个基本理念：第一，"线上+线下+现代物流"的完全融合，目的是更好地为消费者提供全渠道和全面化的服务；第二，新技术驱动，大数据、人工智能、云计算等新技术连接零售始终，疏通线上线下，零售效率大大提高；第三，凸显以消费者为中心的零售本质，更好地为消费者提供购物、社交与娱乐多维一体需求的综合零售业态。可以说，新零售可以分为以下三种形式。

---

① 马从青、郭凯丽：《新零售模式在疫情影响下的发展现状和发展前景——以盒马鲜生为例》，《现代商贸工业》2020年第28期。

（一）生鲜新零售

生鲜新零售，指用电子商务的手段在互联网上直接销售生鲜类产品，如新鲜水果、蔬菜、生鲜肉类等。2012 年被视为生鲜电商发展的元年，本来生活网策划执行了"褚橙"励志营销，一粒励志橙"褚橙"就此撬动了中国生鲜电商市场。随着资本介入，2013—2014 年生鲜电商获得高速发展，2017 年迎来第一轮井喷。在 2019 年，受到投资者关注的生鲜电商行业惨遭"洗牌"，多家生鲜电商倒下，生鲜新零售模式逐渐归于"平静"，生鲜电商行业发展也日趋理性。在 2020 年，此前陷入困境的生鲜电商因为疫情再次受到关注。

（二）零食新零售

在新零售的环境下，休闲零食也步入线上线下融合发展的阶段，其围绕消费者多维、高阶需求衍生的多品类、富场景、强创意，面向人群更为年轻化，强调全渠道发展。来伊份、三只松鼠、良品铺子和百草味作为休闲零食新零售行业的代表企业，在新零售的大数据、全渠道、品牌力等方面为其他企业发挥了很好的表率作用。新零售时代人、货、场关系的重构，让品牌商对于数字化和智能化的追求十分火热。而不仅仅是传统制造商热火朝天地对原有线上线下供应链进行升级改造，一些伴随天猫、淘宝等 B2C 电商平台兴起的互联网品牌商也开始顺应时势，将目光放在了消费市场。[1]

（三）便利店新零售

在新零售探索阶段，大数据、新技术和新金融三者的整合，将互联网融入线下门店销售，将实体门店作为线上销售终端，新型的

---

[1]《三只松鼠线上线下一体化布局入驻零售通》，2018 年 5 月 3 日，https://www.hishop.com.cn/hixls/show_54584.html。

便利店正一步步迈向互联网产业的又一发展阶段。7-11、Speedway、Walgreens等便利店运营商都有跟电商巨头合作，提供去储物柜和取货点的服务，这可以将更多消费者吸引到店内。国内便利店也可尝试着拓展业务模式，除售卖传统商品外，还可把握消费者本质要求，售卖水果、肉类等生鲜商品，通过合作加盟等方式，完善供应链和物流能力，完全打通线上线下，布局线上售卖、配送。中国连锁经营协会与波士顿咨询公司最近在上海联合发布的《2017中国便利店发展报告》显示，目前中国连锁品牌化便利店门店数已接近10万家，年销售额达1300亿元。①

第二节 新零售企业发展的战略生态管理理论

一 战略生态管理的内涵及组成

詹姆斯·摩尔（1993）发表了《捕食者与被捕食者：一种新的竞争生态学》，1996年出版了其专著《竞争的衰亡：商业生态系统时代的领导与战略》，提出了"商业生态系统"的概念，认为商业生态系统就是以组织和个人的相互作用为基础的经济联合体，提出企业不应把自己看作单个的企业或扩展的企业，而应把自己当作一个包括供应商、主要生产者、竞争者和其他利益相关者等在内的企业生态系统的成员，并从现代生态学的角度透视整个商业活动，用生态学新解商业运作、用系统化反思竞争的含义，认为在商业活动中共同进化是一个比竞争或合作更为重要的概念，他把商业生态系统的发展分为四个阶段：开拓、扩展、领

---

① 许丹：《新零售线上线下融合实例的调查与分析》，《现代营销》（下旬刊）2020年第10期。

导和自我更新。该理论超越了20世纪90年代以前的战略管理理论偏重竞争而忽视合作的缺陷。而欧文·拉兹洛等（Ervin Las Mo）认为在经济飞速发展的今天，竞争越来越激烈，企业面临来自自然生态环境、社会生态环境以及适应消费者变化等各种严峻挑战，为此，他们将广义进化论的思想应用于企业管理，提出"进化重构"的思想和方法。① 此外，肯·巴斯金（Ken Baskin）和理查德·L.达夫特在《组织理论与设计精要》中分别介绍了市场生态、组织生态等战略生态的相关概念。近来，张燚、张锐对战略生态学的概念、研究内容以及研究的基本原则进行了进一步的探讨。② 之后，聂锐、张燚指出面对战略环境的动荡和复杂性升级。③ 借鉴生物生态进化思想，产生了基于网络经济的新范式——战略生态管理，对战略生态的内涵及主要过程进行了研究。企业、企业战略和战略生态的关系如图5-2所示。

战略生态管理是一个系统管理，不仅包括企业自身将采取的战略，还包括对整个战略生态系统的识别、规划、实施、评价和自我更新等进化过程的管理。而战略生态系统则是由企业赖以生存、发展的外部环境或战略环境所形成的，它是企业及其利益相关者构成的集群，是一种复杂的生态系统。它涵盖的范围很广，包括了影响企业生存与发展的所有方面，诸如政治环境、经济环境、广义竞争环境、行业竞争环境、信息环境、全球环境、自然环境等。

---

① ［美］欧文·拉兹洛：《管理的新思维》，文昭译，社会科学文献出版社2001年版。

② 张燚、张锐：《战略生态学：战略理论发展的新方向》，《科学学研究》2003年第1期。

③ 聂锐、张燚：《战略管理新范式：战略生态管理》，《中国矿业大学学报》（社会科学版）2003年第3期。

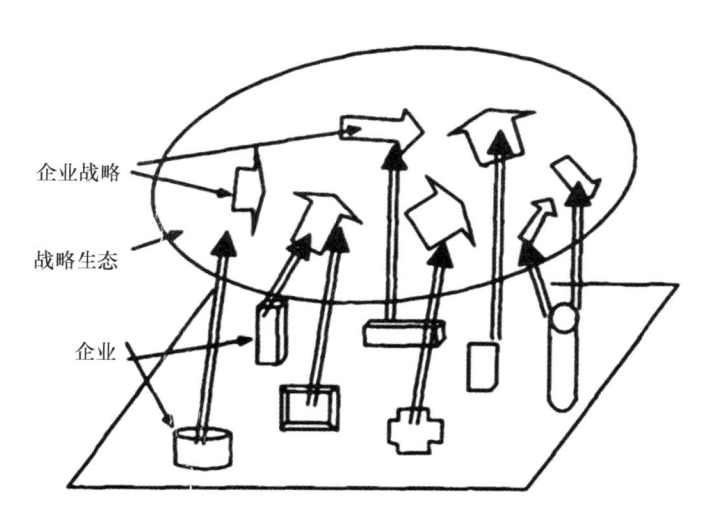

图 5-2　企业、企业战略和战略生态

相比于自然生态系统以动物、植物为中心，战略生态系统是以企业为中心。战略生态系统是人为改变了结构，改造了物流、商流和部分改变了货币流和信息流的，长期受企业经营活动影响的，以企业为中心的经济生态系统。由此可见，战略生态比原有的战略联盟、合作的范围要宽广得多，它包括了企业的一系列的关系，既有垂直关系，即与其供应商、消费者、市场中介机构的联系，还有水平的关系，即竞争对手、其他产业的企业、政府部门、高校、科研机构、利益相关者等关系。战略生态系统是社会经济生态大系统的重要组成部分，还包括核心生态系统和扩展生态系统两个部分。

战略生态系统超越传统的行业界限，它既可在常规的行业界限内茁壮成长，也可跨越常规的行业边界。企业战略生态系统与传统行业界限联系的方式与自然生物生态系统的界限经常穿越地缘政治学界限的方式相似。如许多企业都认识到自己是在一个丰富、动态的集体环境中生存，管理者的工作是寻找潜在的革新中心，通过和谐地将网络成员各自的贡献结合起来，从而给顾客和生产者们带来巨大的利益。他不仅身处竞争者和行业之中，而且还力争将无关的商业要素结合到新的经济整体中去，形成新的商业、新的竞争与合作的规则，甚至新的行业。

从生态系统的角度出发，战略生态系统可以指小的商业活动，也可指大的企业生态共同体。从小的方面看，一个个体餐厅与附近的机构和人群联结在一起，共同构成一个互惠的、彼此受益的餐厅战略生态系统，耕耘此关系网络应成为餐厅经理有意识的战略。从大的方面看，随着网络经济的发展，企业竞争的范围无限扩大，进入了一个无疆界的竞争时代。事实上，整条价值链上的供应商、顾客、中间商既是合作者也是竞争者。如果把价值链进行延伸，企业的竞争者范围将很大。竞争的本质就是价值链上所有各级企业共同争夺社会公众手中所持有的"货币"。哪个行业内的企业通过协同战略吸引更多社会公众手中的"货币"，那么这个行业（企业群落）整体获利水平和行业结构将得到极大改善。

二 战略生态的特点

战略生态管理与传统战略管理相比，主要有如下特点。

（一）战略生态的目标方面

战略生态的目标既要考虑自身利益，也要考虑生态系统的整体利益。战略生态是传统意义上在本行业内部的风险共担，旨在寻求生态协同，有利于减少整体内耗和社会资源的充分利用。它包括了从长远利益和大局考虑所创建的提供可持续盈利机会的各种新的战略生态联盟。只有通过资源和责任共享，才能维持企业可持续的盈利发展。

（二）战略生态的建设方面

战略生态建设与投资范围已超越"企业是独立、自治的实体"，它包括对核心生态系统和整个生态系统两方面的投资。为此，企业在建立核心能力，培育核心生态圈的同时，还必须瞄准广阔的机会环境，争取领导建立最有利的战略生态系统，占优势的新的生态系统可能是由延伸到几个不同行业的组织网络所构成，与相似的网络竞争，并扩展到其他行业。

（三）战略生态的战略方面

战略生态超越了在定义明确的产业中竞争的传统战略思维，强调技术、产业边界发展与战略生态系统的协同进化。由于技术和行业边界的扩展，现在很难分清楚谁是竞争者、合作者、供应商还是顾客，在某个生态系统中闻所未闻的技术可能会改变整个生态系统，因而战略生态强调生态进化和生态演替，建立与技术、环境的长期适应性。战略生态与传统战略的主要特点，如表5-1所示：

表5-1　　　　　战略生态与传统战略的主要特点

比较项目	传统战略管理与思维	战略生态管理与思维
战略制定的基本单位	行业和公司是战略制定的基本组织	战略生态系统及生态共同体是战略制定的基础组织
竞争性质与结果	你死我活、有你无我、有限的合作	协同进化，生物适应性
战略中心	企业自身利益是中心议题	生态共同体的整体利益和公司在生态系统中的竞争地位是中心议题
战略目标	经济行为的功能是公司内部管理良好并取得行业里的平均利润	经济行为的功能是公司管理构成战略生态系统中各种联盟关系

续表

比较项目	传统战略管理与思维	战略生态管理与思维
合作范围	传统合作局限在直接供应商和顾客，改进传统供应商和顾客关系，维持现存行业或国家界限	合作扩展到所有参与者，并且不断引进新的参与者协同发展的共同体
竞争范围	竞争主要存在于行业内不同公司或产品之间	竞争存在于战略生态系统之间及特殊生态系统内部领导和中心之间进行
战略管理的重点	培育核心能力，建立有利的市场地位	建立核心能力，培育核心生态系统和扩展生态系统
技术假定与演化	企业之外的技术对企业的影响微乎其微	现在各种技术时时彼此交错，在某个企业里闻所未闻的技术正改变整个产业
行业假定与边界	行业结构固定不变	许多产业正在走向整合，其边界在不断模糊，许多已经消失
竞争对手的确定	把行业内公司作为直接竞争对手	现在很难分清谁是竞争者，随着传统行业分界线逐渐模糊，许多公司发现正与许多不大可能面对的对手进行着激烈的竞争
战略的性质	静态	动态

三 战略生态管理过程

随着传统行业边界的消失，实用的竞争方法不在产品方面，而是在建立新的生态系统模式方面。战略生态管理作为一种全新的战略范式，其主要过程如下（如图 5-3 所示）。

（一）企业的资源和能力分析

这是选择合适网络节点、成功构建战略生态系统的前提，也有助于认清企业在生态系统中的位置、贡献和收益，增强企业作为网络节点的吸引力。通过企业内部资源和能力的识别和评价，

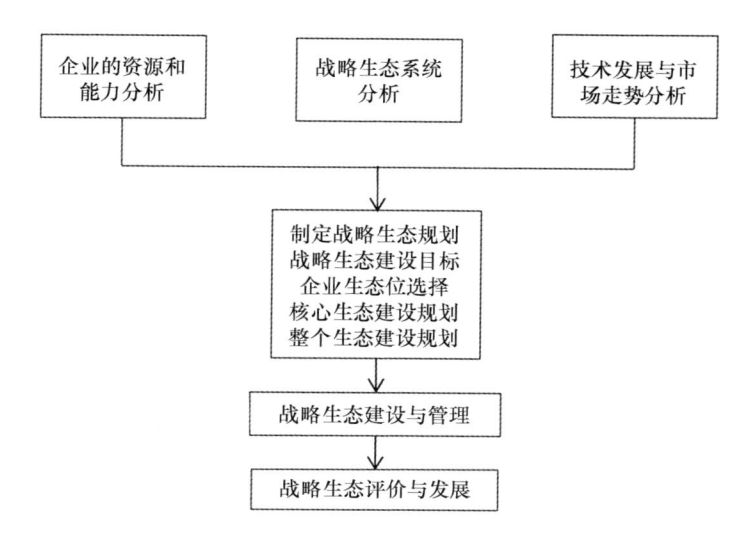

第五章
疫情冲击下中国食品销售变化与风险应对

图 5-3 战略生态管理过程

使企业在价值链的各项活动中的能力及其作用一目了然,这样既可有助于将自身的能力和资源集中于现有的企业核心能力中,也可吸引其他组织加入企业的战略生态系统中完成价值链的其他活动,实现企业内部核心能力与外部优势资源和能力的整合,产生巨大的协同效应,最大限度地发挥自身现有核心能力,同时也可明确培养新的核心能力和提升企业现有核心能力的方向,以增强企业在生态系统中的未来吸引力。

(二) 战略生态系统分析

战略生态管理模式强调生态系统资源和关系资源是企业竞争优势的来源,必须整合外部力量来培养和提升自身的核心能力,发挥自身的核心能力杠杆作用。利用战略生态系统理论,对嵌入生态系统的各种关系进行互动关系网络分析,克服传统战略仅从企业外部产业分析或从企业内部核心能力分析的缺陷。保证企业的内部能力与外部能力达到良性互动,实现企业社会价值最大化。重点应从以下几个方面着手：一是企业与生态系统内部各关系元（包括消费者、中间商、供应商、竞争对手、其他产业的企业、其他利益相关者等）之间的关系，确定各种关系作用对企业核心能力培养、保持和提升的影响程度，寻找和发现合作的机会和方向。二是核心生态系统与扩展生态系统的构成，以及竞争位势和阶段等。三是同类生态系统的数量，非同类竞争或合作生态系统的数量、存在形式等。四是分析、判断本企业身处哪个战略生态系统，在该生态系统中的生态位等。五是对战略生态系统的规模、多样性、收益性、稳定性、扩张速度、扩张潜力、生态系统构成要素质量、生态系统发展阶段以及社会效益等指标进行综合评价。

（三）技术发展和市场走势分析

由于技术发展、需求和政策变化。任何战略生态系统的建立都不可能一劳永逸，都必然要面临两个进化结果：一是生态系统逐渐不适应需求的变化，或因为技术发展使原有生态系统落后而被新发展的战略生态系统替代。二是生态系统成员，特别是系统中核心企业群进行创新，建立起生态系统未来发展所需的核心能力和核心产品，以此为基础实现自身战略生态系统的协同进化或升级，不断提高产品或服务的客户价值，实现战略生态系统的持续发展。

战略生态系统进化分析有以下几种思路：分析围绕生态系统的各种潜在的子生态系统，努力建立该子系统以巩固现有生态系统；通过建立与子生态系统的紧密联系，利用它们在邻近领域中发现新的机遇、开拓新的领地；通过发现创新价值的有些方面，努力寻找参赛者尚未占领或形成堡垒的小生态领域；通过各种资源和能力的结合，发现一些尚未认识的子生态系统。所有这些都离不开技术预见与市场走势分析。因此，要保持战略生态系统的旺盛生命力，而不至于衰退或老化，直至消失，企业必须在把握自身及生态系统资源和能力基础上，深刻分析技术发展和市场走势，建立技术预见和产业先见，把握战略生态系统进化与演化发展方向。

（四）制定战略生态规划

战略生态规划是在生态系统进化方向指导下，按照战略生态系统总体规划要求，对生态系统的生态要素（各种利益相关者群体及影响因素）的目标、程序、内容、方法、结果、实施对策全过程进行的企业战略生态综合体的规划。战略生态规划应遵循整体优化、协调共生、功能高效、趋适开拓、生态平衡等原则。

具体来讲，战略生态规划应包括以下内容：制定战略生态系统建设总目标；生态系统的核心能力定位，制订发挥现有核心能力的杠杆作用与培育新的核心能力的战略生态系统内外资源和能力的整合创新计划；发现企业构建战略生态系统的机遇、方向和潜在的合作力量，有效地制订企业和战略生态系统计划，包括新建、扩大、维持、重组，以及核心生态系统与整个生态系统建设计划；企业个体在战略生态系统中的位置（生态位）选择与企业在生态系统中要达到的目标及其战略计划；本战略生态系统与同类战略生态系统、非同类战略生态系统的竞争与合作计划。

（五）战略生态系统建设与管理

战略生态系统建设与管理就是对战略生态规划的具体实施，其目标是企业本身与整个生态系统的核心能力的不断提升和拓展，实现共同发展。而企业核心能力从本质上来说是整合生态系统内外隐性知识的集合。因此，战略生态管理过程实质就是企业如何管理好生态关系网络，实现资源和技能共享，并通过整合创新不断提升或拓展核心能力，提高企业和生态系统整体绩效。

战略生态系统是一个学习型组织，整个管理过程的关键是处理好学习、信任和网络信息管理的关系。在这一过程中，企业战略生态系统要转变成一个学习型组织，形成有效的网络学习机制；强调生态系统内食物链上各节点的互动合作，形成相互信任机制；利用现代计算机网络技术，建立战略生态管理信息系统。

（六）战略生态系统的评价与发展

战略生态系统体现了一个生态系统在市场经济环境中的生命维持及升级体系，其状况决定了这个生态系统的生命力与竞争力。战略生态系统的状况可以由生态系统的规模、多样性、收益性、稳定性、扩张速度、扩张潜力、生态系统构成要素质量、生态系统发展阶段以及社会效益等指标加以衡量。

规模是描述战略生态系统状况的重要指标，它可以由产品的覆盖范围、产品生产规模、生态系统各级成员的数量等指标加以衡量；收益性是指战略生态系统各级成员在该生态系统中的收益状况，可由生态系统近几年经济总量、利税额表示；稳定性是指战略生态系统的长期获益性、长期成长性以及抗环境干扰能力，可由核心企业的核心竞争能力表示；扩张速度是指生态系统的经济总量增长率、市场占有率、市场覆盖率的扩大速度以及利益相关者群体数量的增加速度；扩张潜力是指市场容量的大小、产品或服务的市场饱和度以及竞争强度；系统构成质量是指产品市场竞争力，核心企业实力，中间商的质量状况，供应商的实力及其经营状况，客户对生态系统中最终产品或服务价值的认同度与需求度，生态系统与政府、媒体、金融机构的关系等；生态系统的发展阶段是指生态系统在市场中的地位及市场控制能力；社会效益状况是指战略生态系统从社会角度衡量的趋势符合性、间接效益大小以及资源节约与再生性。

四 小结

战略生态管理是解决战略环境复杂性升级、适应网络经济时代的新的企业战略管理模式和思维逻辑。它超越了传统战略思维的藩篱：行业固定不变、过分关注直接竞争对手、把公司看作"独立、自治的实体"，以及仅仅考虑自身利益等方式来研究企业竞争战略。战略生态管理强调在制定和实施企业战略中充分考虑整个生态系统及成员的利益，强调瞄准广阔的机会环境，争取建立最有利的战略生态系统，占优势的新的生态系统可能是由延伸到几个不同行业的企业价值链所构成，它们将与同类或非同类战略生态系统竞争，并扩展到其他行业。

总之，在新零售时代下，战略生态管理已经成为一种全新战略管理范式。它有助于克服传统战略管理理论的缺陷，提高战略认识，指导企业选择更科学的战略行为和竞争手段；有利于企业适应网络经济发展与竞争；有利于增强企业利用新技术的弹性；有利于建立企业对战略环境的长期适应性和生态进化能力，实现企业和生态系统的可持续发展。

第三节 新零售模式的发展机遇与挑战

一 疫情影响下新零售模式的发展机遇

本次新冠肺炎疫情对新零售企业而言，是一次发展的重要转折点。如果新零售可以抓住这次机遇，那么在未来新零售将会彻底改变传统零售业的命运,甚至取代传统的零售企业。本部分认为疫情下新零售企业发展的机遇主要包括以下几点。

(一)疫情冲击下新零售成为零售业的主力军

"宅经济"是互联网和电商发展的产物,疫情成了这一经济模式发展的催化剂。在疫情持续蔓延的时间内,我国实施了非常严格的封禁政策,被迫宅家隔离的人们极大地推动了"宅经济"的发展,线下门店顾客急剧减少,还要承担例如门店租金的高额成本,可谓泥足深陷,而新零售商家因其线上线下结合的便利,在疫情期间得以大展拳脚,吸引了一批新"粉丝"。疫情以来,整个新零售商家的热度都有较大幅度的增长,疫情促使"宅经济"的发展,使新零售成为零售业的主力军。Quest Mobile 数据显示,2020 年 5 月,线上购物(包括电商、外卖)已经整体恢复到了疫情前水平,优惠比价再次快速崛起,成为增长最快的电商应用(同比增加近 2500 万),生鲜电商月活用户同比增长 21.9%,快递物流人均使用次数同比增长 31%。[①] 此外,数据统计显示,自疫情开始,生鲜到家平台的新用户留存率达到 83% 之多;这意味着,即便疫情过去,新零售因此扩大的影响力和市场份额,也会让商家吃到不少的红利。

(二)新零售成抗疫支柱,疫情为商家提供宣传渠道

疫情期间,在食品和生活用品短缺、来源有限的情况下,新零售模式展现了其线上销售和送货到家的优势,及时接续了居民们断开的物资供应线,这种"雪中送炭"给消费者留下深刻的印象。除此之外,很多新零售商家也积极承担社会责任,展现了良好的企业形象。盒马鲜生就在疫情较为严重时表示将"不打烊,

---

[①] 《Quest Mobile 2020 宅经济洞察报告》,2020 年 7 月 16 日,https://www.questmobile.com.cn/research/report-new/116。

不涨价，不停业"，这无疑给处在严重疫情肆虐和物资短缺恐慌中的群众吃了一个定心丸，在严重供不应求的情况下能做出这样的决定，对品牌的形象和口碑都有十分积极的影响。另外，盒马还积极加入了助力湖北农产品出鄂行动，利用其销售渠道和平台优势，采用线上直播的方式，帮助湖北销售小龙虾，当次直播吸引了近千万网友，并在5秒内卖光了湖北买来的600万只价值10亿元的小龙虾，可见其影响力和关注度。由于疫情很长一段时间都是全国人民最为关注的话题，新零售商家在其中做出的贡献也成了商家免费的广告，若是能趁热打铁，必然有利于疫情过后吸引和留住更多客户。

（三）疫情期间用户数量增加，线上食品销售成为新形式

在疫情期间，新零售企业的线上平台用户数量飞速增加，能否使得这些用户在疫情之后仍然继续使用平台并将其引流至线下实体门店对新零售企业来说至关重要。虽然疫情期间用户数量激增，但这些用户很可能会在疫情结束之后流失，因此在疫情期间平台应该给用户带来满意的使用体验，深入每一个环节，从选购，到下单，到配送，再到售后都要给用户好的、舒适的体验。在选购上，平台要利用大数据等现代技术，深度挖掘用户的喜好，按需推荐，为每一位消费者定制个性化推荐，从而形成用户黏性，在配送时应该在最短的时间内将商品送到消费者手中，并且要注重运送途中的保鲜，确保每一位消费者收到的产品都是新鲜的，从而让他们形成习惯，获得消费者的信赖，在选购生鲜时会自然而然地选择本平台。此外，用户满意便是最好的广告，消费者在获得愉快的购物体验后，都会愿意将产品分享出去，从而吸引更多的用户前来购买。由于新零售主打线上与线下的深度融合，在疫情期间消费者更多的是选择使用线上平台来下单，在疫情过后，应该将线上消费者引流至

线下,让线下门店与线上平台具备差异性,如果线上与线下是完全一样的,那么消费者很难愿意转至线下。

(四) 新的商业模式发展迅速,物流配送技术不断探索研发

疫情暴发为新零售模式更迭创造条件。疫情暴发导致突如其来的需求爆发式增长,加速各个环节迭代模式。各平台的招聘共享员工,召唤离职员工返岗,高薪聘兼职以补足门店和配送方的人力缺口;家乐福、物美、扑扑等大平台在补货方面升级为供应商直采直销,加快库存周转和降低利润;集结各平台配送团队联盟,合理调配,平衡配送行业市场。在此次疫情中,无接触式配送开始兴起,疫情引发的这种需求,在未来会成为一种新的商业模式,再一次对新零售行业做出改变。目前国内生鲜行业已经发展到成熟阶段,人们线上买菜消费习惯正逐步养成,尤其是"80后""90后"更是消费的主力军,随着社会的变迁,现阶段的物流配送模式必然会被彻底颠覆。在配送时采用机器人或者是无人机配送方式,会大大提高配送效率,能够更快、更准确地将商品送至目的地,同时也可以大大降低人力成本。

(五) 新零售消费模式迎来政策风口

自新冠肺炎疫情以来,我国宏观经济受到较大幅度的影响,政府出台一系列的政策来促进经济发展,其中就包括政府的短期财政政策,这也为新零售带来了机遇[①]。包括北、上、广、深在内的众多城市,都采用发放消费券的方式来促进消费,而政府发放这些消费券都是与线上平台进行合作的,这在一定程度上也会给新零售企业带来机遇,借助消费券的契机,新零售企业应该要提升服务水平,争取到潜在的用户群体。

---

① 孙昊、刘耕成:《新冠疫情下新零售行业发展现状、机遇及建议分析》,《上海商业》2020 年第 9 期。

二 疫情形势严峻背景下新零售模式面临的挑战

（一）疫情形势严峻背景下新零售的应对能力亟待提高

疫情升级，线下零售社区商超大量囤货，小商户每天多次补货，销售几十倍增长。由于疫情程度逐渐增加，小商户缺乏完善供应链体系，社区居民隔离封禁，社区门店无奈闭店，用户由线下转向线上，新零售业务爆发式增长。[1] 疫情暴发导致新零售企业应对不足。春节对新零售而言是"淡季"，但随着疫情的严峻转变为销售"旺季"，从以口罩、消毒水等防疫品转向对民生类商品的需求。原来促销预估、补货筹备、库存周转周期，甚至线下拣货、配送人手安排计划全部被疫情严峻形势打乱。基于各大平台每天库存的最大阈值和人手最大产能安排实施订单上限限购与约购的固定数量，约满为止。以盒马万家汇门店在疫情期间线上单量在凌晨3—5分钟约满；叮咚买菜、每日优鲜、扑扑、永辉便利生活也大面积售罄，如此爆发式的增长导致新零售准备不足。疫情暴发式增长推动个体社区业态崛起，机会点的爆发推动小型社区团购业态崛起，体现于业主微信群在线沟通和下单以及个体商户的集中采购，并分批派发到用户家门口或者简易的阳台吊篮传送商品等特殊操作，解决用户实际困难[2]。综上所述，提高新零售企业的应对疫情冲击能力，有利于更好地把握疫情过后的持续化发展的机会。

（二）零售行业稳固的生态体系亟须建立

建立零售行业稳固的生态体系能够凸显新零售的价值。此次

---

[1] 王宝义：《我国"新零售"实践回顾与展望——基于上半场"需求端"与下半场"供给端"转型期视角》，《中国流通经济》2019年第3期。
[2] 张慧珍：《新零售发展模式探究——以盒马鲜生为例》，《广西质量监督导报》2020年第10期。

疫情对新零售企业进行了地毯式"洗牌",由于供应链断裂造成中小型零售企业倒闭,加速大型新零售巨头企业整合生态资源,造成"强者更强,弱者更弱"的局面①。小型新零售存在供应链断裂的风险,由于缺乏完整的生态体系以及大量现金流,员工收入及时高效补货难以保障,导致地方新零售遭受其害,大量负面新闻导致供应链断裂甚至面临重组风险。新零售企业除在后端履约存在缺货问题外,还存在着拣货人员和配送人员不足的问题。疫情期间的零售商后端履约价值无限放大,重点关注配送团队效率,实现包骑手向驻店专送骑手升级,其中美团、点我达商业化规模联盟,联合力量集中消化大规模订单。疫情暴发,导致骑手运费补贴大幅提升,由春节前平均每天赚到 200—300 元到疫情期间每天赚到 500—600 元的收入,加速了整个行业的发展。

(三)疫情形势严峻背景下倒逼传统零售商转型发展

疫情的暴发促进了消费者从线下转向线上购物,这对零售商既是机遇又是挑战,挑战成功则可顺利实现企业转型,挑战失败则会直接被淘汰出局②,这对传统零售商实现前端销售数字化提出了要求。疫情暴发前,传统零售商出货渠道和上下游供应链经过打磨,状态为稳定且固化。疫情暴发后,原来依靠渠道平台做产品分发,现在则要实现前端业务数字化改革,实现自有体系商城和进出货数字化管理;同时接入联动 KOL 做直播、短视频带货等新型销售方式,使得消毒水、体温计同比 800% 以上的爆发式增长。疫情冲击下,急需传统零售商实现后端供应链体系改革。我国农业上游的产能在全球而言都是充沛的,但缺点在于中

---

① 王正沛、李国鑫:《消费体验视角下新零售演化发展逻辑研究》,《管理学报》2019 年第 3 期。
② 陈国元、徐孝勇:《从全渠道到无人零售:新零售智能化发展探讨》,《商业经济研究》2019 年第 6 期。

下游太过于分散,疫情暴发后,大多数城市都关闭农贸市场,阻隔了很多散点供货,与此同时,让大型的零售巨头能更好地向上游供应商直采直销,免去多余中间商环节,提高库存周转效率。很大程度上推动了传统零售业建立直采直销的持续化合作模式。

(四)零售业内竞争加剧,疫情结束传统零售或将大幅反弹

疫情中线上零售需求的急剧增加,使原有的新零售电商开始扩大规模,也迫使传统零售商家开始变革,新零售商家在占领先机的同时,也会面临更大的竞争和挑战。疫情期间各大新零售企业的订单都有所增加,业内竞争加剧。以盒马鲜生为例,能对它造成威胁的竞争对手有很多,像"城市分选中心+社区配送中心"的物流体系完整的每日优鲜、精通外卖配送的美团小象生鲜、主打生鲜海产的京东7FRESH、没有起送费和配送费的叮咚买菜等,疫情期间,这些商家无一例外都有订单上的大幅增加。许多以传统营销模式为主的大型商场在疫情期间也开启了生鲜配送的业务,另有一些微商也开始以小区为单位进行线上的售卖和配送,这些商家必然会抢占市场份额和客户,使竞争越来越激烈。另外,新零售商家目前的优势很大程度上受到了疫情的影响,但疫情过后许多习惯了眼见为实的消费者还是会回到传统的商场菜市场,这必然会导致线下商店的营业额的大反弹。所以,如何留住客户是新零售商家需要仔细研讨的问题。

(五)物流配送急需完善,改进成本高

我国交通运输部统计的数据显示,我国冷链物流运输环节断链现象十分严重,生鲜食品的腐损率达到20%,损失1000多亿元物流成本,主要原因是配套设施差、容量小、运输距离长。面对大量订单时运输效率低下。疫情期间盒马订单量猛增,再加上

受"封城封路"影响交通不便、"用工荒"等问题，产品缺货严重、客户排长队的情况屡见不鲜，盒马做出了很多努力也只从"秒抢"改变成"时抢"。面向客户的物流终端，盒马只能满足三公里内的迅速配送，而超过范围的用户也在不断增长，已有的供应链显然已经不足以满足需求。但要解决配送的问题，增开门店、就近取材就近销售，是比较直接的方案，然而盒马开一家分店的成本大概需要3000万元，一家门店的回报周期又相对较长，因此追求门店的高覆盖率来解决问题必然也面临着较高的风险。由此可见，怎样能建立较为完善的供应链以在保证质量的前提下负荷更多的订单需求，将是新零售商家要持续关注的重点之一。

第四节　新零售模式下的食品流通安全

受此次新冠肺炎疫情影响，线上购买食品成为消费者的重要选项，而国内却出现多起食品冷冻运输环节污染和食品外包装检测出病毒的情况，给当前国内防疫带来严峻挑战。自2015年实施的《食品安全法》中，针对防止食品环境与食品相关产品（例如外包装）污染的相关制度进行了完善，加大了对仓储保管运输环节的食品安全监管，然而与生产经营环节的重拳出击相比，流通环节监管始终在实践中相对薄弱，并且与食品、食品添加剂的监管相比，以外包装为代表的食品相关产品安全监管也容易受到忽视。因此，在疫情防控常态化趋势下，提高食品仓储物流运输水平，保障食品的流通安全，成为当前促进食品发展、确保国内食品安全的重要问题，对保障民生、恢复经济社会秩序意义重大。

第五章
疫情冲击下中国食品销售变化与风险应对

一 新零售模式下保障食品流通安全的必要性（以生鲜电商为例）

（一）保障生鲜电商食品流通安全是保障国内食品供应的基础

生鲜食品富含各种维生素、矿物质等营养成分，是百姓每天最基本的民生需求。在新冠肺炎疫情冲击下，多地出现因封闭隔离而导致生鲜农产品流通难的现象，使得生鲜食品供应链出现部分断裂，国内生鲜食品供需脱节，直接威胁国内对果蔬、水产等生鲜食品的基本供应。在后疫情背景下，生鲜食品的电商模式既能突破地域的限制，确保新鲜食品运送到全国各地，又能减少人群接触，降低疫情传染概率，生鲜电商的优势逐渐显露出来。与此同时，生鲜电商食品在流通过程中的安全性直接关系着国内食品供应的数量和质量，紧密影响着消费者健康。因此，保障生鲜电商食品流通安全，是保障国内食品稳定、安全供应的基础，是打好疫情防控阻击战的重要任务，也是稳定人心、维护社会大局稳定的首要举措。

（二）保障生鲜电商食品流通安全是食品风险管理的重点

生鲜电商食品一般通过线上订单进行配送，由货源地向目的地流动，涉及仓储、运输、分销和零售等多个环节，各个环节都可能出现食品安全问题，因而生鲜电商食品流通风险来源复杂，监管难度较大[1]。生鲜电商食品流通风险具体包括包装风险、运输风险、仓储风险和配送风险四大风险来源：一是包装风险，主要存在包装材质不合格、容器交叉污染、包装磨损污染等风险；二是运输风险，包括装卸操作不当、装载方式不合理、物

---

[1] 谭新明：《新零售背景下生鲜农产品供应链风险预警实证研究》，《时代经贸》2020年第29期。

流环境不合格等风险；三是仓储风险，仓储环境不达标容易使生鲜食品中的致病菌大量繁殖，造成生鲜食品腐败变质；四是配送风险，配送过程操作不当也会造成生鲜食品污损或腐败。从风险管理的角度来看，生鲜电商食品流通环节较多且具有动态性，更容易出现食品安全问题，产生生鲜电商运营风险，因而是食品安全风险控制的重要一环。保障生鲜电商食品流通安全尤为重要，只有降低生鲜电商食品物流风险，保障国内食品安全，才能有效促进我国生鲜食品电子商务的发展，提高市场经济运行效率。

（三）保障生鲜电商食品流通安全是扶贫助农的关键

2020年上半年，习近平总书记在陕西省视察脱贫攻坚工作情况时表示，电子商务作为新兴业态，帮助销售农产品，推动乡村振兴，大有可为。① 近年来，"直播+电商"等网购新形式风生水起，产品范围扩展到农产品。② 为解决新冠肺炎疫情期间多地出现的蔬果、水产等生鲜食品的滞销，生鲜电商平台成为拓宽销售渠道、促进农产品流通的重要抓手。发展农村电商是扶贫助农的重要形式，是推进乡村振兴的新动力。借助网店运营、直播带货等低成本营销方式，可以突破物流、信息流的"瓶颈"，将深山里的土特产送往普通百姓餐桌。电商扶贫实质上是以市场化的方式实现社会资源最大范围和最大限度的整合，这就改变了传统扶贫主要依靠单一主体的"输血式"扶贫模式，而是以搭建平台、开拓市场、引导消费等方式实现可持续的"造血式"扶贫。在电商扶贫的过程中，保障生鲜电商食品的流通安全对于农货出

---

① 转引自邓林《关于发展农村电商的几点思考》，《江苏政协》2020年第8期。
② 仇志伟、官品霄、吴燕燕、高溢：《精准扶贫背景下农村电子商务可持续性研究》，《商展经济》2020年第9期。

山、农民脱贫十分重要,这能够减少果农、菜农的损失,切实提高农产品销量,帮助贫困农户增收脱贫,是电商扶贫的重要基础。可以说,只有保障生鲜电商食品的流通安全,才能打通农产品流通的产业链条,确保农货出山,保障产品质量安全,是农民脱贫、乡村振兴的关键所在。

(四)保障生鲜电商食品流通安全是互联网新技术应用的示范

生鲜食品具有易腐烂、保质期短、品控难等问题,对生鲜电商企业的供应链建设、物流技术有着较高的要求。由于缺乏配套的生产物流配送体系,在流通过程中生鲜农产品的损耗率为5%—8%,而其运输成本却高达20%以上[1]。借助互联网和物联网技术,能够确保生鲜电商IT系统的正常运行,保障电商业务和生鲜食品物流运输等业务的有效开展;还能降低冷链物流配送成本,将用户购买生鲜食品的价格维持在可接受范围内,提高供应链效率;同时,可实现生鲜电商食品在流通全过程的冷链运输和安全监控,完善生鲜电商上、中、下游联合协同,构建食品流通安全监控管理体系,保证整个流通过程的安全、高效、透明。人工智能、大数据、物联网等现代网络技术的应用,能够有效降低生鲜电商食品的损耗,为保障流通过程中的生鲜电商食品的质量安全提供了技术支持,是互联网新技术应用的成功示范。

二 新零售模式下保障食品安全的具体措施(以生鲜电商为例)

(一)完善生鲜电商食品流通风险管理体系

生鲜电商食品在流通环节面临较多的风险隐患,单凭生产者

---

[1] 陈祢、陈长彬、陶安:《物联网技术在生鲜农产品冷链物流中的应用研究》,《价值工程》2020年第20期。

经营自律难以达到良好的风险控制效果，故需要政府进行介入管控，加大流通市场的监管力度，消除监管盲区。在重大的突发疫情灾难中，需要政府统筹协调，构建更为完善的应急风险管理体系，充分发挥视频监控、质量安全追溯、大数据分析等智慧监管平台作用。梳理统计滞销产品信息，对于存在滞销风险的农产品，要深入了解生产企业、农民合作社等生产经营现状，提前摸清采收、分拣、包装、运输、销售、商业库存及政府储备等情况，做好本区域内和跨区域的产销对接。疫情背景下，保障生鲜电商食品流通安全的大方向应该是完善以物流企业主体规范、政府有效监管、行业高度自律有机结合的生鲜电商食品流通风险管理体系。建立食品安全流通风险防控责任链，防范区域性、系统性食品流通安全风险，严格管控物流公司的食品流通许可，对生鲜电商渠道的资质、供货源头、物流卫生条件等严格审核，结合风险分级抓好重点区域、重点企业、重点环节和重点产品等的风险防控、隐患排查和集中整治。

（二）建立生鲜电商食品全程可追溯系统

由于生鲜电商食品流通领域的复杂性和动态性，确保物流信息化、全程可追溯化能有效降低监管难度，进一步规范生鲜电商食品流通安全管理体系[1]。目前，我国只有少数的生鲜食品商家配有产品信息二维码，但扫描二维码只可查询到产品供应商，而产品的生产信息、冷藏储运过程中应用的标准、产品温度、出入库日期等信息无法追溯。生鲜电商食品可追溯系统可以提升消费者对产品的信心和忠诚度。我国应逐步完善生鲜农产品冷链可追溯系统，建立全程透明化管理系统，设立农产品质量安全监管机

---

[1] 张睿：《基于质量管理保障体系与可追溯系统的生鲜食品电商发展策略研究》，《商业经济研究》2017 年第 3 期。

构，建立生鲜电商食品全程可追溯系统。

第一，产品生产过程中，依靠温度及湿度传感技术，维持生鲜食品保鲜的低温环境，延长食品保鲜时间，保证产品的采收、冷库存储和商品化处理符合要求；第二，流通过程中，依靠GPS、GIS等可视化的监控管理手段时时记录位置和温度，对货物和冷藏车运输进行全程监控记录，减少错误操作导致的损耗成本，并通过物联网平台对发现有质量安全的食品及时处理，以免造成对其他的食品污染；[1] 第三，将公司商流信息、冷库温度监控系统、车辆运输监控系统整合，建立完善的温度记录及追踪体系，并与客户系统对接，方便客户查询系统数据。

（三）优化生鲜电商食品冷链物流模式

冷链物流随着国家政策的扶持和发展指导，行业规模迅速扩大。在生鲜宅配等新零售模式逐渐发展壮大的趋势下，我国生鲜电商食品冷链物流水平亟待提高，生鲜电商食品智能冷链物流模式亟待进一步优化[2]。

首先，应寻求冷链运输技术突破。国家应继续投入资金大力发展冷媒技术，用超低温蓄冷剂代替干冰，着力解决全程低温运输和"最后一公里"资源匮乏的问题；积极在生鲜电商食品包装材料上寻求创新，通过研发使用低价、轻巧的循环保温材料等，提升冷链运输水平，提高运输安全性。其次，应优化冷链物流模式。构建覆盖主要生鲜食品产销地区的全流程冷链物流基础设施网络[3]，将各种无线传感器与食品流通管理系统相结合，对生鲜

---

[1] 陈祢、陈长彬、陶安：《物联网技术在生鲜农产品冷链物流中的应用研究》，《价值工程》2020年第20期。

[2] 郝齐琪、汤明月、梁思凡：《生鲜农产品电商行业冷链物流网络发展的研究》，《中国集体经济》2020年第4期。

[3] 魏祎：《我国农产品冷链物流发展策略》，《现代营销》（下旬刊）2019年第11期。

食品的状态进行实时监测，使其处于一个低消耗、不易腐烂变质、不易被病毒细菌侵害的最佳阶段，及时对腐败污损现象进行预警；优化"生鲜生产基地+冷链物流""生鲜电商+冷链宅配"等物流模式，完善生鲜电商食品直销体系，提升社会化冷链物流服务水平，保障冷链食品的流通安全。

（四）创新生鲜电商食品供应链结构

在市场需求改变和技术进步的推动下，我国生鲜电商食品供应链结构将进一步向数字化、多元化、高效率的方向不断创新。需以物联网、大数据和云计算等为技术支撑建设数字平台[①]，鼓励规模化单品生产和物流标准化，形成食品安全和物流标准准入机制，培育发展集仓储保管、冷藏冷冻、流通加工、信息收集发布为一体的大型区域性生鲜批发市场，建设产加销、仓配售一体化的全供应链体系和集仓共配体系，以数字订单驱动食品供应链结构体系，提升安全食品的供给水平和调控能力，提高生鲜电商食品流通过程中保质、保量和保效率的水平。另外，为将疫情以来的生鲜电商增量用户转化为存量，实现消费升级，应鼓励电商企业基于消费者数字化、交付电子化和场景聚焦化，主动适应消费者的购买行为，增强消费者的体验感。着力打造"直播带货""社区团购"等营销新模式，通过社交媒体、微信小程序等途径开通O2O、外卖等模式拓展营销渠道，实施"线下经营—线上下单—第三方配送"的居家消费模式。总之，生鲜电商企业需要重塑业务模式、结构和文化，使食品流通过程更加高效、安全，不断创新生鲜电商食品供应链结构，通过向数字业务转移，提高数字化竞争力，最终实现商业转型升级。

---

① 田静、孟凡婷：《物联网技术应用到生鲜农产品物流运输》，《物联网技术》2020年第2期。

第五节　新零售的发展策略研究

疫情背景下，新零售迎来发展的机遇期，如何把握好时代的发展趋势、实现企业销售模式更迭升级，成为新零售企业必须思考的问题。做好新零售的战略生态管理，发展配送到家业务，实施线上销售策略是积极应对疫情防控工作必须承担的企业社会责任。

一　把握消费需求端，分析用户数据

发展新零售必须从需求端着手，加强前端销售策略的制定，实现商品结构化重组，发展供应链数字化，保证线下新型业务线的快速落地[①]，从而在商业生态系统中发挥出企业的独特优势。

（一）对市场精准细分

针对不同的消费需求和消费群体进行精准的市场细分，从而构建出不同的营销策略和商业体系。盒马鲜生在这方面做出的努力就很有借鉴意义，它根据消费水平、消费规模和商圈特征，建立了七种不同的业态：市内的盒马鲜生，选址更灵活的盒马mini，散装菜式化的盒马菜市，适合公司白领群体的盒马F2，满足快速购物的盒马pick'n go和满足在家场景下综合需求的社区型购物中心——盒马里岁宝。这其中业态将市场和客户进行细分，根据不同的需求在不同的地理位置建立不同的门店，最大限度地扩大目标客户范围、提高客户满意度。但是，疫情期间，盒马的平均客单价从以前的80—90元，下降到了近40元，在物资缺乏的时

---

① 王强、刘玉奇：《新零售引领的数字化转型与全产业链升级研究——基于多案例的数字化实践》，《商业经济研究》2019年第18期。

期，盒马也应减少高价产品，增加较为家常的蔬菜肉类，及时根据消费者的需求即时调整。

（二）对用户精准施策

参考ARGO模型，这个模型主要用于用户数据的分析和处理，是由Acquisition（获客转化），介绍产品的价值、定义目标群体，从而引导客户Acquisition（发现产品）、Retention（活客黏客）、Growth（创造价值）、Opentech（开放技术）组成①。

（三）打通线上线下一体化

如今很多消费者仍然中意线下商场菜市场的主要原因还是线下门店能看得见实物，消费者更放心；而新零售商家也屡屡陷入生鲜质量问题的风波，盒马就曾因为"烂苹果榨汁""死鱼当活鱼卖"等事件遭到质疑，因此，要想让客户买得放心、用得舒心，还要将线上线下更好地结合起来，让用户能监测到产品的质量，消除他们的顾虑。

二 构建完善的供应链系统，向集成化、数字化、智能化方向发展

在新冠肺炎疫情下，由于生鲜电商各平台订单量的暴增，也对其供应链产生较大的影响，在需求较大的时段，甚至出现了供应不足的情形，因此，生鲜企业应该加强对供应链的建设，加强与上游供货商的合作，减少中间的流通环节，环节越多，越容易造成供需不匹配，产品浪费严重，价格波动加大的情形，此外，仓库与实体店应该同步以保障货源的充足。

首先，一个完整的供应链应是集合了供应商、生鲜电商本身

---

① 《解读用户运营新模型"ARGO"》，2020年4月10日，http://www.woshipm.com/operate/3678717.html。

和消费者为一体的,集成化程度越高,越能节省成本,物流配送的效率也越高。在供应端要选择就近的农产品基地或品牌供应商,并与之建立密切的联系,保证供货源头不出问题,在需求端要尽量"离用户更近",便利消费者。疫情一出,城市中许多居民拿钱也买不到新鲜的水果、蔬菜,而有些果农、菜农的果蔬却烂在地里也没人买,生鲜电商就可以抓住这个机遇,进行村淘,打通产品源头到消费者的物流链。

其次,在互联网飞速发展的大数据时代,数字化和智能化也是加速供应链周转的关键。尤其是生鲜电商这样销售保质期较短的产品,要时刻关注来自消费者和供应商的数据,调节需求和供给,节省物流和库存成本。为方便数据收集和更加及时地对不同情况做出反应,商家可以利用智能补货模型,实时监测数据,及时制订计划,精准配给商品,减少库存压力;还可以建立智能柜,节省配送时间、方便用户取货;在线下门店内也可以安装自动结账机,减少人工成本,缓解排队拥堵。

三 借助互联网技术增加销售渠道,扩大品牌知名度和用户参与度

第45次《中国互联网络发展状况统计报告》显示,我国网民规模为9.04亿,互联网普及率达64.5%。[1] 可见如今互联网已经渗透进大多数人们的生活,对于商家来说,也是一个很好的推广产品的渠道。近几年新兴的直播带货十分火爆,拿淘宝直播来说,2019年淘宝直播带货成交额超过2000亿元,占总成交额的

---

[1] 《第45次〈中国互联网络发展状况统计报告〉》,2020年4月28日,http://www.cac.gov.cn/2020-04/27/c_1589535470378587.htm。

3%—4%，这将是销售行业未来的一个发展方向。除此之外，像微博这样的社交平台也是很好的产品推广平台，盒马的官方微博账号就拥有70多万粉丝，在这里发布产品相关资讯并与网友们互动，很有利于提高消费者参与度和品牌的知名度，也能及时收集反馈信息并对产品和销售做出改变。同时通过对整条供应链的信息化管理，将供应链信息整合，从而实现对线上线下产品供应情况的实时记录，并根据所得到的数据信息精准掌握市场的动向然后为下期销售制定营销策略。[1] 根据客户群体的定位制定特定的营销策划，并使各企业在行业内的品牌及信誉等资源得以充分利用，促进线上线下的高度融合，为顾客提供个性化、体验式的消费。

四 创新升级物流技术，完善冷链物流体系

自生鲜企业出现以来，众多的平台都致力于对物流体系的创新，物流体系是新零售企业中极为重要的一个环节，由于生鲜本身的易变质的特点，对运输具有极高的要求，因此物流体系对生鲜行业来说更是极为重要，如果在运输途中出现变质等问题，对企业来说会发生较大的亏损，而往往这些成本最终也会归于消费者。就目前来说，我国的冷链物流技术仍存在一定的问题，因此要不断创新冷链物流技术，进行研发，从而大大降低损失，进而使生鲜产品的售价降低，消费者以较低的价格获得更好的产品，自然而然，会吸引更多的消费者进行购买。

此外，较多的生鲜平台是拥有自己的配送团队的，但规模并没有很大。例如在疫情期间，盒马鲜生与包括蜀大侠在内的21

---

[1] 朱彩虹：《新零售模式下农产品供应链整合机理研究》，《中国商论》2021年第2期。

家餐饮企业进行合作,组建临时团队进行配送。盒马鲜生虽然有自建的冷链物流体系,但是需要投入大量的资金,也会因为各种原因使其达不到物流配送的要求,无法顺应市场的转变。虽然生鲜电商可以直接将配送环节外包给第三方,但是这样就无法监控配送环节并保障商品质量。[1] 所以,企业需要将自建物流体系和第三方物流有机结合,这样既可以实时监控整个流程,又可以确保生鲜商品质量,实现资源的高度整合并提高资源的利用率。

五 注重潜在竞争者的威胁,差异化营销

疫情中众多的社区超市也通过小程序等方式为消费者提供线上下单途径,将线上与线下相结合,相比于生鲜平台,这些社区超市具有一定的优势。由于社区超市就位于小区中,消费者在下单后可以用更快的速度获得商品,并不需要太强的物流技术,通过超市销售方与消费者的沟通,有利于构建双方相互信任的纽带,能够在社区服务范围内树立典型消费者,扩大产品在社区内的影响力。

在新零售的战略生态系统中存在众多潜在竞争者,新零售企业具有更大的压力,在疫情防控常态化的形势下,新零售企业都应紧密与国情、民情相结合,同时不断借鉴国外成功营销的案例,挖掘自己独特的优势,进行差异化营销。在新零售的时代,通过对国际便利店先进的品牌经验和运营策略的学习,并根据自身主客观情况进行升级改造,国内的便利店才能顺应不断转变需求的市场实现可持续性发展。便利店是可满足多种即时性需求的,但是这种需求各有侧重点,根据商圈、城市和品牌不同等表

---

[1] 许丹:《新零售线上线下融合实例的调查与分析》,《现代营销》(下旬刊)2020年第10期。

现各不相同。所以针对不同的便利店需要有不同的营销管理理念，实现差异化营销。

六 提升电商意识，拓宽销售渠道

由于历史原因，我国农业从业者受小农意识影响，习惯于传统销售模式，缺乏电商意识，难以提高农产品附加值，遇到新冠肺炎疫情，传统销售渠道出现问题，农产品就大量滞销。目前生鲜行业尤其是蔬菜品类在生产环节极度分散，有些甚至在偏远的贫困山区，且供应链链条非常长。处于链条最底端的是生产环节的果农、菜农、养殖户等，在此次疫情中，受冲击最大的就是分散在农村的小型种养户。生鲜电商为农产品待销滞销开辟了新渠道，但它的良性发展不仅是电商平台销售端的事情，更需要生产端农户的全面参与。因此，广大农户、农企要有创新意识，抛开传统的以务农为主的工作内容，拓宽眼界，努力将自己打造成"新农人""新农企"，有意识地学习电商运营知识与技巧，充分利用手机等"新农具"及现代化科技手段增值创收。选择适合渠道。如今，电商渠道五花八门，每种渠道都有不同的门槛。因此，选择电商前要了解、熟悉各大电子商务平台和各种微商，这样可以帮助农户和农企根据农产品的特点选择适合自家产品的销售平台。如果是数量较大、标准化、大众化的农产品，选择大平台较适合；如果是那些数量少、个性化的农产品则可以选择微商、社区团购等渠道；如果有特色的人设或资源，也可以自行开通直播实现销售。当然，每一种渠道都有其优、缺点，农户和农企亦可根据情况选择组合型销售渠道。

七 积极应对风险冲击，不断发展升级新零售模式

具体来看，作为食品产业链尤为重要的销售端，食品零售商

应积极应对新冠肺炎疫情的形势变化,抓住发展机会,进一步促进新零售的发展与更迭,对于零售商主要可以从以下几个视角进行完善和突破。

(一)制定以改善商品结构,提高民生商品上架率的前端销售策略

零售商展现出卓越的产业链管理水平,就能获得更大的市场占有率。为此首先优化品类结构,提高生鲜米面粮油等民生商品的品类占比,集中化资源倾斜推广民生商品促销。其次,零售商捆绑生鲜品类核心SKU套餐式打包销售,"一站式"配齐每天所需食材,降低用户购买门槛,增加销售转化。最后,零售商运用在线直播等方式使用户足不出户就能通过小程序、朋友圈等渠道了解产品的价格与特点、挑选与购买产品。

(二)实行无接触配送、社区串点配送方式

首先,基于门店周边核心小区实现社区串点配送、用户下单,通过调整优化商圈图,合作固定社区。其次,门店实现拣货履约以小区划分为单元一次性装车,挑选最佳路线配送到各社区大门,通过社区对接人分发到户,有效提高配送效率。最后,在后端履约过程,通过消毒环节的门店拣货员、配送员安全允许上岗操作,制定配送侧无接触配送流程,实现骑手商品置放安全区域,全程无接触,降低疫情传染风险。

(三)以第三方配送联盟助阵,补足运力缺口

疫情的暴发加速第三方配送模式改革,实现联动城市内部运力团队配送,合理调度运力缺口区域,优化运力资源,让庞杂的数据实现了价值增值,降低仓储和物流成本,提高物流网点的运营效率,加快了零售业的发展。伴随经济快速发展以及科技时代的来临,通过互联网优势形成网络信息状态,建立稳固的行业生

态体系和良好的竞品联盟关系,是企业在谋取自身发展前提下实现的重要价值。因此,新零售线上和线下产业链应当从对立走向融合①。

总的来说,疫情为新零售的发展提供了绝佳的机遇,也暴露了其经营中存在的问题。如今,盒马这样的新零售商家在不断尝试和探索,相信这将是我国零售业一个更强势的发展方向。未来的零售业,"新"与"旧"的界限将变得模糊,而线上线下融合的趋势将迫使企业向"新经济转型"。零售业的发展与我国经济发展是双向的,疫情期间的实体经济低迷促使新零售凸显其优势得到壮大,而新零售对于我国疫情之后的经济崛起也将起到重要作用。

---

① 韩彩珍、王宝义:《"新零售"的研究现状及趋势》,《中国流通经济》2018年第12期。

第六章　中国食品安全监管风险应对策略

　　食品是人们赖以生存的物质基础，食品安全关系到人民的健康与生命安全。当前人们的生活水平不断提升，但食品安全事故频发，食品安全问题已经成为人民群众重点关注的社会问题。[①]2017年1月，习近平总书记在河北张家口考察婴儿乳品生产企业时强调：食品安全关系人民身体健康和生命安全，必须坚持最严谨的标准、最严格的监管、最严厉的处罚、最严肃的问责，切实提高监管能力和水平。2020年初暴发的新型冠状病毒肺炎疫情将食品安全问题推上风口浪尖。

　　从2020年1月20日武汉市建立新冠肺炎防控指挥部开始，一场全国乃至全球的新冠肺炎防疫战正式打响。随后的几个月里，全国人民齐心协力、众志成城，终于取得了抗疫的阶段性胜利。虽然当前我国整体疫情防控形势较好，但是在疫情全球大流行的背景下，疫情传播风险将持续存在，今后仍有可能出现零星散发甚至局部聚集性疫情，疫情防范进入常态化阶段。

　　2020年7月以来，国内部分地区从个别进口冷冻食品尤其是

---

① 刘菁琰：《食品卫生与安全监管现状及改进措施》，《食品安全导刊》2019年第30期。

冷冻生鲜产品外包装等检出新冠病毒核酸阳性,引发社会关注。比如,7月10日,海关总署通报,由厄瓜多尔3家企业生产的冻南美白虾1个集装箱内壁样本和5个外包装样本中被检出新冠病毒核酸阳性;8月13日,广东省深圳市通报,1份从巴西进口的冻鸡翅表面样品新冠病毒核酸检测结果呈阳性[1]。2021年初,北京、河北、吉林、黑龙江等地又不断出现新冠肺炎的本土确诊病例,天津市津南区疾控中心甚至在送检的雪糕样本中检测出新冠病毒。这些情况的出现,引发了民众对于食品安全的广泛关注和担忧,也对我国的食品安全监管工作提出了新的考验。

新冠肺炎不是食源性疾病,但却和食品安全息息相关。疫情期间,人们的饮食和消费习惯均有所变化,如何适应这种变化是食品行业普遍关注的问题。新冠肺炎疫情的全球大流行给食品行业的生产、加工、零售以及餐饮等环节都带来了极大的挑战,同时也对我国的食品安全监管工作提出了新的考验。食品安全监管部门需要适应疫情防控常态化背景下食品安全监管工作的新情况,从而更好地为人们的生命健康保驾护航。

本章首先回顾我国食品安全监管体制的变革历程、总结不同时期的监管特点,然后结合当前疫情防控常态化的背景分析当前食品安全监管遇到的新问题,最后针对这些问题提出相应的政策建议。

第一节 理论基础

一 社会共治理论

社会共治的概念与西方公共治理理论密切相关。治理是指一

---

[1] 刘红霞、赵文君、王雨萧:《进口冷冻食品频"中招",还能放心吃吗》,《决策探索》(上) 2020年第10期。

系列活动领域里的管理机制,是一种由共同的目标支持的活动,强调政府与各种社会组织的合作。公共治理理论倡导政府、市场和社会三者之间的良性互动关系,这种关系有助于提高公共事务的治理效率。[1] Ostrom 针对"公地悲剧""集体行动逻辑"等理论,提出了自主治理公共事务的创新制度理论:"人们可以把自己组织起来,进行自主治理,从而能够在所有人都面对'搭便车'、规避责任或其他机会主义行为诱惑的情况下,取得持久的共同利益。"[2] 她创立的多中心治理理论将治理理论推向前沿。在谈到中国的食品安全问题时,她也指出"人们要有能力建立一个行业组织,形成一种力量,来自行监控食品安全"。[3] Henson 等最早提出了公私部门协作的食品安全共同治理模式。[4]

长期以来,我国一直实行政府管理食品安全的方式,由政府垄断食品安全的管理权,强调政府本位的权威统治。迈克尔·波兰尼在《自由的逻辑》一书指出,指挥秩序构建了金字塔形等级森严的官僚机构,民众与政府之间沟通困难,民众不能有效表达自己的需求,是一种隐含着深刻危机和重大理论缺陷的秩序。近年来我国食品安全事故频频出现,食品安全问题引发公众强烈担忧,导致政府公信力受损,直接证实了食品安全监管方式的低效率。我国学者在西方治理理论的基础上,对治理的本质进行了深

---

[1] 陈彦丽:《食品安全社会共治机制研究》,《学术交流》2014 年第 9 期。
[2] Elinor Ostrom, "Titles, Conflict, and Land Use: The Development of Property Rights and Land Reform on the Brazilian Amazon Frontier", *The Journal of Economic History*, Vol. 60, No. 4, 2000, pp. 1149 – 1150.
[3] Elinor Ostrom, "Titles, Conflict, and Land Use: The Development of Property Rights and Land Reform on the Brazilian Amazon Frontier", *The Journal of Economic History*, Vol. 60, No. 4, 2000, pp. 1149 – 1150.
[4] Spencer Henson, Neal H. Hooker, "Private Sector Management of Food Safety: Public Regulation and the Role of Private Controls", *International Food and Agribusiness Management Review*, Vol. 4, No. 1, 2001, pp. 7 – 17.

入研究，并将其用于食品安全治理实践。周红云[①]从治理与善治的理论视角，分析了中国社会组织生存发展的制度环境，提出中国社会组织管理体制改革的落脚点在于构建政府与公民社会的合作伙伴关系。刘广明和尤晓娜分析了消费者参与食品安全治理的重要意义。[②] 王晓博和安洪武认为治理工具的多元化是解决我国食品安全问题的有效途径，各级食品安全职能部门应选择民营化、合同外包、社区治理、行业协会自治等效果较强的治理工具。[③] 吴元元从信息基础、声誉机制与执法优化三者的内在关系角度提出了食品安全的社会治理之道。[④] 张曼等对食品安全社会共治模式进行了具体阐释。[⑤] 综上所述，食品安全社会共治是对西方治道变革的积极回应，也是从根本上解决我国食品安全问题的有效措施。

二 委托—代理理论

委托—代理理论是在非对称信息博弈论的基础上衍生出来的，其核心是研究委托—代理双方在信息不对称并且利益不一致的情况下，委托人如何通过机制设计来激励代理人，使其努力工作以实现委托人自身效用最大化。[⑥] 在现代经济学中，委托—代

[①] 周红云：《政府与公民社会的伙伴关系——上海普陀区社区民间组织管理体制改革"长寿模式"案例分析》，《社团管理研究》2010年第8期。

[②] 刘广明、尤晓娜：《论食品安全治理的消费者参与及其机制构建》，《消费经济》2011年第3期。

[③] 王晓博、安洪武：《我国食品安全治理工具多元化的探索》，《预测》2012年第3期。

[④] 吴元元：《信息基础、声誉机制与执法优化——食品安全治理的新视野》，《中国社会科学》2012年第6期。

[⑤] 张曼、唐晓纯、普蓂喆、张璟、郑风田：《食品安全社会共治：企业、政府与第三方监管力量》，《食品科学》2014年第13期。

[⑥] 任勇、李晓光：《委托代理理论：模型、对策及评析》，《经济问题》2007年第7期；王冀宁、韦浩然、庄雷：《"最严格的监管"和"最严厉的处罚"指示的食品安全治理研究——基于委托代理理论的分析》，《南京工业大学学报》（社会科学版）2019年第3期。

理关系被视为一种契约关系。具体而言，委托—代理是指一个或一些人（委托人）委托其他人（代理人）根据委托人的利益从事某些活动，并相应授予代理人某些决策权的契约关系。由于委托—代理关系中存在两个不可克服的自然性缺陷：委托人和代理人的效用函数不一致、委托人和代理人之间的信息不对称，在代理过程中，代理人为了追求自身的效用最大化，会出现逆向选择和道德风险等委托—代理问题。但委托人却无法知晓代理人在代理过程中付出的成本，亦无法获知监管的实际绩效，这就是委托—代理的风险。

委托—代理理论主要用于研究在信息不对称条件下市场参与者的委托—代理关系以及由此产生的激励约束机制问题。该理论认为可以通过激励约束机制的设计来解决委托—代理风险问题。一方面，通过设计激励机制来同时实现委托人和代理人的效用最大化，实现两者的激励相容。另一方面，委托人需要通过严密的合同关系对代理人的行为进行约束，有效地限制代理人的道德损害行为。在食品安全监管中，中央政府（委托人）授权地方政府（代理人）对当地的食品安全进行监管。作为委托方的中央政府，由于信息不对称，很难监测到地方的食品监管水平，亦很难得知地方政府为监管食品安全而付出的成本。作为代理人的地方政府，在现有的绩效考核机制下，极易"纵假护假、政企合谋"，对地方食品安全事件大事化小小事化了，以追求自身利益的最大化。此外，在追求 GDP 增长为发展导向的思路引领下，地方政府也存在地方保护主义的倾向。据统计，食品行业是地方保护程度最严重的三个产业之一，这也是导致地方政府对食品安全事件隐瞒的重要因素。近年来曝光的食品安全事件中，出现大量监管者瞒报信息并与生产者进行合谋的现象，说明我国食品安全监管在机制设计中存在严重的激励不相容的问题。[1] 为了减少由于信息不对称造成的监管不力，应该设计合理的激励相容机制来约束地方政府的行为。

在食品安全问题中，存在多重委托—代理关系[2]，例如政府监管部门受消费者委托作为代理人，行使对食品企业的监管权，这是一重委托—代理关系；同时，食品企业受政府委托作为代理人，生产食品并保障食品的质量安全，这是另一重委托—代理关系。自从 Loeb（1979）将政府监管行为看成一个委托—代理问题以来，委托—代理模型在政府监管问题中被广泛使用。全世文等构建了监管者和消费者之间的委托—代理模型，从制度合理性的角度分析了我国食品安全监管失灵的原因，提出了改进监管者的考核制度、将检测权与处罚权分离等一系列政策建议。[3] 王常伟和顾海英基于信息不对称的前提，通过对委托—代理激励相容约束的研究，剖析了激励监管者提高监管效率的内在机制，并对"网格化"监管的合理性进行了理论层面的解释。[4]

三 激励相容理论

"激励相容"的概念首先出现在哈维茨创立的机制设计理论中，是指在市场经济中，每个理性经济人都会有追求自身利益的

---

[1] 王翠玲、陈永法、伍琳：《基于委托代理理论看媒体在食品安全监管中的作用》，《中国集体经济》2017 年第 22 期。

[2] Pierre Dubois, Tomislav Vukina, "Grower Risk Aversion and the Cost of Moral Hazard in Livestock Production Contracts", *American Journal of Agricultural Economics*, Vol. 86, No. 3, 2004, pp. 835 - 841. Fabian Herweg, Daniel Müller, Philipp Weinschenk, "Binary Payment Schemes: Moral Hazard and Loss Aversion", *American Economic Review*, Vol. 100, No. 5, 2010, pp. 2451 - 2477.

[3] 全世文、曾寅初、朱勇：《我国食品安全监管者激励失灵的原因——基于委托代理理论的解释》，《经济管理》2015 年第 4 期。

[4] 王常伟、顾海英：《基于委托代理理论的食品安全激励机制分析》，《软科学》2013 年第 8 期。

一面，其个人行为会按自利的规则行动，如果能有一种制度安排，使企业追求个人利益的行为正好与其实现集体价值最大化的目标相吻合，这种制度安排，就是所谓的"激励相容"①。1996年度的诺贝尔经济学奖得主美国教授威廉·维克里和英国教授詹姆斯·米尔利斯在研究中引入激励相容理念来解决委托—代理问题，开创了信息不对称条件下的激励理论——委托—代理理论。激励性规制理论认为，消除规制与被规制机构之间的信息不对称问题，关键在于实现规制者与被规制者之间的激励相容，调节两者之间的利益冲突，使双方的目标尽可能保持一致。激励相容的监管方式起初应用于金融领域对银行的监管，被认为是当代银行监管的趋势所在。近年来也逐渐开始应用于证券市场中对上市公司的监管、环境领域中对排污企业的监管、渔业中对捕捞者的管理、煤炭领域对煤炭企业的监管、医疗领域中对医院的监管等。

在我国食品安全监管领域中，一方面，监管者由于种种原因，所了解的信息大大地少于被监管者，由此会产生高度的信息不对称问题；另一方面，监管者与被监管者由于各自所站的立场不同，因此他们的目标也不同，不同的利益诉求会产生彼此之间的利益冲突。监管者犹如委托人，被监管者犹如代理人，两者之间的关系是一种经济学意义上的委托—代理关系。② 因此，可以用激励相容的理念来解决监管者与被监管者之间的问题，实行激励相容的食品安全监管。

所谓激励相容的食品安全监管，是指监管的制度安排，使被监管者在追求个人利益的同时也能够实现监管者制定的监管目

---

① 陈思、罗云波、江树人：《激励相容：我国食品安全监管的现实选择》，《中国农业大学学报》（社会科学版）2010年第3期。
② 邵正理、曾莉森、肖鹰：《激励相容与银行监管》，《技术与市场》2006年第12期。

标。举例来说，当监管目标为"生产者主动对问题食品进行召回"时，相应的监管制度安排能够使得食品出现安全问题后生产者选择召回的得益要大于不召回的得益。激励相容的食品安全监管强调的是，对被监管者的监管不能仅仅从监管目标出发制定监管措施，而应当参照被监管者的利益，更多地考虑所出台的监管措施是否激励相容，以实现监管者与被监管者在食品安全目标上的充分融合。美联储主席格林斯潘对激励相容的监管作过一个简要的界定，那就是激励相容监管应当是符合，而不是违背投资者和银行经理利润最大化目标的监管。激励相容的食品安全监管即是这样一个符合被监管者利润最大化目标的监管方式。

第二节　中国食品安全监管的历史与现状

一　中国食品安全监管体制变革

对于我国食品安全监管体制不同阶段的划分，不同学者会有不同的看法，例如有学者从政府和市场的关系、政府的监管部门及其职能变化等角度来划分不同阶段。本部分主要借鉴詹承豫和周洁红等的观点，从监管部门以及监管的分散程度，将新中国成立以来我国的食品安全监管体制划分为以下四个阶段。[1]

（一）主管部门为主的分散化监管阶段（1949—1978 年）

新中国成立初期，政府主要关注的是粮食的供给安全问题，对于食品安全的理解还停留在干净、卫生的阶段，认为食品生产经营主体负有保障食品干净卫生的主要责任。在这一阶段，食品

---

[1] 詹承豫：《中国食品安全监管体制改革的演进逻辑及待解难题》，《南京社会科学》2019 年第 10 期；周洁红、武宗励、李凯：《食品质量安全监管的成就与展望》，《农业技术经济》2018 年第 2 期。

安全的管理部门最初是卫生防疫站，随后逐渐转移到新组建的部门中，如农业部、工业部、化学工业部及商务部等。这一时期的食品安全监管不存在独立的监管机构，食品安全管理部门分散化，食品安全监管方式较多依靠行政任免、思想教育、质量竞赛等方式，很少使用法律、经济和专业化标准等手段，这种情况一致持续到改革开放之前。

（二）卫生行政部门主导监管阶段（1978—2003年）

改革开放之后，我国进行了市场化改革，食品安全监管的重点也从传染病预防变为防止所有食源性疾病。1979年国务院颁布的《食品卫生管理条例》明确了各级政府和有关部门负责本地区、本部门和本系统的食品卫生管理工作；1982年全国人大通过的《中华人民共和国食品卫生法（试行）》填补了我国在食品卫生领域的立法空白，但该法并没有给予卫生部门足够的监管权；1995年颁布的《食品卫生法》确立了由卫生管理部门统一对食品卫生进行监管的体制，但这一体制并不能涵盖食品"从农田到餐桌"的全过程。[①] 这一阶段，我国对于食品安全的理解逐渐从只关注食品的干净卫生变为较为全面的食品安全监管体制，法制化程度明显提高，但相关的法律法规多为部门立法，不成体系的法律存在不少监管漏洞。

（三）多部门分段监管阶段（2003—2013年）

2003年，新组建的国家食品药品监督管理局主要职能就是组织协调食品安全监管、重大事故调查及责任追究等综合监管事项。随着经济社会发展，群众对食品安全诉求也日益增多，对于食品安全要求质量更安全且营养丰富。但这一时期接连爆发如安

[①] 马小芳：《深化我国食品安全监管体制改革》，《经济研究参考》2014年第30期。

徽阜阳劣质奶粉事件等具有系统性、全局性特征的食品安全事件，直接促使国家从维护政府公信力的角度来关切食品市场及产业基础、公众健康等。

2004年9月，国务院出台《关于进一步加强食品安全工作的决定》确定了分段监管为主、品种监管为辅的食品安全监管体制，明确了农业、质监、工商、卫生、食药监等部门的监管职责，这标志着"从田间到餐桌"全过程多部门分段监管的食品安全监管体制在我国正式实行。专业化的分类治理模式为监管部门积累了丰富的监管经验和技术，能够满足不同层级政府对食品安全监管的多层次需求。[①] 但分段监管体制下仍存在诸多问题，如职责交叉、综合协调权威性和手段缺乏等。各部门出台政策和规范局限各自监管领域，这也间接导致分段监管方式与连续性的食品生产经营行为易产生冲突，在执法监督过程中，使得监管对象守法成本增加、执法人员监管执法成本与监管效果难以对等。《食品卫生法》不能有效满足多部门环节监管的现实需求，导致在如食品广告、初级农产品生产环节、食品安全风险分析与评估等方面出现诸多治理隐患。

2008年"大部制"改革将食品药品监督管理局划归卫生部，食品药品监督管理机构省级以下垂直管理改为地方分级管理，有效协调了食品安全监管部门和其他部门的资源分配。2009年修订后的《食品安全法》开始施行，该法明确了多部门分环节的食品安全监管体制的法律地位以及设置食品安全委员会，将卫生行政部门综合协调监督食品安全监管职责变更为县级以上人民政府，明确了地方政府作为食品安全协调组织的责任。为了增强食品安

[①] 李欣洁：《整体性治理视角下的食品安全监管体制研究》，硕士学位论文，江西财经大学，2019年。

全分段监管的效能，这个时期的改革不断探索如何明晰不同监管部门的职责边界，提出并强化综合协调职能，呈现较为明显的"分段监管加综合协调"分段性监管特征，这种情况一直持续到2013年的国家食药总局组建。

这一阶段在食品安全事件的不断推进下确立和完善了分段监管体制，食品安全理念从法律层面得到确认，法律有了总体框架，在政府部门之外媒体也发挥了食品安全监管的作用，但对于分段监管体制的优化改革没能从根本上解决部门交叉、职责不清等弊病[①]。

（四）一体化监管阶段（2013年至今）

新时期食品安全监管形势发生了变化，移动互联网带来的生活方式变革使食品安全监管面临更加复杂的局面。自媒体的兴起极大地改变了我国传统的舆论环境，其频频爆出的一些食品行业内幕信息，也带来了网络谣言的迅速传播等问题。与此同时，网络食品交易规模的不断扩大更加暴露出我国食品安全监管存在的多头管理、分工交叉、职责不清等突出问题。针对这些问题，2013年我国进一步整合了原国务院食品安全委员会办公室、食品药品监督管理局、质检总局、工商总局的相关食品安全监管职责，组建了国家食品药品监督管理总局，明确了其对食品在生产、流通、消费等环节安全实施统一监管职责。这标志着食品安全统一监管体制正式确立，原先"九龙治水"的格局得以有效破除。同时，为了应对新的食品安全风险，适应新的食品安全监管体制，我国在2015年和2018年对《食品安全法》进行了两次修订，整合了原本分散在各专业部门的监管职责，形成了贯穿生

[①] 周洁红、武宗励、李凯：《食品质量安全监管的成就与展望》，《农业技术经济》2018年第2期。

产、流通、消费等领域的综合监管体系。这一阶段，我国食品安全监管体制不断明确组织层面的监督独立性，不断强化综合监管职能。（见图6－1）

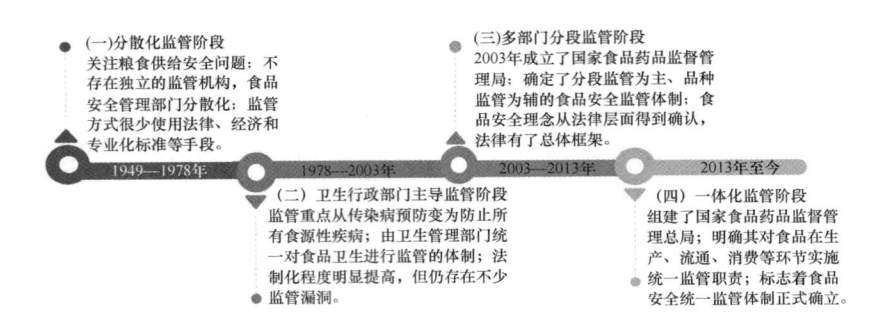

图6－1　中国食品安全监管体制变革历程

（一）分散化监管阶段
关注粮食供给安全问题；不存在独立的监管机构，食品安全管理部门分散化；监管方式很少使用法律、经济和专业化标准等手段。
1949—1978年

（二）卫生行政部门主导监管阶段
监管重点从传染病预防变为防止所有食源性疾病；由卫生管理部门统一对食品卫生进行监管的体制；法制化程度明显提高，但仍存在不少监管漏洞。
1978—2003年

（三）多部门分段监管阶段
2003年成立了国家食品药品监督管理局；确定了分段监管为主、品种监管为辅的食品安全监管体制；食品安全理念从法律层面得到确认，法律有了总体框架。
2003—2013年

（四）一体化监管阶段
组建了国家食品药品监督管理总局；明确其对食品在生产、流通、消费等环节实施统一监管职责；标志着食品安全统一监管体制正式确立。
2013年至今

二　中国食品安全监管法律法规体系

从新中国成立至今70年的发展，我国形成了以《中华人民共和国食品安全法》为核心，以地方法规、政府规章和规范性文件为补充的食品安全监督法律体系框架。

（一）国家层面的法律

目前，我国食品安全领域国家层面的法律主要是全国人大通过及颁布相关法律。主要包括：《中华人民共和国食品安全法》（2009年2月通过，2015年4月第一次修改，2018年12月第二次修改，该法颁布实施后《中华人民共和国食品安全法》废止）、《中华人民共和国农产品质量安全法》（2006年4月通过，2018年10月进行修订）、《中华人民共和国产品质量法》（2018年修订）、《中华人民共和国标准化法》（1988年2月通过，2018年10月进行修正）、《中华人民共和国计量法》（1985年9月通过，2018年10月第五次修正）、《中华人民共和国消费者权益保护法》(2014年修订)、《中华人民共和国刑法》(2017年修订)、《中华人民共和国进出口商品检验法》(1989年2月通过,2018年4月第三次修改)、《中华人民共和国进出境动植物检疫法》(2018年修订)、《中华人民共和国国境卫生检疫法》(2007年修订)、《中华人民共和国动物防疫法》(2013年修订)以及全国人大于2020年2月通过的《关于全面禁止非法野生动物交易、革除滥食野生动物陋习、切实保障人民群众生命健康安全的决定》。这12部法律规章从国家立法层面体现了国家对食品安全的高度重视,也从立法层面确定了保障食品安全,保障公众食品安全的国家意志。

(二) 相关行政法规

行政法规是指由国家最高行政机关国务院根据宪法和法律制定并修改的有关行政管理和管理行政事项的规范性法律文件的总称,是对法律的有效补充。国务院制定的食品安全领域的行政法规主要包括:《国务院关于加强食品等产品安全监督管理的特别规定》(2007年颁布)、《乳品质量安全监督管理条例》(2008年颁布)、《中华人民共和国工业产品生产许可证管理条例》、《中华人民共和国认证认可条例》(2016年修改)、《中华人民共和国进出口商品检验法实施条例》(该法在2013年7月,2016年2月,2017年3月,2019年3月前后共经过四次修正)、《中华人民共和国进出境动植物检疫法实施条例》、《中华人民共和国兽药管理条例》(2004年3月通过)、《中华人民共和国农药管理条例》、《中华人民共和国出口货物原产地规则》、《中华人民共和国标准化法实施条例》、《无照经营查处取缔办法》、《饲料和饲料添加剂管理条例》、《中华人民共和国农业转基因生物安全管理条例》(2011年实施)、《中华人民共和国濒危野生动植物进出口管理条例》和《中华人民共和国食品安全法实施条例》（2019年12月1日实施）等。由全国人大和国务院制定的法律和行政规定为食品安全管理提供了一个法律框架。

（三）有关部委规章及行业适用标准

部委规章在管理政策体系中占有非常重要的地位，是有关法律和行政法规的具体化，是在全国人大以及国务院颁布的法律法规基础上的细化管理办法，主要由国家食品药品监督管理总局、卫计委等颁布，例如《食品生产加工企业质量安全监督管理实施细则（试行）》《中华人民共和国工业产品生产许可证管理条例实施办法》《食品卫生许可证管理办法》《食品添加剂卫生管理办法》《进出境肉类产品检验检疫管理办法》《进出境水产品检验检疫管理办法》《流通领域食品安全管理办法》《农产品产地安全管理办法》《农产品包装和标识管理办法》《出口食品生产企业卫生注册登记管理规定》和《食品召回管理办法》等。

（四）地方性法规

地方性法规是由省、直辖市（其他部分城市）人民代表大会常务委员会制定并修改的规范性文件，在特定区域范围内具有法律效力的政策。以河北省为例，近年颁布了《河北省食品安全监督管理规定》（2013年）、《河北省食品小作坊小餐饮小摊点管理条例》（2016年）、《河北省婴幼儿配方乳粉销售规范》（2015年）、《河北省"奶吧"食品安全管理办法》（2015年）、《流通环节食品经营者诚信经营十项制度》（2014年9月）等相关的政策规定。

（五）食品安全相关标准

截至2020年10月，国家卫生行政部门颁布的食品安全国家标准已有1311项,其中包括通用标准12项、食品产品标准70项、营养和特殊膳食食品标准9项、食品添加剂质量规格标准604项、食品营养强化剂质量规格标准50项、食品相关产品标准15项、生产经营规范标准30项、理化检验方法与规程标准229项、微生物检验方法与规程标准32项、毒理学检验方法及规程标准28项、农药残留检验方法标准116项、兽药残留检验方法标准38项、(拟)被替代标准78项。[1]

(六)其他保障食品安全的法律法规

在现行实体法中特别是刑法和民法当中也有关于食品安全的法律法规(见图6-2),主要表现为:第一,在民法中对于生产者和销售者侵害消费者权益时,有明确的惩罚规定,生产者和消费者发生侵权纠纷或合同违约之债时,可通过《合同法》《侵权责任法》《消费者权益保护法》等民事实体法保障消费者权益。第二,在刑法中针对食品安全的犯罪也有明确的规定。在《刑法》分则第三章破坏社会主义市场经济秩序罪中,第143条和第144条分别规定了生产、销售不符合安全标准的食品罪与生产、销售有毒有害的食品罪;《刑法修正案(八)》还特别增加了食品监管渎职罪,对于负责管理食品安全的工作人员,在履行职责的过程中玩忽职守的渎职行为予以刑罚处罚,保证食品安全监管的严肃性。

三 食品安全现状

近年来,我国食品安全事件频发。2008年因食用三聚氰胺超标的奶粉导致29万多名患儿泌尿系统出现异常;2010年海南豇

---

[1] 数据来源:http://sns.yszn.net.cn/thread/e77a204f5126448eb4ae310a32f029e0。

中国食品产业风险应对策略研究

中国食品安全法律法规体系

基本法律：
- 中华人民共和国食品安全法
- 中华人民共和国农产品质量安全法
- 中华人民共和国产品质量法
- 中华人民共和国标准化法
- 中华人民共和国计量法
- 中华人民共和国消费者权益保护法
- 中华人民共和国进出口商品检验法
- ……

行政法规：
- 国务院关于加强食品等产品安全监督管理的特别规定
- 中华人民共和国工业产品生产许可证管理条例
- 中华人民共和国认证认可条例
- 中华人民共和国进出口商品检验法实施条例
- 无照经营查处取缔办法
- 农业转基因生物安全管理条例
- 中华人民共和国进出境动植物检疫法实施条例
- ……

国家标准：
- 《食品安全国家标准：鲜、冻动物性水产品》（GB 2733—2015）
- 《食品安全国家标准：蛋与蛋制品》（GB 2749—2015）
- ……

地方法规：
- 河北省食品安全监督管理规定
- 河北省食品小作坊小餐饮小摊点管理条例
- 河北省婴幼儿配方乳粉销售规范
- 流通环节食品经营者诚信经营十项制度

部门规章：
- 食品生产加工企业质量安全监督管理实施细则（试行）
- 中华人民共和国工业产品生产许可证管理条例实施办法
- 食品卫生许可证管理办法
- 食品添加剂卫生管理办法
- 食品召回管理办法

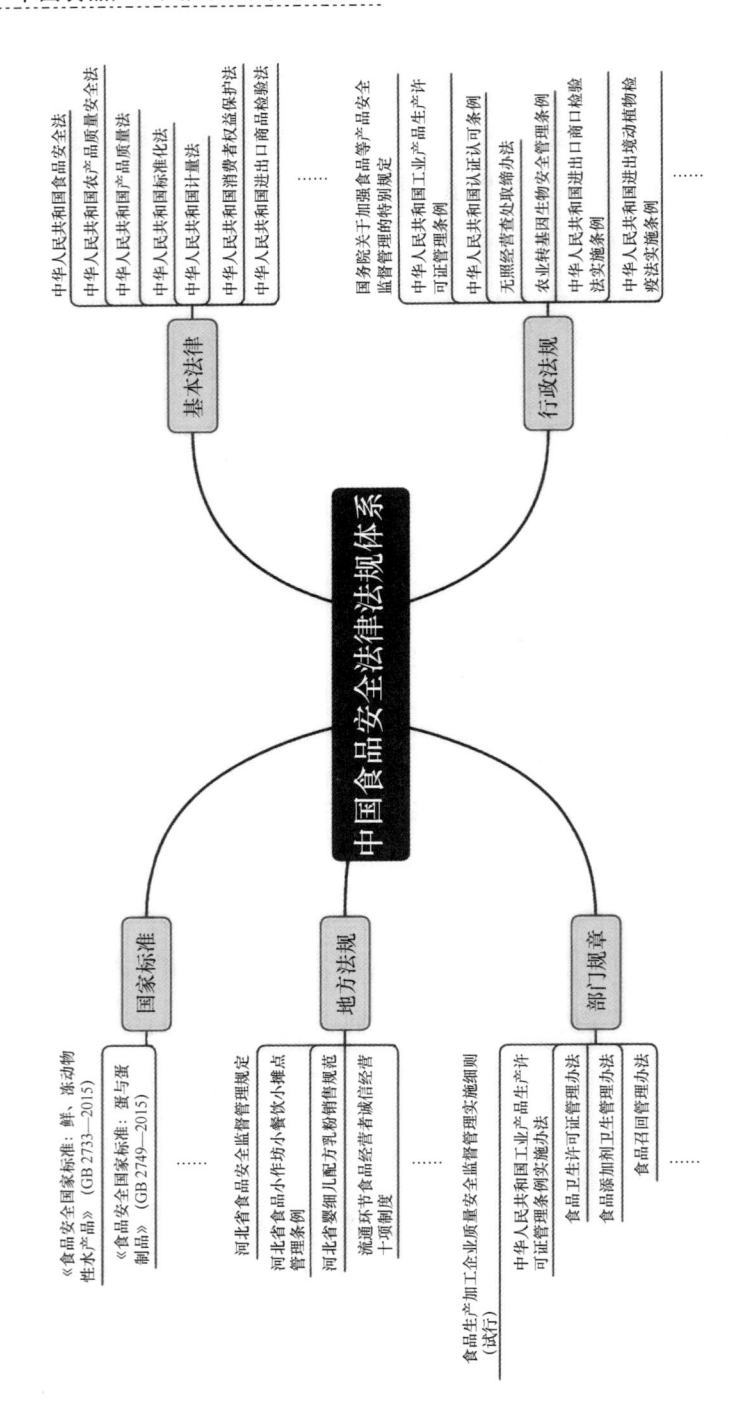

图6-2 中国食品安全法律法规体系

豆中农残超标；2011年河南双汇集团的火腿中检出瘦肉精；2011年12月，蒙牛乳业（眉山）有限公司生产的某一批次产品被检出黄曲霉毒素M1超标140%；2012—2016年，毒明胶、地沟油、皮革奶、塑化剂、毒豆芽、掺假羊肉、镉大米等食品安全事件不断被曝光。

  以上这些各大网站以及传统媒体报道的食品安全事件，给我国社会大众的身心健康带来了严重的侵害，使消费者对我国食品生产加工企业失去信心，严重影响党和政府的社会威望，制约着我国社会主义现代化建设的步伐。譬如配方奶粉事件的持续发酵，使我国其他配方奶粉制造企业的社会信誉受到了影响，年销售总额断崖式下降，制约着我国配方奶粉产业的可持续发展。在此背景下，我国进口奶粉的规模呈规模化的发展趋势，并进一步促进了海淘、网络代购等购买渠道的生成与发展。然而通过海淘等非正常渠道购买的奶粉存在潜在的不安全因素，极易影响儿童的体质健康。因此党和政府要不断提高对食品安全的重视程度，并采取诸多措施引导食品市场，关注食品产业的安全问题，以确保我国食品安全生产、安全供应以及安全加工。但是，在我国食品安全监督机制不断完善的同时，部分商家为提升利益、谋取暴利，不断从海外市场低价引进劣质食品，并通过正规渠道摆在各大生鲜超市或连锁超市内。其中以"僵尸肉"事件最为恶劣，报道称来自海外的肉的肉龄普遍超过二三十年，极有可能存在大量病毒和细菌，对我国消费者的身体健康造成严重威胁。虽然此类事件在相关部门与媒体间引起了多次争论，然而无论事件真假，都对食品消费市场产生了极其恶劣的影响。除此之外，伴随着现代互联网技术的日渐发达，食品安全信息传播快速，网民能够通过诸多渠道（微博、微信以及新闻网站等）获取数据信息，并因此引发各种社会舆论问题。①

近年，中国的食品安全问题十分严峻，主要出于下列原因。

首先，食品添加剂滥用严重。在科学技术的进一步发展下，我国食品添加剂的种类不断增多，各种类型的添加剂在食品中用量也相应增加。食品添加剂作为一种合成物质，是食品科学领域的重要组成部分，适当地使用食品添加剂可以延长食品的保质期，提升食品的色香味程度，但若食品添加剂的剂量超过规定范围，则容易使食品含有一定的毒性或对人体有危害物质。目前相关资料调查显示，我国食品生产与加工过程中，依然存在食品添加剂严重滥用的情况，很多食品加工商为了更好地吸引客户，在食品中掺入较大剂量的添加剂，部分加工商更是在食品中掺入了苏丹红与瘦肉精等禁用添加剂，这些不法的添加剂滥用情况，对食品食用者的人身安全构成了严重威胁。②

其次，食品源头存在污染情况。近年来很多农产品种植人员为了提升农产品的美观度，在农产品种植过程中大量使用化肥、农药与生产调节剂等化学品，致使农产品从源头上便具有一定的食用安全隐患。相对于其他食用品，农产品是我国的主要食用来源，而农产品中含有过量有毒物、农药、致癌物的情况，使得食物中毒、食物致癌的情况不断发生。此外，家畜与水产等动物性食品存在过量使用兽药、催生剂的情况，也容易导致此类产品中含有一定的有毒物质与激素。此外，环境污染也是导致食品源头污染的重要因素之一，环境中的有毒有害物质通过食物链进入人体，从而产生不良影响。工业生产中产生

---

① 韩二芳、蒋晓峰、王贺：《当前我国食品安全问题现状、成因及对策研究》，《现代食品》2019年第16期。

② 彭昊洲、黄晶：《关于我国食品安全问题现状及对策的探析》，《农家参谋》2018年第22期。

的"三废"也会直接污染大气、水源、农田,进而给农作物品质带来影响。

最后,食品加工生产不规范。我国食品行业发展资料统计显示,我国食品企业呈现出家庭作坊多、中小型规模量大的特点,很多乡镇村落中都存在着较多的小型食品加工作坊。相对于生产链完善的大型食品加工企业,小型食品加工企业与家庭小作坊不仅缺乏完善的生产链,其卫生条件也比较差,很多食品加工操作都不够规范,这极易使食品存在较多的病毒性污染问题。很多小作坊为了追求经济利益,用一些化工合成物质来替代食品原料进行食品制作,如直接使用添加剂制作假酒、用人造物质替代家禽肉等,这些情况使得食品的食用安全隐患比较多。

四 食品安全监管现存的问题

(一) 食品安全监管理念不健全

监管理念应该是指导性的、系统化的监督管理思想,需要体现两个思想:"为谁监管"和"怎样监管"。食品监督管理部门,其权力来源和基础根本就是保障广大群众的食品安全,以上条件直接奠定了以人为本的食品监督管理起点,更是确实落定了保障公众食品安全的主要任务和基本职责。若是要做好新时期食品药品的监督和管理工作,就必须坚定指导思想为科学发展观,并且切实将科学理念融入监督管理工作中,落实有效可行的监管渠道,推进食品药品监管的正确发展进程。[①]

这些年来的食品安全事件,反映了目前食品药品监管机构并

[①] 王晓煜:《我国食品安全监管存在问题及对策研究》,硕士学位论文,哈尔滨商业大学,2017年。

未切实推进科学监管，主要问题有以下两点：首先，缺乏战略意识。作为国家战略性话题的食品安全问题，早在2006年的全国人大颁布的《中华人民共和国国民经济和社会发展第十一个五年规划纲要》中便已经具体指出：确保食品安全是落实国家以人为本的科学发展观的一项关键任务。但是部分地方政府以及行业相关单位却并未及时提升食品安全的战略意识，更多情况下忽视食品安全问题，奉行有事再管、无事不管的消极态度。中国食药监局早在2006年就已经开始了对于"国家食品安全监管战略框架"的探索，但是相关提议至今仍是空中楼阁，红头文件对于食品安全做出了多次指导，但是却没有具备实地操作意义的落实计划。

  其次，缺乏服务意识。政府应当主动对突发事件做出积极有利的应对措施，所以政府部门应该预先做出应对计划，积极收集资料，尽早分析处置，及时掌握动态，以期突发事件发生时可以尽早处置，减少甚至避免亏损。因此，监管部门不应该只是等候来信来函以查处相关责任人，或者针对特定问题"灭火"了事。反面例证就是甘肃省2008年9月三鹿奶粉事件暴发前的几个月的时间里，甘肃等省卫生部门已经连续接到有关结石患儿的报告，但并没有及时采取有效措施，更让人难以理解的是，2008年9月9日，国家质检总局开始组织调查的信息来源竟然是有关新闻报道。但其实在更早的同年6月，就已经有三鹿奶粉受害者的家属登录国家立案监督局网站投诉反馈，同时提交了时间相关的各种信息。但是网站却只是在一个月后的7月2日留言回复"请你提供问题奶粉的详细信息，以便我们调查处理"，这段就此终结的投诉终于在后期引爆社会舆论。以上这则消极信息清楚地体现了监管部门仍处在官本位的思考症结上，管理松散的做法更是造成了食品安全事故的恶性爆发，成为滋生事故的"温床"。

（二）食品安全立法及相关法律法规中的规定均存在盲区

我国的《食品安全法》虽然也制定了很多食品安全方面的先进制度，如"风险评估""安全标准""食品信息公开""食品召回制度"等，但这只是笼统的原则性规定，没有具体的实施和操作办法，造成实践中适用性不强。另外，对于专门性食品，比如保健性食品、动物源性食品等尚无规范性立法；对特定类型的食品生产经营者，如食品生产加工的小作坊和小摊贩进行具体监管的相关法律法规缺失。食品的生产经营在人们日常生活中扮演着很重要的角色，在方便人民生活的同时也带动了就业，但如何对其进行适当的管理是一个很棘手的问题。其次，各种配套实施的单行法律法规之间有不协调、不一致的地方，尤其是在对相关事件的处罚上，依据不同，处罚就不同。比如，对企业未经检疫或检疫不合格的产品的罚款，根据《食品安全法》规定，"违法生产经营的产品货值不足一万元的，并处十万元以上十五万元以下罚款；货值金额一万元以上的，并处货值金额十五倍以上三十倍以下罚款"。而根据《动物防疫法》第70条规定，却是"……处同类检疫合格动物、动物产品货值金额百分之十以上百分之五十以下罚款"，两部法律位阶、效力相同，不易确定罚款依据。[①]

（三）食品安全标准和检查手段落后

我国的食品安全标准由国家标准、行业标准、地方标准、企业标准等一系列标准组成。各个监管主体依据其监管职责制定相应的标准，标准之间相互交叉，缺乏统一性。一种商品依据的标准不同，其检验方法、标准内容也不相同。这对于食品生产经营者守法和监管者执法都带来了一定的困难。另外，食品安全标准

---

① 刘佳：《我国食品安全监管的问题及对策研究》，《黑龙江生态工程职业学院学报》2017年第1期。

更新速度很慢，最快的一次食品安全标准的更新是 2013 年立项，2015 年更新完毕。随着生产工艺和科学技术的进步，一些更新慢的食品安全标准已与时代脱节，不能适应行业发展和食品监管的需要，导致经营者剑走偏锋，钻法律的空子。比如，发生在上海福喜食品有限公司的"僵尸肉"案就暴露了对冷藏肉制品的安全性缺乏适用的标准。另外，食品安全检查的手段落后，检查流于形式，效果不理想。在双汇"瘦肉精"案件中，生猪的"十八道"检验程序形同虚设。食品安全的检查权限在相关法律中没有明确规定，交由行政机关自由裁量，容易诱发重复检查、消极检查和滥检查。食品安检的威慑力主要体现在抽检上，安检部门受限于设备和专业技术，需委托专业机构检测样品。对安检部门来讲，送样抽检增加了财政开支，缺乏抽检积极性。特别是基层机构，辖区内任务繁重、工作人员少、专业水平不高、设备落后，安全抽检难有成效，大多流于形式。

（四）政府职能部门不能有效分工协作，监管不力

新《食品安全法》建立了在国务院食品安全委员会统一协调组织下各部门分别履行其职责的监管体系。这一规定摒弃了原有的各部门分区段监管的模式，有了新突破。但是对国务院食品安全委员会的地位和职责规定得太过笼统，具体职责和权限未做明确规定，作为一个组织协调机构，其究竟能起到多大作用还有待在实践中验证。另外，《食品安全法》虽然对食品药品监督管理部门、卫生行政部门、食品质量检验检疫部门、公安部门的职责分工做了划分，但是食品安全监督牵涉到食品生产经营的全部环节，任何一个环节都有可能存在安全风险，在这种多部门参与监督的机制下，分工明确固然重要，但是部门间相互合作、信息共享同样重要。

（五）食品安全信息公开不全面、不及时

食品安全信息公开不仅有利于各监管部门之间沟通交流，提高办事效率，也是社会公众参与食品安全监督的重要途径。《食品安全法》规定，食品安全信息公开的内容是：国家食品安全总体情况、食品安全风险警示信息、重大食品安全事故及调查处理信息、国务院确定需要公布的其他信息。信息公开的内容过于笼统，且缺少微观的食品安全信息。公开的途径也主要集中在各食品药品监督管理机构的门户网站上，传播范围有限。另外，公开信息时往往是顾及社会影响，瞻前顾后，公开不及时。比如，在广州"镉超标大米"事件中，广州市食品监管局 3 月抽检，5 月才公布结果，之后"镉超标大米"的产地湖南攸县才会同农业、环保等多个部门组成调查组展开调查，数天后才公布问题企业名单。这种"犹抱琵琶半遮面"的公布方式，让人民群众对饭碗里的大米担心了数月，严重削弱了行政机关的公信力。[①]

第三节　疫情背景下食品安全监管的问题与挑战

一　疫情中食品安全危机管理机制的问题

面对疫情，我国凭借着强大的社会动员能力和执行力，举国上下团结一心，共同抗疫，在很短的时间里就迅速控制住疫情。而后，即便是局部地区仍不时出现零星病例，但均能在短时间内得到控制，并且真正做到了防控疫情与恢复经济两不误。但是，在疫情一开始出现在武汉华南海鲜市场时，当地政府并没有把它

---

① 刘佳：《我国食品安全监管的问题及对策研究》，《黑龙江生态工程职业学院学报》2017 年第 1 期。

当成一个食品安全危机事件来重视,这反映出我国地方政府在食品安全危机管理机制方面还存在不足,具体表现在以下几个方面。

(一) 危机预警机制不完善

我国的公共危机预案体系才刚刚起步,尚未形成完备的多层面的预案系统,在国家食品安全突发事件的应急预案出台以后,其成效尚未完整显现出来,关于完善和改进应急预案的社会意见也层出不穷。在地方,虽然建立起了各级政府的应急预案,但更多的是停留在口头上和纸面上,一旦发生事故仍是习惯于事后仓促应对,反应过程仍为相关部门匆匆召开会议、临时组建指挥联动网络、确定职责分工和工作步骤[①]。

有理论认为,危机爆发前有一段潜伏期,此时信息系统的一些端口会不定时显示一些苗头,这些端口包括医院、投诉、举报和媒体报道等,因此如何加强对这些信息端口的信息收集评估和反馈是现阶段政府日常危机预警机制需要解决的重要问题。本次新冠肺炎疫情出现早期,有人在社交平台上对其亲朋好友做出过预警,却被公安部门视作谣言叫去训诫,这充分体现了我国部分地方政府对不同渠道危机信息的忽视,预警机制的不完善使得危机征兆不被显现最终导致食品安全事件爆发。疫情发展至今,我国政府在这方面已经做出了很大改善,但仍需要从之前的深刻教训中总结经验,完善地方政府的食品安全预警预案体系并使之充分发挥功效。

(二) 缺乏独立常设的食品安全危机善后管理综合协调机构

目前,我国的中央和地方政府都没有领导食品安全危机应急

---

① 王岳:《地方政府食品安全危机管理机制研究》,硕士学位论文,湘潭大学,2012年。

处理的综合协调机构,往往是组建临时应急机构来应对突发的重大食品安全事件。这种临时性的管理模式的主要问题体现在:首先,没有在各级政府的日常管理中投入精力应对食品安全危机预警和前期控制工作,一旦危机爆发并造成重大损失后才启动应急处理机制,存在着对危机爆发的种种迹象敏感度不够、反应不够迅速等问题。其次,因为是临时成立的机构,所以不但缺少应对危机的有效预案,而且平时也忽视了有针对性的培训、演习,相应的法律制度安排比较缺乏,部门预算和物资准备也不充分,这种经验型的危机应对方式,往往使处理结果常常带有不确定性,没有形成制度化。再次,危机应对依靠最多的是行政指令,此种模式的缺点是运行成本高昂,应对一次危机,却形成更多隐患,不能从根本上预防下次危机的出现。最后,危机处理结束后,虽然各部门在危机处理过程中积累了有效经验,但由于组织制度和队伍建设两方面的不稳定和易变化,这些经验无法完整保留下来以应对下次危机。

(三) 信息管理机制不健全

首先,目前我国各部门的食品安全信息资源之间存在着"信息孤岛"的问题。目前的模式是由政府各部门管理或者各单位负责收集分析食品安全信息资源,并没有形成统一的标准和规范,信息体系建设的交叉重复问题明显存在,这不仅仅体现在部门与部门之间,甚至在部门内部也存在信息资源的严重分割,往往是仅有的几个人才能了解到一些信息,下层员工却接触不到这些有用的信息。各相关部门并未形成一整套相互协调、统一管理的食品安全信息管理机制,特别是在遇到政治敏感问题和重大问题时,一般是请示上级主管部门,各部门根据上级部门意见单独发布信息和采取行动,造成了资源的浪费、行政成本的提高和行政效率的降低[①]。

其次,食品安全信息管理中还存在着瞒报和失真的情况,这是政府要提高管理效率必须解决的问题。在食品安全监管中,中央政府(委托人)授权地方政府(代理人)对当地的食品安全进行监管。作为委托方的中央政府,由于信息不对称,很难监测到地方的食品监管水平,亦很难得知地方政府为监管食品安全而付出的成本。作为代理人的地方政府,在现有的绩效考核机制下,极易"纵假护假、政企合谋",对地方食品安全事件大事化小、小事化了,以追求自身利益的最大化。在应对疫情的信息管理方面,只有解决好这些问题才能提高应对疫情的能力。

最后,对公众的信息发布方面,政府也需要甄别完善。食品安全是关乎民生的根本重大问题,有些地方政府对危机的信息不公开,让民众应对危机时惶恐不安、手足无措,形成民众对政府的不信任,造成社会不稳定的结果。只有及时对危机事件进行信息公开,让社会民众及时了解有效信息,才能让民众早做准备、采取防范,从而使事件得到有效控制。

(四)忽视食品安全的宣传教育和培训

政府缺乏对民众食品安全系统的教育和培训,广大生产者、消费者对食品安全的意识有待加强。食品生产者为了谋利,缺乏安全生产的责任意识,违反法律法规的现象普遍存在;作为消费者,一是自身的食品安全意识淡薄,二是辨别安全食品的能力较弱。在此次疫情暴发之前,很多人根本不知道野生动物身上可能携带病毒,甚至盲目地认为野生的就一定是好的、有营养的。正是因为政府忽视食品安全的宣传教育和培训,才导致人们长期的

---

① 张利庠、张喜才:《食品安全危机管理》,中国农业科学技术出版社2010年版,第55页。

食品安全意识淡薄。

二 疫情防控常态化背景下食品安全监管的挑战

新冠肺炎疫情的全球大流行给食品行业的生产、加工、零售以及餐饮等环节都带来了极大的挑战，同时也对我国的食品安全监管工作提出了新考验。目前，疫情防控进入常态化阶段，零星散发甚至局部聚集性疫情的风险仍然存在。这次新冠肺炎疫情的暴发与扩散给食品安全监管工作带来的新挑战主要体现在以下几个方面。

（一）网络订餐增加监管难度

在抗击新冠肺炎疫情的关键时期，许多人选择了"足不出户"的消费方式，通过网络订购食材自己在家做饭，或者直接在网上购买食品。食品的网络销售渠道为消费者提供了更方便、更经济、更多样的餐饮选择，但也增加了食品安全监管部门的监管难度。与传统的餐饮服务相比，网络餐饮服务监管较为薄弱。网络订餐存在环节多、业态新、涉及面广等特点[1]，对于这种新形式如何监管，相关部门仍处于探索阶段，尚未形成有效的监管模式。

首先，网络订餐包含原料采购、加工制作、食品包装和配送等多个环节。相比于传统餐饮服务，网络餐饮服务链条更长，特别是快递配送环节的增加，不仅增加了食品二次污染的风险，也增加了监管难度。其次，网络订餐涉及的主体更多，不仅涉及餐饮服务提供者（外卖商家），还涉及第三方交易平台、快递（跑腿）公司等主要服务提供者。目前，大型第三方平台的管理已经

---

[1] 赖礼碧：《破解网络订餐"监管难"问题的探索——以泉州市推进网络订餐食品安全监管为例》，《食品安全导刊》2020年第16期。

逐步规范，但网络餐饮店数量众多、质量参差不齐，第三方平台的市场准入管控也不够严格，因此存在一些外卖商户证照不全、经营项目类型不统一，甚至伪造证照等违法行为。最后，在网络餐饮消费的过程中，消费者与网络餐饮提供者并不直接见面，因此消费者对食品来源、加工方式、卫生状况等一无所知，这也使来自消费者方面的监督普遍缺失。

随着"互联网+"对餐饮业的深度嵌入，网络食品消费将会被越来越多的人接受，特别是在新冠肺炎疫情防控期间，网络订餐甚至成为特殊情况下的"官方"允许方式。但是，各种新技术、新业务类型和新模式的出现也使得食品安全风险的来源和传播机制越来越多样化，传统的监管方式很难适应新时期的食品安全监管需求。目前，虽然有一些网络食品安全监管的法律法规颁布，但由于监管部门缺乏既掌握餐饮食品监管技术，又具备网络监管能力的监管人员，网络订餐存在的问题仍然没得到有效解决。

（二）食品安全监管执行力不足

新冠肺炎疫情的全球大流行给食品安全监管部门的日常工作和活动带来了前所未有的挑战。一方面，一些食品安全监管部门的工作人员被暂时抽调到国家新冠肺炎疫情紧急响应小组，也有一些工作人员因居家工作、自我隔离等原因不能参加实地监管工作，导致食品安全监管人力不足。另一方面，部分原先用于食品检测的实验室被临时用于新冠病毒临床检测，导致食品检测能力下降。此外，在疫情较为严重的时期，市场监管部门无法进行现场检查，食品安全监管实际上处于真空状态，带来了很大的食品安全隐患，提高了食品安全事件发生的概率。在新冠肺炎疫情大流行的背景下，本身社会各界就会对人员流动进行严格限制，监管部门需要在抗疫的同时保障对食品安全进行有效监管，这是监管部门当前面临的一个重大挑战。

（三）进口食品检疫检验措施有待完善

在新冠肺炎疫情全球大流行的背景下，我国进出口食品安全监管的形势更加严峻。北京地区暴发的二次疫情最早源于新发地市场，并且在切割进口三文鱼的案板中检测到了新冠病毒。虽然目前还不能确定进口的三文鱼是否在入境之前就已携带新冠病毒，但还是很有必要加强对进口食品的检验检疫。目前，国内的疫情已基本稳定，但国外的疫情形势却不容乐观。在这种情况下，对于进口食品的检验检疫应当慎之又慎。

经济全球化的不断发展使得食品供应链不再局限于单一的地区，食品从原料供应、加工到运输等环节在不同国家之间频繁流转，进口食品渠道多元化趋势明显。此外，互联网的飞速发展使得我国网购进口食品交易量大幅上涨，监管对象也逐渐多元化。线上和线下不断出现进口食品的安全问题，对中国食品安全监管部门提出了更大的挑战，加大了中国食品安全监管的难度。

我国的进口食品安全监管是由国家出入境检验检疫机构主要负责的，其职责包括收集、汇总进口食品安全信息，并及时通报相关部门、机构和企业，同时对向我国境内出口食品的国家（地区）的食品安全管理体系和食品安全状况进行综合评估和审查，并根据评估和审查结果来确定相应的检验检疫要求。尽管近年来我国持续加强对于进口食品的监管力度，努力营造安全公平的进口食品市场环境，但仍然难以应对迅速变化的市场状况。

我国虽然已积极建设进口食品安全风险分析机制，但由于起步晚，与美国、德国和日本等发达国家相比，食品安全风险分析技术远远落后于国际先进水平。同时，中国食品安全监管主体严重单一化，几乎全部以政府为主，没有社会组织和公众等其他社会力量的支持。政府监管部门和有关的进口食品企业之间沟通较少、与进口食品消费者之间的信息不对称，导致监管措施落实不到位，企业内部监控不及时，消费者对进口食品安全意识薄弱，监管工作缺乏活力[1]。

第四节 疫情中发布的食品安全监管政策

从疫情最初暴发到目前进入防控常态化阶段，我国政府一直高度重视食品安全问题，并根据不同时期的现实情况出台了相应的食品安全监管政策，本节选取了四个比较重要的监管政策进行介绍，具体的政策内容如下。

一 市场监管政策

为贯彻党中央、国务院关于新冠肺炎疫情防控工作的决策部署，坚决打赢疫情防控阻击战，针对疫情防控期间食品安全监管的新情况、新问题、新要求，市场监管总局于2020年2月10日印发《关于疫情防控期间进一步加强食品安全监管工作的通知》[2]，部署各地市场监管部门进一步加强重点场所、重点环节食品安全监督管理，把监管工作做实做细做到位，切实保障人民群众身体健康，服务疫情防控大局。通知要点如下。

一是突出经营场所环境卫生检查。食品经营场所人员流动性强、密度大，直接入口食品多，环境卫生要求高。《通知》要求

---

[1] 费威、朱玉：《我国进口食品安全监管体制分析及其完善》，《河北科技大学学报》（社会科学版）2018年第3期。

[2] 2020年2月12日，http://www.samr.gov.cn/spjys/tzgg/202002/t20200211_311452.html。

各地市场监管部门进一步加大对餐饮单位、商场超市、农（集）贸市场等重点场所监督检查力度，督促餐饮单位每天对就餐场所、保洁设施、人员通道、电梯间和洗手间等进行消毒，洗手间配备洗手水龙头及洗手液、消毒液，保持加工场所和就餐场所的空气流通，定期对空气过滤装置进行清洁消毒。督促网络餐饮服务第三方平台提供者每天对网络订餐对外送餐食品的保温箱、物流车厢及物流周转用具进行清洁消毒，对食品盛放容器或包装进行封签。

二是突出库存和采购食品的查验。疫情防控期间，大量聚餐活动取消，食品经营场所可能存在库存食品；企业开工复工人员不足，可能存在进货查验审核不到位等风险。《通知》要求各地市场监管部门要督促食品经营者依法履行食品安全主体责任，全面自查自纠，对库存食品质量安全状况进行盘点清查，及时清理过期和变质的食品原料，严格执行采购食品原料进货查验要求，保障经营的食品质量安全。

三是突出商超散装食品的管理。超市销售散装糕点、卤制品、凉菜、熟食等散装直接入口食品的情况较为常见，防疫消毒措施有可能带来消毒剂污染食品的风险。《通知》要求散装直接入口食品应当使用加盖或密闭容器盛放销售，采取相关措施避免人员直接接触食品；鼓励商家设置提示标识，减少对散装直接入口食品的直接触摸。销售散装食品，应当佩戴手套和口罩；销售冷藏冷冻食品，要确保食品持续处于保障质量安全的温度环境。

四是突出餐饮服务从业人员健康管理。随着生产经营企业复产复工，餐饮场所就餐人员将日益增多，网络订餐需求也会持续增多。《通知》要求餐饮单位从业人员应当严格执行《餐饮服务食品安全操作规范》，按要求和规范洗手、制作菜肴，严控加工制作过程食品安全风险。网络餐饮服务第三方平台对送餐人员严格开展岗前健康检查，配备口罩等防护用具，测量体温。

五是突出农贸市场的监督检查。《通知》要求经营者严格执行禁止野生动物及其制品交易的相关规定，严禁采购、经营、使用野生动物肉类及其制品。存在活禽交易的农贸市场开办者要建立入场活禽销售者档案，督促销售者挂牌经营。经营活禽和禽肉的，要索取留存动物检疫合格证明。经营生猪产品的，要索取留存动物检疫合格证明、肉品品质检验合格证明和非洲猪瘟检测报告。

六是突出产品质量安全抽检。《通知》各地市场监管部门加大对粮油菜、肉蛋奶等一日三餐生活必需品的抽检力度，切实防范化解食品安全风险。做好食品安全投诉举报信息的及时处理，依法从严从重查处违法违规行为，涉嫌违法犯罪的，及时移送司法机关。

七是突出"三保"行动引导。为凝聚广大食品生产经营者防控疫情的合力，发挥市场主体作用，市场监管总局启动保价格、保质量、保供应"三保"行动，搭建起民生期望与企业责任沟通互信的平台。《通知》鼓励食品生产经营企业积极参与"三保"行动，保证商品价格不涨、质量不降、供应不断，把责任挺在前面，用良心做好食品，众志成城抗击疫情。

《通知》的发布对我国各地市场监管部门具有重要的指导意义，为监管部门在疫情背景下开展工作提供了方向。在《通知》的指导下，我国各地监管部门有针对性地加强了重点场所、重点环节食品安全监管，督促食品生产经营者落实主体责任，维护人民群众身体健康，为疫情防控大局做出了重要贡献。

二 全面禁野政策

新冠肺炎疫情暴发后，革除滥食野生动物陋习的呼声一浪高过一浪。为了维护生物安全和生态安全、有效防范重大公共卫生风险、促进人与自然和谐共生，十三届全国人大常委会第十六次会议表决通过了关于全面禁止非法野生动物交易、革除滥食野生动物陋习、切实保障人民群众生命健康安全的决定（以下简称《决定》）。[①]《决定》自公布之日起施行。农业农村部研究制定实施方案，提出六项具体落实措施。

一是全面落实野生动物保护法律法规。严格落实野生动物保护法及水生野生动物保护实施条例中关于禁止猎捕、交易、运输、食用水生野生动物的规定，对违反规定的在现行法律基础上加重处罚。

二是加快制定畜禽遗传资源目录。根据《中华人民共和国畜牧法》的规定，将比较常见的家畜家禽（如猪、牛、羊、鸡、鸭、鹅等）等列入畜禽遗传资源目录，依照畜牧法的规定进行管理。

三是加快推动水生野生动物目录修订。加强与国家林草局沟通协调，进一步明确水生野生动物和陆生野生动物的相关目录范围。按照《决定》规定，鱼类等水生野生动物不列入禁食范围，按照渔业法的规定进行管理。

四是严格非食用性利用野生动物审批和检验检疫管理。对按照野生动物保护法、中医药法、实验动物管理条例、城市动物园管理规定等法律法规和国家有关规定，因科研、药用、展示等特

---

① 2020年2月26日，http://www.gov.cn/xinwen/2020-02/24/content_5482761.htm。

殊情况非食用性利用野生动物的，依法依规实行严格审批和检疫。

五是加强执法监督。健全执法管理体制，明确执法责任主体，落实执法管理责任，加强协调配合，加大监督检查和责任追究力度，严格查处违反《决定》和有关法律法规的行为；对违法经营场所和违法经营者，依法予以取缔或者查封、关闭。

六是开展普法宣传。组织动员社会各方面，广泛宣传、正确理解《决定》出台的重要意义和主要内容，大力普及生态环境保护、公共卫生法律法规和科学知识，为《决定》和有关法律法规的贯彻实施创造良好环境。

在新冠肺炎疫情的严重影响下，我国蒙受重大的人员和经济损失，社会各界认识到食用野味的危害性，并对全面"禁野"达成共识，专家学者、媒体舆论、普通民众等均发起了立法建议。如今，全国人大常委会表决通过决定，顺应社会文明发展潮流、回应民众关切，标志着我国全面"禁野"迈出重要一步，未来还将全面修订相关法律、制定执行细则，有助于保护野生动物资源，防范滥杀滥捕滥食现象，亦可降低病毒感染风险，保障大众生命健康安全。

《决定》对全面"禁野"做出了详细规定，所有陆生野生动物都不能食用，包括"三有"、人工繁育、人工饲养的野生动物，至于科研、药用、展示等特殊情况，也只能对野生动物进行非食用性利用，从而彻底堵住野生动物食用口子。但猪、牛、羊、鸡、鸽、兔等家畜家禽类除外，其人工养殖利用时间长、技术成熟，从业人员具有一定规模，适用畜牧法的规定进行管理，并进行严格检疫。

此前，各地均有大量商家钻法律空子，打着养殖野生动物的旗号，干着非法猎捕、交易野生动物的行径，由于其行为隐秘、野生还是养殖不好区分，导致监管部门难以判断和查处，野生动物保护工作困难重重。而全面"禁野"决定堵住了《野生动物保护法》等法律的漏洞，禁止一切以食用野生动物为目的行为，不再给猎捕、交易、食用野味者留下可乘之机，以达到全面封堵的效果，亦便于监管部门执法。

需要看到的是，我国民间有着长期的"食野"习俗，野味猎捕、交易均已形成完整的产业链，很多人出于炫耀、猎奇、养生等心理，养成了"食野"陋习。事实上，虽然多个部门发布通告，明确在疫情期间，全面禁止野生动物交易、食用，但各地仍然有很多人顶风作案，违法猎捕、买卖、食用野味。可见，在全面"禁野"决定实施后，监管部门依然任重道远，需要严格依法执法，对违法行为"零容忍"，采取最严厉的打击手段，树立起法律的威严。

同时，要注意利益团体的抵触。由于禁止食用驯养繁殖类野生动物，势必会对相关产业和养殖户收益产生影响，因此，有必要采取相应的措施，鼓励和引导相关产业、养殖户转型，给予一定的补贴、政策扶持等，令其主动配合全面"禁野"法律。

三 餐饮服务疫情常态化防控政策

为贯彻党中央关于抓紧抓实抓细疫情常态化防控工作的决策部署，统筹推进疫情防控和经济社会发展，在疫情常态化防控下规范餐饮服务经营活动，保障消费者与从业人员健康安全，促进餐饮业恢复发展，经国务院同意，商务部、卫生健康委和市场监管总局于 2020 年 10 月 27 日联合发布了《关于餐饮服务新冠肺炎疫情常态化防控工作的指导意见》（以下简称《指导意见》）①，主要内容如下。

（一）总体要求

依据《中华人民共和国传染病防治法》《突发公共卫生事件应急条例》等法律法规，贯彻"安全第一、预防为主"的方针，依法科学开展餐饮业疫情防控工作，落实落细防控举措，充分发挥餐饮业在保障民生、增加就业、拉动消费等方面的重要作用，扎实做好"六稳"工作，全面落实"六保"任务，努力克服新冠肺炎疫情带来的不利影响，支持餐饮业加快恢复发展。

（二）基本原则

属地管理原则。各地人民政府要落实属地责任，加强组织领导，完善细化各项举措，加大宣贯力度，督促餐饮服务单位严格落实主体责任，结合实际做好防控工作。

群防群控原则。坚持底线思维，牢固树立群防群控意识，餐饮服务单位及其从业人员、消费者均应克服疫情防控麻痹思想，自觉执行防控要求，严格履行防控职责，确保全员参与、全面覆盖、全过程防控。

动态调整原则。根据疫情形势变化和当地突发公共卫生事件应急响应级别调整，按照当地疫情防控总体要求，因地制宜、因时制宜，动态调整和完善餐饮服务疫情防控标准和措施。

（三）严格落实各方防控责任

各地人民政府要落实属地责任。各地要按照分区分级精准防控的原则，依据当地疫情形势、风险等级和应急响应级别，提出餐饮业防控原则并严格落实疫情防控责任。商务、卫生健

---

① 2020年11月1日，http://www.gov.cn/zhengce/zhengceku/2020-11/05/content_5557706.htm。

康、市场监管等有关部门要按照当地人民政府的要求做好餐饮领域疫情防控工作，指导餐饮服务单位制定并严格落实各项防控措施。

餐饮服务单位要落实疫情防控主体责任。餐饮服务单位要按照当地疫情防控部门要求，落实疫情防控主体责任，科学制定具有针对性和可操作性的疫情防控工作方案和应急处置预案；确保口罩、洗手液、消毒剂和测温仪等疫情防控物资配备到位；对员工开展疫情防控知识培训，确保所有员工应知应会。

顾客及其他进店人员要落实群防群控责任。顾客及其他进店人员要按当地防控要求，积极配合餐饮服务单位，科学佩戴口罩，做好体温检测，信息登记，出示"防疫健康码""行程卡"信息等相关工作，做好个人防护。

（四）压实压紧餐饮服务单位疫情防控责任

1. 在员工卫生管理方面的防控责任

在高、中风险地区运营的餐饮服务单位应建立员工健康档案，记录每日体温、外出情况等信息；员工上岗期间要保持工作服整洁，及时进行手部清洁消毒，佩戴一次性医用口罩或医用外科口罩并及时更换，避免用未清洁的手触摸口、眼、鼻，打喷嚏、咳嗽时用纸巾遮住口鼻或采用肘臂遮挡等；员工一旦有发热、乏力、干咳等疑似新冠肺炎典型症状，应上报单位或所在社区，及时到定点医疗机构就诊并通报相关人员，按规定进行隔离，就诊途中尽量避免乘坐公共交通工具，防范交叉感染；如员工发现共同居住人或密切接触者出现疑似新冠肺炎典型症状，要及时上报单位并做好个人防护和隔离，必要时应到定点医疗机构就诊。

2. 在食品采购和加工方面的防控责任

严格落实进货查验及索证索票制度，确保食材来源可追溯。

外出采购人员要做好个人防护。严禁采购和制售野生动物及其制品；原料供应商选择、食品加工制作、餐饮具和加工用具的清洗要符合保障食品安全的有关规定。密切关注原料供货商所在地的疫情变化情况，如原料供货商有员工确诊，根据相关防控规定对已采购原料封存待查。

3. 在环境卫生方面的防控责任

根据当地防控要求，定时对食品处理区域、就餐区域、人员通道、食品货梯、员工更衣室、集体宿舍区域进行清洁、消毒工作。加强环境卫生消毒处理时，要避免污染食物。当场所出现新冠肺炎确诊病例，餐饮服务单位应立即停业，在疾控机构指导下对场所环境和空调（系统）进行终末消毒，直到卫生学评价合格并经相关部门同意后，方可恢复正常营业。

温度适宜时，尽量采用自然通风加强室内空气流通。按照空调运行管理与使用的有关指引做好空调的运行管理和使用。如使用集中空调，运行过程中以最大新风量运行，每月至少一次清洗、消毒或更换空调关键部件。在高、中风险地区运营的餐饮服务单位，每周清洗、消毒空调通风系统空气处理机组、送风口和冷凝水盘等部位，必要时更换空调关键部件。

按照全面精准开展环境卫生和消毒工作的有关规定做好餐饮服务场所消毒工作，制定就餐及公共区域清洁消毒制度，做好清洁消毒记录并在公共区域展示；做好收银台、电梯、公共卫生间等公用设备设施和门把手等高频接触物体表面的定时清洁消毒；有条件的餐饮服务单位可在电梯口、收银台等处配备手消毒剂或感应式手消毒设施；就餐区无洗手设施的，应配备免洗手消毒液等手消毒用品或其他手消毒设施。

确保卫生间通风良好，洗手设备正常运行，洗手盆、地漏等水封隔离有效。每日定时对卫生间进行清洁、消毒和杀虫,保持地面、墙壁、洗手池无污垢,便池无粪便污物累积,室内无蚊蝇。

加强垃圾分类管理,及时收集并清运。废弃口罩应设置专门垃圾桶。每天对垃圾存放设施进行清洁消毒。餐厨垃圾处置应当符合法律、法规、规章的要求。

4. 在顾客服务方面的防控责任

在高、中风险地区运营的餐饮服务单位应要求进店人员佩戴一次性医用口罩或医用外科口罩,在其进店时按照当地防控要求,检查进店人员"防疫健康码"或"行程卡"等,上述信息符合要求且体温检测正常,方允许进店;通过扫描进店人员"防疫健康码"等方式,记录其姓名、联系方式和到店时段等,同时依法做好信息保护工作。低风险地区餐饮服务单位无须对进店人员进行体温检测,在餐厅(馆)可不戴口罩。

在高、中风险地区运营的餐饮服务单位在店内外候餐区、取餐区、结账区等人员易聚集区域画设"一米线",严格控制人流密度,进店人数要与餐位数相匹配,不得造成点餐、等餐、等位等人员聚集。提倡建立顾客预约制度,合理安排顾客到店时间,避免人员聚集。提倡非接触式点餐、结账。

在高、中风险地区运营的餐饮服务单位应控制餐厅(馆)就餐人数,拉开桌位间距,确保间隔在 1 米以上;如桌椅固定无法移动,要明确标识出非使用桌位;不安排非同行顾客同桌就餐。

在高、中风险地区运营的餐饮服务单位每个包间限开一桌,就餐座位间要保持 1 米以上距离,提倡就餐人员在用餐前后戴好口罩。每餐次顾客离开后,须对包间进行清洁消毒和通风处理。

对于合餐顾客，餐饮服务单位应提供"一菜一公筷、一汤一公勺"，或者"一人一公筷、一人一公勺"服务，公勺公筷宜采用不同颜色、材质或突出标识等醒目的方式进行区分。鼓励提供密封包装的牙签。有条件的餐厅（馆）要积极推广分餐制。提倡就餐时间不超过两小时。

用于顾客自取或外送的餐食，宜采用密封方式盛放，提倡每份餐食使用自制或订制的专用食安封签。如无食安封签，可选用一次性使用、不可复原的材料封闭外包装，防止运送过程中污染餐食。餐饮外卖服务应按照外卖配送和快递从业人员疫情健康防护的有关要求严格执行。

（五）政策评价

《指导意见》的发布对于疫情防控常态化背景下的餐饮业发展具有重要的指导意义，明确规范了疫情背景下的餐饮服务经营活动，有效保障了消费者与餐饮从业人员健康安全，促进了餐饮业恢复发展。在《指导意见》的指导下，各地监管部门因地制宜、因时制宜，动态调整和完善餐饮服务疫情防控标准和措施，并指导餐饮服务单位制定并严格落实各项防控措施，防止餐饮服务单位及其从业人员和消费者出现疫情防控麻痹思想，为疫情防控大局做出了重要贡献。

四 进口冷链食品疫情防控政策

近日，多地通报在进口冷链食品外包装或环境样本中检出新冠病毒核酸阳性。为此，交通运输部 2020 年 11 月 13 日印发《公路、水路进口冷链食品物流新冠病毒防控和消毒技术指南》

(以下简称《指南》)。①

《指南》要求,从事进口冷链食品装卸运输等环节的公路、水路冷链物流企业、港口码头、货运场站等经营单位要严格按照要求做好新冠病毒防控和消毒工作,坚决防止新冠病毒通过冷链物流渠道传播。

一是加强从业人员防护,切实保障冷链物流一线工作人员自身安全。严格做好港口作业人员以及司机、装卸工、船员、引航员等冷链物流一线工作人员的安全防护,做好人员体温监测、安全防护用品配备、定期核酸检测及消毒等工作,切实保障一线工作人员安全,防止感染风险。

二是严格运输工具消毒,坚决防止病毒通过交通运输渠道传播。组织或委托有资质的消毒单位,对进口冷链食品运输车辆、船舶、冷藏集装箱内壁等运输装备进行定期消毒。

三是落实信息登记制度,为冷链物流疫情防控追溯提供有力支撑。严格执行信息登记制度,如实登记装运货物、车船、司乘人员(船员)、装卸货及收货人信息等。

四是做好突发事件应急处置,坚决切断冷链物流病毒传播途径。制定新冠肺炎疫情应急处置方案,对进口冷链食品或包装物检出新冠病毒核酸阳性的,企业应迅速启动应急预案,按照疫情防控要求,及时有效处置。

《指南》以预防公路、水路进口冷链食品物流从业人员及相关人员受到新冠病毒感染为主线,突出装卸、运输等重点防控环节,注重加强冷链食品消毒。在当前进口冷链食品频繁被检测出新冠病毒的情况下,《指南》的发布正当其时。它明确了进口冷

---

① 2020 年 11 月 14 日,http://www.gov.cn/zhengce/zhengceku/2020-11/14/content_5561444.htm。

链食品装卸运输过程防控要求和消毒要求、从业人员安全防护要求及应急处置要求，持续强化了"外防输入、内防反弹"和"人物并防"的防控策略，有效防止了新冠病毒通过冷链物流渠道传播。

第五节 完善食品安全监管的政策建议

新中国成立以来，我国的食品安全监管体制改革遵循了不断强化"综合监管和专业监管"的改革演进逻辑，有效解决了多头监管和制假售假等问题，但新冠肺炎疫情的出现给我国的食品安全监管带来了一些新问题，针对上文提出的问题，给出的具体对策如下。

一 建立健全地方政府食品安全危机管理制度

一是建立地方政府食品安全危机善后独立调查制度。独立调查制度必须独立于行政系统和司法体系之外，只有这样才能保证其独立性和相对的权威性，赢得公众的信任，更好地安抚社会心理。同时，公正地甄别事件诱因，杜绝政府官员中出现的贪污包庇现象。

二是建立地方政府食品安全危机善后信息管理机制。一方面，要建立信息交流、沟通与反馈机制，包括搜集食品安全危机爆发前、中、后的各方面信息和资料，及时公开相关信息，加强与公众的信息对话和沟通交流及促进地方政府内部相关部门之间相关信息的交流和沟通等。另一方面，要在地方政府食品安全委员会办公室成立食品安全信息中心，建立食品安全危机信息数据库，建立面向公众的信息交流和信息共享平台等。

三是建立地方政府食品安全协同监管机制。首先，监管部门要变被动监管为主动监管，进一步增强工作责任感，形成监管合力，积极有效地破解食品安全监管难题。其次，要建立健全协同监管的相关法规规章，从规章制度上实现协同，为协同监管工作提供合理有力的法律支持。再次，要建立完善协同监管的制度体系，包括地区和部门的食品安全监管联席议事机制、食品安全信息通报和发布机制、重大食品安全事故应急处置机制，以及食品安全重点监测、评估和预警机制等。最后，协同监管需要政府与社会、政府与市场、政府与群众的互动合作，形成多方配合，社会公众广泛参与的协同机制。

二 建立全程食品安全可追溯机制

食品生产各个环节中的安全风险都有可能随着供应链传递到下一个环节，实现食品的全程可追溯是保障食品安全的重要手段。目前新冠肺炎疫情的传播存在诸多不确定因素，特别是在室内场所，接触概率更大，食品企业除了做好生产人员安全措施保障和环境消毒外，还要注意食物被间接污染的风险。因此，需要每天对食品数据、销售数据、消费者信息等记录在案，也就是做到全程监管和溯源追踪。比如，疫情的发展让许多消费者通过生鲜外卖的方式来购买食物，这一方式很大程度上避免了人群接触风险，但保障食品质量安全和外卖人员信息登记就显得尤为关键。

为此，可将大数据、区块链和物联网等各类新技术有机融合，实现数据信息的全方位收集和分析，精准发现和妥善处理食品安全问题。同时，要加强食品从生产、加工、运输到销售等各环节相关数据信息的共享，食品企业、消费者和监管部门等都可以利用这些共享信息来查询和溯源，实现食品"来源可溯、去向可查、责任可究"[1]，这样不仅能明确相关主体的责任，而且有助于提高食品安全监管部门的监管效率。

三 创新网络订餐监管方式

当前，网络订餐是食品消费的新模式，相比于线下的传统消费模式，对这种新模式的食品安全监管难度更大。对此，可以利用互联网优势，逐步建立并完善网络订餐大数据平台，通过网络技术来收集并分析网络餐饮单位的相关信息，以此进行数据比对、提供数据支持。根据数据分析结果，督促第三方交易平台和线上餐饮商家及时更新线上食品安全信息，对于未按照相关规定承担责任、履行义务的第三方交易平台予以惩处，对于存在证照不齐全、制售问题食品等违法行为的外卖商家予以取缔。此外，还可通过数据库和数据挖掘等技术对第三方平台公示的企业信息和消费者点评信息进行食品安全信息的抓取，从而提前发现可能存在的安全隐患。

除了通过大数据平台来实行"以网管网"之外，还可以通过推广"食安封签"的方式来引导消费者参与到食品安全监管的过程中。监管部门应当鼓励外卖商家设计制作附有食品安全信息追溯码食安封签或食品餐盒，这种食安封签或食品餐盒一旦打开就会出现破损且无法恢复原状，这样既能够保证外卖食品来源可追溯，又可防止配送过程因食品被打开而受到二次污染。同时，网络订餐消费者应当养成"拒收无食安封签或食安封签破损的外卖食品"这一良好习惯，从而倒逼网络餐饮商家设计并使用食安封

---

[1] 丁春燕：《食品溯源信息及其监管》，《法治社会》2016年第2期。

签或食品餐盒，规范外卖配送过程中的管理制度，形成社会共治的良好氛围。

四　加强食品安全智慧监管

在疫情特定应急状态下，市场监管部门无法实地检查，再加上受原料短缺、人手短缺等影响，存在很大的食品安全隐患。对此，充分利用信息化技术手段，实现对食品行业的智慧监管，将会是行之有效的破解路径[①]。根据不同地区或各级监管部门的不同需求，采取不同的形式，既可以建设一个综合信息监管平台，也可以依据某一具体监管职能有针对性地开发相应的App或小程序。例如：将日常监管过程中使用的标准化表格均以电子化形式呈现，监管人员和监管对象都可以通过相应的软件平台即时上传或查询相关信息，并根据疫情严重程度，有针对性地增加相关内容，如可以加入员工体温监测记录和场所消毒记录等；也可以通过视频会议或智能眼镜等先进的技术手段，代替监管人员亲自到现场对食品生产或经营场所进行核实和巡查；还可以利用地理信息系统和大数据等技术，实现对监管区域内各类食品企业的时空分析，做好风险预警。

针对疫情背景下较为流行的网络订餐，监管部门在延续原有监管方式的同时，还应该结合季节特点对各类食品进行风险分级管理，督促第三方平台强制网络餐饮服务企业按照监管要求进行食品储运，消除食品安全隐患。这样可以避免因食品安全问题造成人员发病，既减轻了医院负担，又降低了感染疾病的风险。此外，监管部门还可以与互联网平台共享相关交易数据，对于那些

---

① 何涛、王超、陈艳、蔡军、梁群、张艳、张秀宇、裴新荣：《灾害疫情应急状态下食品安全监管浅议》，《食品安全质量检测学报》2020年第10期。

交易量大的食品类别和品牌,结合消费者的地区分布、当前季节和食品自身风险等级等,有针对性地开展网络食品安全专项抽检。同时,在确保食品可追溯的前提下,尽可能简化监管程序,主要在大型商超开展现场检验和检测工作。

五 充分发挥食品安全社会共治作用

目前,食品的生产、加工和交易系统过于庞大且分散,加之疫情背景下监管执行力不足,监管部门很难对所有环节进行有效的监管,传统的食品安全监管方式效率较低,需要充分发挥食品安全社会共治作用。社会共治理论强调发挥社会各主体的责任意识,共同监管食品安全。社会共治,包括"社会协同"与"公众参与",因此可将社会共治的主体分为:企业、政府与第三方监管力量。第三方监管力量,独立于食品安全保证主体(企业和政府),也叫作社会监管力量,包括媒体、消费者、非政府组织等。在社会共治的框架下,包括政府在内的各种社会力量交织成监管网络,从而确保食品安全[1]。监管部门应当充分调动广大消费者、食品行业协会和媒体等各方的积极性,使其参与到食品安全风险预警和监测中。为此,可以构建一个新的食品安全管理网络,实现消费者和管理方多方协同运作,共享互通。这样,消费者的监督能及时地发现问题,监管人员也能及时采取措施,减少监管成本和精力,对食品安全监管体系构建和疫情防护工作都具有重要意义。

要凝聚起食品安全社会共治的合力,不仅要培育成熟的食品消费者,也要强化食品企业主体责任,还要推动食品行业协会健

---

[1] 张曼、唐晓纯、普蓂喆、张璟、郑风田:《食品安全社会共治:企业、政府与第三方监管力量》,《食品科学》2014 年第 13 期。

康发展。首先，消费者是食品安全监管工作的最终受益者，也是做好监管工作必须紧紧依靠的力量源泉。建议在中小学教材中增加食品安全知识，提高公众健康食品消费的科学素养，同时通过组织开展食品安全周宣传活动，营造人人关心食品安全、人人监督食品安全的良好氛围。各级监管部门要建立健全食品安全有奖举报制度，设置合理的奖励条件，鼓励消费者投诉和举报食品安全问题。其次，食品企业是食品安全的第一责任人，建立食品企业首负责任制是实现食品安全的治本之策。监管部门要督促食品企业严格执行进货查验、清洁消毒、索证索票、健康体检等相关制度，深入推进食品安全信用体系建设，完善食品企业的信用档案，定期向社会公布其信用信息和违法行为，将食品安全与食品企业的"身家性命"紧密相连，倒逼食品企业增强主体责任意识，诚信经营、守法经营[1]。最后，食品行业协会作为食品监管部门和食品企业之间的桥梁，要充分发挥"内部吹哨人"的作用，积极发挥行业内部监督作用，加强对会员单位的管理和教育，促进行业自律，实现食品行业健康有序发展。

六 强化进口食品风险管理理念，提升检测技术水平

风险管理是国际海关组织公认的海关现代化建设的重要内容之一，已为各国海关所采用。食品安全风险分析系统是目前最合理、最科学的食品安全监管模式，它由风险评估、风险管理和风险交流三个子系统组成[2]。我国可以借鉴美国、德国和日本等发达国家的风险管理理念，培养进口食品风险管理分析技术性人

---

[1] 曲肖华：《餐饮服务食品安全监管问题研究》，硕士学位论文，山东师范大学，2015年。

[2] 刘涛、田鑫：《进出口食品安全监管"新常态"及应对探析》，《重庆理工大学学报》（社会科学版）2017年第7期。

才，强化食品安全风险预警机制的作用，同时建立监管部门的汇总信息发布平台，加强风险交流。在进口食品安全监管方面强化风险管理理念，确保出入境管理最有效地降低人们的健康和安全风险。

食品检测技术是保障进口食品安全监管的重要条件，高水平的检测技术可以直接提高进口食品监管的效率和质量，对加强进口食品质量安全具有重要意义[1]。首先，整合各类检测资源，将政府的实验室分离，并同企业、高等院校和第三方检测机构等相关单位的实验室进行整合，建立起独立的实验室，尽可能实现"管检分离"，降低腐败风险。其次，可以通过各类优惠政策来降低相关实验成本，推动前沿检测项目的研究，提高我国食品检测水平。最后，积极推动我国相关进口食品企业以及中国检验认证集团与境外机构进行检测合作，将国外较为权威实验室的认证的检测结果纳入现行的境外预检验体系，这既能间接提高检测水平，又能减少人力和物力的浪费，同时也避免了一些不必要的行政干预。

七 加强进口食品安全保障体系建设

首先，加强进口食品安全标准体系的建设。我国现有的食品安全标准体系存有缺失和遗漏，存在标准过低、方法陈旧的问题。对此，我国应加快对既有食品安全标准的清理、整合、完善工作，解决安全标准中存在的交叉、重复、矛盾，以及重要指标缺失等问题；逐渐废除多层标准通行的混乱局面，构建统一的国家标准体系；主动投入国际食品安全标准的研发和制定，汲取更

---

[1] 王晓熹：《我国进口食品安全监管存在的问题及对策研究》，硕士学位论文，山东大学，2019年。

第六章
中国食品安全监管风险应对策略

高水平的食品安全标准制定经验，积极寻求区域间协作，进而打造统一有序的现代化标准体系。通过食品安全标准法律体系的不断整合、健全和完善，促进食品安全标准内容的合理化、科学化，提升监管水平，从而更好地维护社会公众的健康。

其次，加强进口食品安全风险体系建设。进口食品风险体系包括风险评估、风险管理和风险应急三个部分。在风险评估工作中，我国需引入国际先进的风险评估理念，不断提升风险评估水平，以期得出更加科学合理的风险评估结论，变被动监管为主动监督，实现最大程度的风险控制。在风险管理上，我国应当在进口食品行业引入HACCP认证制度，实现对进口食品的源头化管理，提高风险管理工作的效率。同时，不断提升监测数据的电子化水平，提高信息传递速度，为风险评估提供有力的数据支撑。在风险应急上，我国应当提高应急反应速度，根据风险评估结果对高风险食品进行重点监控，有效提高执法效益。据此建立以风险评估和风险预警为核心的全方位、全过程监管体系。

最后，加强进口食品安全信用体系建设。有效的监督就必须让政府摆脱其"保姆"的角色，使之成为监督者，参与到食品安全监管的过程中，通过政府对企业的监督引导，提升食品生产者和经营者的主体意识和诚信意识，充分贯彻"企业是进口食品安全第一责任人"的理念[1]。加强企业社会责任，加快食品经营者安全信用档案的建立和完善，推进食品行业诚信体系的建设，对进口食品经营者实行实名制管理，进行详细的身份信息录入和披露，建立电子档案，对食品生产商及其进口商（代理商）

---

[1] 钟筱红：《我国进口食品安全监管立法之不足及其完善》，《法学论坛》2015年第3期。

实行黑名单制度，实时更新食品经营者的信用档案和不诚信名单，督促境外食品生产企业遵守我国法律法规。推进行业自律，通过法律后果的设置引导企业承担其应有的食品安全担保责任，营造诚信健康的食品企业文化，从源头打造安全诚信的食品市场供应。

第七章　认知行为理论视角下消费者食品风险感知及应对

改革开放 40 多年来，消费在我国经济发展中始终发挥着基础性作用。陈丽芬（2020）研究发现，40 多年间消费、投资和出口"三驾马车"对经济增长的平均贡献率分别为 59%、38% 和 3%，对经济的拉动作用平均为 5.4%、3.9% 和 0.2%；而从 2012 年到 2019 年，消费对经济增长的贡献和拉动作用超过投资，消费贡献率在 47%—76%，投资贡献率在 32%—55%，两者平均贡献率分别为 58.9% 和 41.5%，消费拉动作用为 3.5%—5.0%，投资拉动作用为 1.9%—4.3%，两者平均拉动作用分别为 4.1% 和 2.9%。可以说，消费也日渐成为我国经济和社会发展的"稳定器"和"压舱石"。

2020 年 2 月 3 日，习近平总书记在中央政治局常委会会议研究应对新型冠状病毒肺炎疫情工作时的讲话中指出，要在做好防控工作的前提下，推动各类生产企业复工复产。[1] 新冠肺炎疫情的暴发使很多食品企业措手不及，此次疫情对食品行业来说既是挑战也是机遇。疫情发生后，人们的消费习惯和消费观念均有所

---

[1] 习近平：《在中央政治局常委会会议研究应对新型冠状病毒肺炎疫情工作时的讲话》，《先锋》2020 年第 2 期。

变化，那么在疫情防控常态化阶段，我国食品消费会发生怎样的变化？面对消费方面的变化，食品行业又会迎来怎样的挑战和变革？面对竞争与挑战，食品企业该采取哪些举措有效应对？这些问题与行业、企业、消费者密切相关。

因此，面对新冠肺炎疫情的严重冲击和国际经济的严峻形势，提振消费是复苏经济的重中之重。食品消费作为最基本的生活需求，消费者在新冠肺炎疫情下的反应必定会对食品产业的发展产生影响。为此，本章首先以笔者之前的研究为例帮助读者理解认知行为理论的内容和内在逻辑，接着基于认知行为视角阐述新冠肺炎疫情下消费者的反应，并提出新冠肺炎疫情下基于消费者角度的中国食品产业发展策略。

第一节　认知行为理论

认知行为理论（Cognitive Behavioral Theory）[1]认为，在认知、情绪和行为三者中，认知扮演着中介与协调的角色，认知的形成受到"自动化思考"（Automatic Thinking）机制的影响。所谓自动化思考，是经过长时间的积累形成了某种相对固定的思考和行为模式，行动发出已经不需要经过大脑的思考，而是按照既有的模式发出。或者说在某种意义上思考与行动自动地结合在一起，而不假思索地行动。认知行为理论强调认知在行为发起中的重要性，强调内在认知与外在环境之间的互动。Corey[2]指出认知行为

---

[1]《认知行为理论》，2020年10月15日，https：//wiki.mbalib.com/wiki/%E8%AE%A4%E7%9F%A5%E8%A1%8C%E4%B8%BA%E7%90%86%E8%AE%BA。

[2] Gerald Corey：《心理咨询与治疗的理论与实践》（第八版），谭晨译，中国轻工业出版社2018年版，第191页。

理论旨在通过改变认知来改变个体的情感和行为。认知行为理论的基本分析框架可归纳如下（如图7-1所示）：

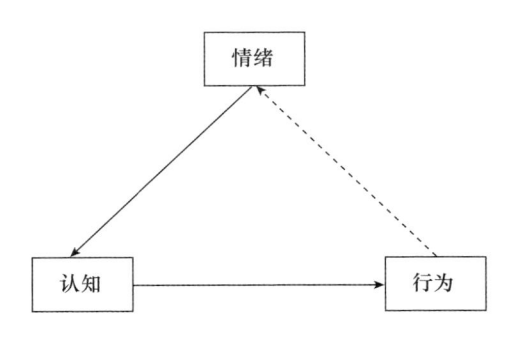

图7-1 认知行为理论分析框架

本章选取此理论的原因在于这些事实：新冠肺炎疫情引起了人们的恐慌情绪，进而影响到人们的认知，最后导致人们行为上发生改变。比如，在新冠肺炎疫情发生后，郑晨等[1]通过问卷调查对湖北省居民心理健康状况进行分析，发现所调查的样本中有16.51%的居民有焦虑症状，51.51%和13.74%的居民有中度和高度恐惧。这些恐慌情绪引起了人们对传统消费的认知，消费观念也逐渐发生了变化。在此情况下，人们的消费行为比如李柳颖、武佳藤[2]的研究发现，新冠肺炎疫情发生后居民家庭消费意愿有所下降，而张丽娜[3]发现无接触消费已经逐渐深入人们的生活……基于这些事实情况，笔者结合认知行为理

---

[1] 郑晨、吴淑琴、王岑、韩尧政、何启强、王培刚：《新冠肺炎疫情期间湖北省居民心理健康状况调查》，《中国公共卫生》2020年第5期。

[2] 李柳颖、武佳藤：《新冠肺炎疫情对居民消费行为的影响及形成机制分析》，《消费经济》2020年第3期。

[3] 张丽娜、张剑秋：《当代大学生绿色消费观存在的问题及对策研究》，《农村经济与科技》2019年第14期。

论展开阐述。

第二节 基于认知行为理论的实证分析

为了让读者对认知行为理论有更深的了解和体会，本节笔者首先以消费者自信、感知风险对生鲜农产品网购行为的影响为例进行说明。[①]

一 消费者自信

在谈论消费者自信前，需要首先介绍自我概念。这是因为Adelman等[②]指出消费者自信属于自我概念中的自尊范畴，是理解消费者行为的重要构念，它被用于代表主观的产品知识和进行市场细分，通常在心理学范畴进行衡量。

Olsen等[③]认为自我概念对于个人而言很有价值，其引导消费行为以保护和促进自我概念。自我概念主要包括自尊和自我一致性，自我一致性动机显示个体的行为与其自我认知相一致。

先前研究中我们定义所研究的是广义上的消费者自信，而不是对特定产品的消费者自信。因此，消费者自信被定义为消费者对于自身市场决策和行为的能力的肯定程度，反映消费者对其在市场中获得积极购买经历的能力的主观评价。

---

① 数据来自 2018 年关于生鲜农产品网购行为的调查。
② Adelman, Pamela K., "Occupational Complexity, Control, and Personal Income: Their Relation to Psychological Well-Being in Men and Women", *Journal of Applied Psychology*, Vol. 72, No. 4, 1987, pp. 529–537.
③ Janeen E. Olsen, Karen J. Thompson, T. K. Clarke, "Consumer Self-Confidence in Wine Purchases", *International Journal of Wine Marketing*, Vol. 15, No. 3, 2003, pp. 40–51.

（一）消费者自信对购买行为的影响

Kotler 等[1]提出消费者购买行为是指人们为满足需要和欲望而寻找、选择、购买、使用、评价及处置产品、服务时介入的过程活动，包括消费者的主观心理活动和客观物质活动这两个方面。

购买是一种社会行为，消费者从购买商品中获得的效用价值依赖于消费者的个人信心和社会信心。消费者对决策结果的信心会影响其购买行为[2]。William 等[3]早在1979年就发现，信息搜寻过程中的自信心可以降低消费者感知到的购买风险。Luce 等[4]研究发现，消费者自信是具有重要意义的，可作为消费者应对市场压力的"保护器"，并在面对复杂和不确定性决策时提供寻求援助的动机。此外，消费自信在交易过程中还可使消费者免受情绪压力和抵抗他人的说服性购买。自信程度低的消费者更容易受环境影响，更倾向于做出非一致性的消费决策[5]；自信程度高的消费者比自信程度低的消费者更难被说服，广告和推销的效果也相对较弱。但过度自信有时也会影响消费决策的质量[6]。

---

[1] Philip Kotler, Randall L. Schultz, "Marketing Simulations: Review and Prospects", *The Journal of Business*, Vol. 43, No. 3, 1970, pp. 237 – 295.

[2] Paridon, T. J., "Extending and Clarifying Causal Relationships in Research Involving Personal Shopping Value, Consumer Self-confidence, and Word of Mouth Communication", *Marketing Management Journal*, 2006.

[3] Bearden William O., Hardesty David M., Rose Randall L., "Consumer Self-Confidence: Refinements in Conceptualization and Measurement", *Journal of Consumer Research*, Vol. 28, No. 1, 2001, pp. 121 – 134.

[4] Luce, Mary Frances, "Emotion and Consumer Choice: An Analysis of the Causes and Consequences of Negative", Task-Induced Emotion in Consumer Decision Domains, Doctoral Dissertation, Duke University, Department of Business Administration, Durham, NC, 1994.

[5] Mossman B. M., Ziller R. C., "Self-esteem and Consistency of Social Behavior", *Journal of Abnormal Psychology*, Vol. 73, No. 4, 1968, pp. 363 – 367.

[6] Alba, Joseph W. and J. Wesley Hutchinson, "Dimensions of Consumer Expertise", *Journal of Consumer Research*, No. 13, 1987, pp. 441 – 454.

（二）消费者自信的衡量

笔者在先前的研究中使用 Bearden 在 2001 年构建的 CSC（Consumer Self-confidence）量表，它主要从消费者自身的认知出发，测度消费者在不同决策过程中的自信程度，即从信息的获取到购买行为的确定的过程中的消费者自信水平。CSC 量表被广泛地应用于消费者行为与偏好方面的研究，并且得到研究学者的普遍认可，其信度和效度水平较高，所以本小组也参考该量表进行研究。CSC 量表具体内容包括以下五个维度。

1. 信息获得与加工

消费过程中有两个因素至关重要，即市场信息的有效利用和交易过程的有效执行。Joseph 等人的研究显示，面对不同的产品，消费者获得和加工信息的能力会影响其决策的有效性[1]，而消费者自信可以很好解释消费者在购买前的信息搜寻行为[2]。

2. 考虑组合的构建

该维度衡量消费者在可能的组合中进行有效选择的能力。Shocker 等人[3]研究发现，自信程度不同的消费者会建立不同的有效满足消费目的的考虑集。

3. 个人和社会结果（2 个维度）

消费者可从产品的使用和他人的反应中获得满足感。Wright

---

[1] Alba, Joseph W. and J. Wesley Hutchinson, "Dimensions of Consumer Expertise", *Journal of Consumer Research*, No. 13, 1987, pp. 441 – 454.

[2] Sridhar Moorthy, Brian T. Ratchford, Debabrata Talukdar, "Consumer Information Search Revisited: Theory and Empirical Analysis", *Journal of Consumer Research*, Vol. 23, No. 4, 1997.

[3] S. Ratneshwar, Cornelia Pechmann, Allan D. Shocker, "Goal-Derived Categories and the Antecedents of Across-Category Consideration", *Journal of Consumer Research*, Vol. 23, No. 3, 1996, pp. 240 – 250.

和Peter认为个人结果和社会结果这两个维度分别衡量消费者满足购买目的和从他人（朋友、家人、邻居等）那里获得正向结果的能力。[1]

4. 说服性知识

说服性知识度量消费者对营销策略的了解程度和应对能力的自信。[2]

5. 市场接入

William认为市场接入度量消费者对其在市场交易中维护权利和表达观点的能力的自信。[3]

二 感知风险

消费者自信会影响消费者的感知风险，进而影响其消费行为。感知风险的六个构面被界定为财务、性能、社会、心理、身体和时间损失。已有研究显示，生鲜农产品的主要感知风险为产品性能风险、服务风险和物流风险。由于网购存在信息不对称、远距离交易的特点，感知风险对消费者网购行为有重要影响。尤其当消费者对产品的质量和安全预期越高时，感知风险越大。而生鲜农产品的新鲜度和安全度是影响农产品网购意愿的一个重要因素。[4] 研究显示，隐私风险、经济风险、配送风险、服务风险

---

[1] Peter Wright, "Factors Affecting Cognitive Resistance to Advertising", *Journal of Consumer Research*, Vol. 2, No. 1, 1975.

[2] Bearden William O., Hardesty David M., Rose Randall L., "Consumer Self-Confidence: Refinements in Conceptualization and Measurement", *Journal of Consumer Research*, Vol. 28, No. 1, 2001, pp. 121–134.

[3] William Hampton Adams, Peter M. Bowers, Robin Mills, "Commodity Flow and National Market Access: A Case Study from Interior Alaska", *Historical Archaeology*, Vol. 35, No. 2, 2001.

[4] 崔艳红：《网购生鲜农产品的感知风险维度及网络营销策略研究》，《农业经济》2016年第5期。

和心理风险对网络零售商惠顾意愿具有显著影响,呈负相关关系[1]。将物流感知风险分为绩效风险、时间风险、心理风险、隐私风险和经济风险五个维度,结果表明网购消费者对绩效风险的感知程度最高,其次是时间风险[2]。

查阅文献并进行分析后,我们认为消费者自信对消费者行为的影响存在两种效应,信心效应和营销效应。信心效应是指消费者的自信程度通过提高消费者效用水平和降低其风险感知程度,促进消费。营销效应是指由于消费者对营销策略的了解和对自我决策的自信,降低了营销策略对其的影响,减少消费。

三 实证研究

(一) 模型设定与研究假说

消费者生鲜农产品网购行为用支出额度来衡量。根据已有文献的研究,消费者网购行为的影响因素主要包括消费者自信、感知风险、个人特征、价格因素、网店信誉、支付条件;消费者自信的影响因素主要包括个人特征、购买经验、身份等。身份可通过职业、收入、民族进行衡量,购买经验可通过价格因素、网店信誉中的具体问题进行衡量;故认为包括了影响因变量和兴趣变量的主要因素,不存在遗漏变量的内生性问题。回归模型具体如式(7-1):

$$Y_1 = \beta_0 + \beta_1 X_1 + \beta_2 X_2 + \beta_3 X_3 + \beta_4 X_4 + \beta_5 X_5 + \beta_6 X_6 + \mu_1 \quad (7-1)$$

---

[1] 梁健爱:《顾客感知风险对网络零售商惠顾意愿影响实证研究》,《企业经济》2012年第8期。

[2] 偰娜:《网购消费者物流感知风险维度及风险水平分析》,《物流技术》2013年第11期。

其中Y_1表示消费者过去一年网购生鲜农产品的支出费用；X_1表示消费者自信；X_2代表个人特征，主要包括性别、年龄、收入（生活费）、受教育水平、民族、婚姻状况、职业；X_3代表价格因素，主要包括打折、优惠活动，产品包邮、节日特惠活动；X_4代表网店信誉，主要包括品牌、质量、服务、物流、互动、描述；X_5代表支付条件，主要包括信息安全、支付方式、便捷程度；X_6代表感知风险，主要包括性能风险、物流风险、服务风险；μ_1和μ_2为残差项。

基于以上分析，在此研究中提出以下6个假说。

H_1：消费者信息获得与加工的自信对其消费行为存在正向影响。

H_2：消费者构建考虑组合自信对其消费行为存在正向影响。

H_3：消费者对购买行为的个人结果的自信对其消费行为存在正向影响。

H_4：消费者对购买行为的社会结果的自信对其消费行为存在正向影响。

H_5：消费者对具备说服性知识的自信对其消费行为存在负向影响。

H_6：消费者对市场接入的自信对其消费行为存在负向影响。

（二）数据来源与描述性统计

1. 数据来源

鉴于网上发放问卷方便、快捷，且在进行处理分析、量化调查结果等方面网上问卷调查都具有显著的优势，尤其有利于大规模的问卷调查，因此，先前调查我们优先采用了网上问卷调查的形式。通过在问卷星上发放问卷，共获得167份问卷，经检查有效率为98%。而其中130位被调查者表示购买过生鲜农产品,我们将这130份样本作为研究对象。数据回收结果显示,被调查人中女性占比66%,男性占比34%。其中有28%的被调查者表示没有网购过生鲜农产品,72%的被调查者网购过生鲜农产品。

2. 样本描述性统计

基于前面所述的研究和探讨,本部分将自变量分为消费者自信、感知风险、其他因素和个人特征四大类。其中消费者自信包含信息获取、考虑组合的构建、个人结果、社会结果、说服性知识、市场接入六个方面,消费者所感知到的风险包含隐私、物流、品质、服务四个方面,本部分还将价格因素(包括打折降价、促销、包邮、实体超市价格偏高)、网店信誉(品牌塑造、品质和新鲜度、服务质量、物流速度、购买评价、月销售量)、支付条件(个人信息的保护、支付方式多样性)纳入影响消费者网购生鲜农产品行为的其他因素范畴。此外,基于计划行为理论(TPB),本节也将探讨个人特征对消费者网购生鲜农产品行为的影响(表7-1中所示即为调查和本节所涉及的相关变量及定义,表7-2中所示即为描述性统计分析的结果)。

根据表7-2的结果可以看出,被调查消费者用于网购生鲜农产品的年支出均值在300元左右,且不同消费者用于网购生鲜农产品的支出差异明显。而在消费者自信方面,信息获取、考虑组合的构建、社会结果、说服性知识的均值均超过3,而个人结果和市场接入的均值略低于3,这表明此次被调查的消费者自信程度处于中等水平。

表7-1　　　　　　　　　　变量名称及定义

变量名称		定义	变量名称		定义
用于网购生鲜农产品的支出		单位：元	个人特征	性别	男性=1，女性=0
消费者自信	信息获取	完全不符合=1，比较不符合=2，一般=3，比较符合=4，完全符合=5		年龄	单位：岁
	考虑组合的构建			学历	小学及以下=1，初中=2，高中=3，本科及以上=4
	个人结果				
	社会结果				
	说服性知识				
感知风险	市场接入	无风险=1，风险较小=2，一般=3，风险较大=4，风险非常大=5		婚姻状况	已婚=1，未婚=0
	隐私风险			民族	汉族=1，其他少数民族=0
	物流风险				
	品质风险				
	服务风险			月收入水平	1000元以下=1，1001—3000元=2，3001—5000元=3，5001—8000元=4，8001元及以上=5
其他因素	价格因素（包括打折降价、促销、包邮、实体超市价格偏高）	完全不重要=1，比较不重要=2，一般=3，比较重要=4，非常重要=5			
	网店信誉（品牌塑造、品质和新鲜度、服务质量、物流速度、购买评价、月销售量）			职业	政府机关干部=1，企业职员=2，私营企业主或个体经营者=3，教师/科研人员/技术人员=4，学生=5，待业/下岗=6，其他=7
	支付条件（个人信息的保护、支付方式多样性）				

表7-2　　　　　　　　　　变量的描述性统计

变量名称		均值	最大值	最小值	方差
用于网购生鲜农产品的支出		325.08	10000	0	787041.75
消费者自信	信息获取	3.64	5	1	0.52
	考虑组合的构建	3.78	5	1	0.43
	个人结果	2.83	5	1	0.57

续表

	变量名称	均值	最大值	最小值	方差
消费者自信	社会结果	3.48	5	1	0.69
	说服性知识	3.27	5	1	0.32
	市场接入	2.86	5	1	0.74
感知风险	隐私风险	3.49	5	1	0.85
	物流风险	3.26	5	1	0.85
	品质风险	3.55	5	1	0.89
	服务风险	3.33	5	1	0.79
价格因素	打折降价	3.61	5	1	0.52
	促销	3.42	5	1	0.55
	包邮	3.77	5	1	0.69
	实体超市价格较高	3.67	5	1	0.68
网店信誉	品牌塑造	3.90	5	1	0.77
	品质和新鲜度	4.17	5	1	0.77
	服务质量	3.86	5	1	0.86
	物流速度	4.05	5	1	0.69
	购买评价	4.02	5	1	0.70
	月销售数量	3.73	5	1	0.70
支付条件	个人信息安全保护	4.00	5	1	0.85
	支付方式多样	3.75	5	1	1.05
个人特征	性别	0.35	1	0	0.23
	年龄	21.75	39	16	9.17
	学历	3.92	4	2	0.09
	婚姻状况	0.05	1	0	0.04
	民族	0.81	1	0	0.16
	月收入水平	2.11	5	1	0.82
	职业	4.84	7	1	0.70

四 回归结果分析

回归模型以 130 份购买过生鲜农产品的样本为研究对象,将被访者的消费者自信、感知风险、个人特征和其他因素(价格、网店信誉、支付条件)四方面的指标作为解释变量,将 2019 年一年购买生鲜农产品的支出作为被解释变量,建立多元线性回归模型,主要分析消费者自信对其生鲜农产品网购行为的影响程度。模型的 p 值为 0.0007,R^2 为 45.54,说明构建的模型对被调查对象的生鲜农产品网购支出有较好的解释力,各变量具有显著影响。具体回归结果如表 7-3 所示:

表 7-3　　　　　　　多元线性回归分析结果

变量名称	回归分析	变量名称	回归分析
信息获取	0.194 (40.722)	男性	35.792 (47.591)
考虑组合的构建	-47.973 (44.690)	年龄	14.231 (11.288)
个人结果	-75.978 (35.534)**	已婚	188.812 (155.378)
社会结果	94.857 (32.623)***	高中	207.739 (442.353)
说服性知识	-100.746 (45.895)**	大学及以上	475.534 (438.865)
市场接入	54.272 (30.114)*	1001—3000 元	177.201 (52.779)***
隐私风险	60.067 (27.308)	3001—5000 元	256.020 (77.013)***
物流风险	-11.691 (30.306)	5001—8000 元	506.782 (121.965)***
品质风险	17.000 (29.335)	8001 元及以上	-84.586 (171.779)

续表

变量名称	回归分析	变量名称	回归分析
服务风险	-0.697 (31.475)	企业职员	362.939 (268.198)
打折和降价	61.625 (37.893)*	私营企业主或个体经营者	763.070 (368.753)**
实体超市价格较高	35.638 (29.979)	教师/科研人员/技术人员	404.723 (280.575)
品质和新鲜度	-45.631 (41.620)	学生	600.642 (257.691)**
物流速度	-140.821 (42.350)***	待业/下岗	481.410 (269.398)
购买评价	79.011 (37.828)**	其他	410.062 (310.659)
月销售数量	-12.376 (30.150)	_cons	-1346.619 (487.698)***
个人信息的保护	100.686 (37.899)***		
支付方式的多样性	-15.641 (27.161)		
R^2			0.46
N			130

注：* $p<0.1$；** $p<0.05$；*** $p<0.01$。

（一）消费者自信因素的回归结果分析

在衡量消费者自信的因素中，个人结果具有显著的负向影响，即对自己的购买决策带来的结果越怀疑，越缺乏自信，支出越低；社会结果具有显著的正向影响，即认为朋友会赞赏自己的购买决策的自信心越高，支出越高；说服性知识具有显著的负向影响，即认为自己能够识别销售策略和广告的真实性的自信心越高，支出越低；市场接入具有显著的正向影响，即在购买过程中与销售人员沟通越困难，支出越高，而信息获取和考虑组合的构建在模型中无显著影响。

对于自己的购买决策在给自己带来的结果和得到周围朋友的认可和赞赏方面越有信心,生鲜农产品网购支出越高。而掌握了更多关于销售策略和广告的知识,更具有辨别能力,在与销售人员沟通中更敢于表达自己的消费者,生鲜农产品网购支出越低。回归结果与前文提出的信心效应和营销效应相符合,与研究假说相一致。

(二)控制变量的回归结果分析

从表7-3中可知,价格因素方面,除打折和降价能够显著增加支出外,其他因素无显著影响。网店信誉方面,调查对象越看重物流速度,支出越少,越看重购买评价,支出越多,其他因素无显著影响。因为消费者越看重物流速度,对于生鲜农产品配送的要求越高,在支出上越谨慎。在130份样本中,127份样本认为品质和新鲜度比较重要或非常重要,样本间差异很小,所以导致这一变量不显著。支付条件因素没有显著影响,可能是由于现在移动支付非常便捷,各电商大都使用多种支付方式。

个人特征方面,性别、婚姻、教育、年龄等均无显著影响,而收入越高,支出显著增加。职业方面,学生支出显著高于其他职业,其他职业间无显著差异。这可能是由于现在生鲜农产品的网络消费群体以学生为主,而且对于学生来说到实体店购买稍显不便,电商水果种类比学校商店更丰富。

五 总结

本节研究发现,消费者自信中社会结果和市场接入对消费者生鲜农产品网购行为有正向影响,而个人结果和说服性知识对消费者生鲜农产品网购行为具有显著的负向影响。这是因为消费者可从产品的使用和他人的反应中获得满足感,其决策过程呈现结果导向。购买是一种社会行为,消费者从购买商品中获得的效用价值依赖于消费者的个人信心和社会信心。消费者在个人结果和社会结果方面的自信越高,获得满足感的预期就越高,并通过提高效用水平和降低其风险感知程度,促进消费,增加支出。

自信程度高的消费者比自信程度低的消费者更难被说服,广告和推销的效果也相对较弱。消费者在说服性知识和市场接入方面的自信心越高,受商家广告和销售策略的影响越小,支出也就越少。

第三节 疫情下消费者认知和行为变化

新冠肺炎具有较强传染性,因此不少民众出现紧张和不安的心态,进而产生害怕已患新冠肺炎、害怕未来感染新冠肺炎和对暴露在新冠肺炎相关的刺激中感到害怕或焦虑的情绪,这些情绪会影响人们的认知和行为。[①] 为此,基于认知行为理论分析框架,本节将从认知和行为两个方面论述新冠肺炎疫情下消费者的反应,主要包括疫情对消费者食品认知度和接受度的影响和疫情下消费者消费方式的变化。

一 疫情对消费者食品认知度和接受度的影响

在本小节,笔者选取进口冷链食品、保健食品和生物技术

---

① 殷炜珍、余萌、李荔波、黄慧、王建平:《新冠肺炎疫情下健康焦虑的心理机制及干预策略:认知行为理论的视角》,《四川精神卫生》2020 年第 3 期。

食品作为探讨对象,选择这些对象的原因主要出于以下考虑:对进口冷链食品进行探讨是由于其外包装被检出新冠病毒核酸阳性的事件频发;对保健食品进行探讨是由于新冠肺炎疫情发生后,免疫力等更加受人关注;选择生物技术食品来探讨是由于新冠肺炎疫情发生期间,人们接触生物技术的信息和新闻增多,这可能影响消费者对生物技术类食品(以转基因食品为代表)的认知。

(一)进口冷链食品

2020年6月上旬,北京在连续近60天没有新增确诊病例后,在新发地生鲜食品批发市场发现新感染病例,感染源头为进口冰鲜三文鱼;7月3日,大连海关从装载厄瓜多尔 Industrial Pesquera Santa Priscila S. A(注册编号 24887)生产的冻南美白虾集装箱内壁一个样本中、从厄瓜多尔 Empacreci S. A(注册编号 681)生产的冻南美白虾的三个外包装样本中检出新冠病毒核酸阳性;11月,天津接连查出冷链从业者感染新冠肺炎,11月24日,天津新冠肺炎疫情防控新闻发布会通报,最先出现疫情的海联冷库感染源头为北美进口的猪头,一系列有关进口冷链食品引发的小规模疫情使得人心惶惶。为此,11月25日,国家食品安全风险评估中心副主任李宁在国务院联防联控机制新闻发布会上表示,各部门、各地按照国务院联防联控机制要求近期加大对进口冷链食品及其外包装新冠病毒核酸检测和抽检力度。①

虽然国家层面尝试对进口冷链食品加强排查和监管,但实际

---

① 《国家食品安全风险评估中心:多地在进口冷链食品及其外包装检出新冠病毒核酸阳性》,2020年11月25日,https://www.sohu.com/a/434227138_161795。

上，市场的反应真实表现出消费者对进口冷链食品的恐慌情绪，以及其对进口冷链食品接受度的下降。比如，北京新发地市场负责人称相关部门从切割进口三文鱼的案板中检测到了新冠病毒后，各大商超、餐厅闻风而动，连夜迅速下架三文鱼及其相关产品。公众对于三文鱼的恐慌与焦虑，一时间达到了巅峰。与此同时，全国有些地方的部分商场、超市、餐厅等同样已经下架三文鱼。四川省商务厅发布紧急部署，四川省农产品流通协会发布紧急倡议，提出有冰鲜海鲜经营业态的市场，须紧急启动高级别的防控措施，实施封闭式管理，严控人员与车辆流动，严格落实登记、测温、消毒、排查等防疫工作；[①] 成都农产品中心批发市场从13日起，全面下架三文鱼产品，具体再销售时间待定。[②] 江苏南京餐饮商会发布关于现阶段疫情防控的倡议书，倡议南京各餐饮企业严防死守，切实做好防控措施，倡议食品加工要充分熟化，暂时停止供应生食类的畜、禽、海鲜水产等相关菜品。[③] 浙江杭州市场监管局在13日迅速展开对大型商超三文鱼销售情况排查。[④]

（二）保健食品

保健食品作为特殊食品，是具有特定保健功能或者以补充维生素、矿物质为目的的食品，即适宜于特定人群食用，具有机体调节功能，不以治疗疾病为目的，同时具有科学依据，并且对人

[①] 四川紧急倡议：《冰鲜海鲜市场启动高级别防控，实施封闭管理》，2020年6月13日，https://www.sohu.com/a/401696806_160626。

[②] 《成都农产品中心批发市场全面下架三文鱼及制品》，2020年6月14日，http://sc.sina.com.cn/news/b/2020-06-14/detail-iirczymk6848222.shtml。

[③] 《南京餐饮商会发布疫情防控倡议书：暂停生食海鲜供应》，2020年6月13日，https://www.sohu.com/a/401600590_260616。

[④] 《杭州开展对大型商超三文鱼销售情况排查行动》，2020年6月15日，www.cqn.com.cn/zj/content/2020-06-15/content_8610592.htm。

体不产生任何急性、亚急性或者慢性危害的食品（《中华人民共和国食品安全法释义》）。疫情之下，消费者的健康追求日趋迫切、保健意识不断增强，因而具有调节人体机能、降低疾病风险作用的保健食品成为消费者的关注点。根据百度指数统计，"提高免疫力"和"健康"词条的搜索指数在疫情期间暴涨，而大量的搜索关联指向了"提高免疫力的食物"。

新冠肺炎疫情是全球发生的传播速度最快、感染范围最广、防控难度最大的一次重大突发公共卫生事件。我国卫生监管部门发布了新冠肺炎防治营养膳食指南。① 根据现实基本情况，新冠肺炎的感染率最高的是免疫力较低的人群，相关研究则表明良好的个人营养状况以及强大的自身免疫系统是抵御病毒的最佳方法②。因此，要更加有效地抵抗新冠病毒以及其他病毒，最重要的是增强自身的免疫力，而保健食品是人体增强免疫力的有效方法之一。

由上可知，自新冠肺炎疫情暴发以来，保健食品受到了以下几个方面的影响：一是保健食品需求量增加，人们开始将养生的眼光投向保健食品；二是消费者对保健食品的质量要求提高。

然而，长期以来，由于信息的不对称以及部分不法商家存在虚假宣传、欺骗消费者等行为，公众对保健食品存在偏见，保健食品市场存在鱼目混珠现象，严重阻碍了行业的发展。③ "权健事

---

① 中华人民共和国国家卫生健康委员会官网：《新冠肺炎防治营养膳食指导》，2020年2月13日，http：//www.nhc.gov.cn/sps/s7886/202002/e952c36faffb46f18e85bff33dba724e.shtml。

② 摆敏、任虹：《浅析新冠肺炎营养干预重要性》，《医学食疗与健康》2020年第6期；段盛林、陈伟、夏凯、刘义凤、韩晓峰：《新冠肺炎及呼吸系统病患所需全营养配方食品的开发》，《食品科学技术学报》2020年第2期；刘力红：《战"疫"新冠肺炎，可食糙米助健康》，《中医健康养生》2020年第3期。

③ 房军、陈慧、元延芳、田明：《保健食品乱象分析及对策研究》，《中国食物与营养》2019年第25期。

件"后，大众对于保健食品的信任降至冰点，但突如其来的疫情让大众健康意识有所提高，被冰封许久的保健食品行业出现"回暖"迹象。① 汤臣倍健等保健食品企业2020年第一季度业绩有所增长：第一季度报告显示，公司净利润达5.35亿元，同比增长7.46%，而2019年汤臣倍健出现上市以来首次全年亏损的情况，净亏损达3.6亿元，同比下滑135.51%。此外，新诺威、片仔癀、益盛药业等保健食品企业业绩均出现增长。其中，新诺威第一季度营收为3.56亿元，同比增长3.94%；净利润为7308.04万元，同比增长29.46%。片仔癀第一季度营收为17.14亿元，同比增长15.51%；净利润为4.68亿元，同比增长15.69%。益盛药业第一季度净利润达2148.36万元，同比增长27.34%。据京东健康发布的数据，2020年第一季度营养保健品类销量增速明显，尤其是提高免疫和延缓衰老等健康品类受到用户青睐。其中，国内自营的益生菌品类成交额增长超过200%，进口自营抗氧化品类成交额同比增长近200倍。② 由此可见，疫情暴发催生加速升级的健康消费需求。

田明等针对新冠肺炎疫情下民众对保健食品的消费情况，向国内主要的保健食品生产企业及网络销售平台发起了网络问卷调查，调查内容主要包括产品的销售情况、疫情期间的困难以及对于行业发展的诉求和建议。③ 调查显示，受疫情影响，52.63%的企业反映保健食品总体消费情况低于往常，但是声称能够增强免

---

① 颉宇星：《疫情之下大众健康意识提高 保健食品行业回暖迹象明显》，2020年4月29日，https://www.sohu.com/a/392011364_393779。
② 《健康消费意识觉醒 抗氧化健康品京东成交额增长198倍》，2020年4月26日，zjnews.china.com.cn/yuanchuan/2020-04-26/224372.html。
③ 田明、孙璐、王茜、冯军：《新冠肺炎疫情之下保健食品行业消费调查分析及政策建议》，《中国食品学报》2020年第9期。

疫力、缓解身体疲劳、辅助降血脂以及补充维生素、矿物质四大类功能的保健食品销量显著增加，其中维生素C、益生菌类、蛋白粉的销量同比增幅最大，16.95%的企业维生素C销量超过100%，40%的企业益生菌类销量超过10%，蛋白粉的销量也有不同程度的增长。

iMedia Research（艾媒咨询）数据显示，食补成为消费者最喜爱的养生保健方式，占比高达57.8%，其次是膳食补充剂，占比为48.6%。[①] 艾媒咨询分析师认为，受传统文化影响，中国消费者对食补的认知度和接受度普遍较高，为保健品行业尤其是中草药保健品市场奠定了广泛的群众基础。此外，消费者对于保健品认知的专业度也越来越高。以前的消费者只有健康意识，却缺乏专业健康知识。通过这次疫情的科普，中国消费者对于保健品将有一个全新认识，这也会对行业迭代起到促进作用。[②]

（三）以转基因食品为代表的生物技术食品

林沛理指出疫情不仅改变人类的生活方式，也让他们对身处的社会多了一层前所未有的认识。[③] 而随着我国的新冠肺炎疫情逐渐得到控制，相关疫苗研发取得阶段性胜利的成果，以疫苗为代表的生物技术产品知识也逐渐被普及和宣传开来。有学者研究表明通过接受教育、加强科普交流和宣传可以提升人们对疫苗接种的认知度和接受度。[④] 邵歌等的研究表明，COVID-19疫情期

[①]《国民健康意识觉醒升级，助推保健品行业景气上行》，2020年4月9日，https://tech.china.com/article/20200409/042020_495098.html。

[②]《疫后健康需求出现井喷 中国保健品行业或将迎"黄金年代"》，2020年5月27日，https://www.ocn.com.cn/shangye/202005/ynuik27221952.shtml。

[③] 林沛理：《没有人是孤岛，也没有人是酒店》，2020年4月8日，http://www.infzm.com/contents/182502。

[④] 阮鹬雯、刘颖：《昆明市五华区儿童家长预防接种认知度调查分析》，《应用预防医学》2020年第1期；马剑桥、李静、王登凤、陈慧、周静、乔良、杨春霞：《成都市女性社区居民对宫颈癌及人乳头瘤病毒的认知度调查研究》，《现代预防医学》2020年第4期。

间家长对 COVID - 19 疫苗、流感疫苗和肺炎球菌疫苗的接种意愿提高，这说明疫情的发展使得人们对疫苗这一生物技术产品的认知度和接受度有所提升。[①]

那么，疫情也会对消费者关于转基因食品等其他生物技术产品的认知度和接受度产生影响吗？如果产生影响，是怎样的影响？不同类型的消费者在疫情前后关于生物技术的认知度和接受度是否存在异质性？为探究这些问题的答案，我们进行了调研，并基于1189份回收问卷展开分析。

1. 研究现状

转基因食品指的是利用转基因生物技术获得的转基因生物品系，并以该转基因生物为直接食品或原料加工生产的食品。在转基因生物技术的推广和应用发展的过程中，研究者基于消费者视角对转基因食品的研究越来越多。从2004年开始，国内外学者对于转基因技术的研究非常活跃，所涉及的主题也包括转基因食品的各个方面，其中有关消费者对于转基因食品的认知水平、接受程度等的研究最为广泛，影响效果也最为显著。

（1）消费者对转基因食品的认知度

国外对转基因食品的研究开始较早，因而关于消费者对于转基因食品的认知相关研究也比较多。国外大多研究表明，消费者对转基因食品的认知有所提升，但是总体的认知水平仍然较低，并且大部分对其持否定态度。国际民意调查公司 Angus Reid 在1999年对8个国家的消费者进行了调查，结果现实近八成的被调查者听说过转基因食品，但是对于转基因食品的特点

[①] 邵歌、丁武号、余要用、马会来、安志杰：《2020年5—6月安阳市儿童家长为家庭成员接种新型冠状病毒疫苗、流感疫苗和肺炎球菌疫苗的意愿调查》，《中国疫苗和免疫》，2020年11月26日，http://kns.cnki.net/kcms/detail/11.5517.R.20200917.1450.002.html。

了解不多,并且有近三成消费者认为转基因食品存在安全隐患。Hossain 等的调查发现,男性、美国南部地区、白种人、教育水平较高的人群以及年轻人对转基因食品的态度较为积极,这一研究证明了个人因素会对转基因食品的认知产生影响。[①] Radhika Bongoni 研究发现,亚洲国家和欧洲国家对转基因食品的态度差异明显,各国政策不同,对消费者的态度也产生了较大影响。[②]

与国外研究相比,国内对于转基因食品认知的影响开始较晚,但是也进行了大量的研究。张晓勇等的研究通过对天津市民进行问卷调查,发现消费者对于转基因食品的了解程度要低于绿色食品、无公害食品和有机食品,了解转基因食品的人数不足一半。[③] 王锡秋认为消费者感知价值有三个维度,分别是功能价值、经验价值和市场价值。[④] 严功翠和秦向东对上海市居民进行调查和研究,发现有40%以上的居民没有购买过转基因食品,40%的居民不知道自己是否曾购买过转基因食品。[⑤] 黄季焜等对我国东部省市进行实地调研,发现转基因食品在这些省市的了解率有67%。[⑥] 范丽艳等对石家庄市消费者进行了调研,调查结果显示,石家庄市普通消费者转基因食品信息比较匮乏,关于转基因生物

[①] Hossain F. et al., "Product Attributes, Consumer Benefits and Public Approval of Genetically Modified Foods", *International Journal of Consumer Studies*, Vol. 27, No. 5, 2003, pp. 353 – 365.
[②] Radhika Bongoni, "East Versus West: Acceptance of GM Foods by European and Asian consumers", *Nutrition & Food Science*, Vol. 46, No. 5, 2016, pp. 628 – 636.
[③] 张晓勇、李刚、张莉:《中国消费者对食品安全的关切——对天津消费者的调查与分析》,《中国农村观察》2004年第1期。
[④] 王锡秋:《顾客价值及其评估方法研究》,《南开管理评论》2005年第5期。
[⑤] 严功翠、秦向东:《浅析消费者对转基因食品的认知和意向——以上海为例》,《安徽农业科学》2006年第1期。
[⑥] 黄季焜、仇焕广、白军飞、Carl Pray:《中国城市消费者对转基因食品的认知程度、接受程度和购买意愿》,《中国软科学》2006年第2期。

安全方面的知识和意识都还很薄弱。[1] 杨剑等针对广西1256名居民进行问卷调查，发现广西大多数消费者对转基因食品不关注，不了解政府关于转基因食品的政策。[2] 辛鸣以河南省为例对消费者进行了调查，河南消费者对转基因食品的认知略微上升，但是安全性评估和接受意愿较低。[3] 王梓州等的研究表明73.25%的消费者担心转基因食品的安全问题，仅14.65%的消费者支持转基因的成就发展，这表明消费者对转基因食品持谨慎和消极的态度。[4]

国内外研究表明，消费总体对转基因食品的认知水平较低，且消费者对转基因食品的态度较为消极。而且不同地区消费者的认知程度不同，个体特征、信息、文化传统、宗教信仰等都会影响消费者对转基因食品的认知和评价。尽管转基因生物技术正式投入使用已经有很长一段时间，但是消费者对于转基因生物技术和转基因食品的了解程度并不高，总体认知水平较差。

（2）消费者对转基因食品的接受程度

从目前的研究来看，国内外对于转基因食品的接受程度存在差异，美国消费者对于转基因食品的接受程度最高，而欧洲、日本等国家则较低。

黄季焜等的研究表明，消费者对于不同功能类型的转基因食品接受程度不同，对于改善营养成分类型的转基因食品接受程度

---

[1] 范丽艳、魏威、朱正歌：《消费者转基因食品认知情况调查与思考》，《中国农学通报》2010年第20期。

[2] 杨剑、何英姿、王敏、吴宝东、邓历纯、梁秋红、黄贤元：《广西公众对转基因食品认识的调查分析》，《中国农学通报》2012年第36期。

[3] 辛鸣：《消费者对转基因食品的认知程度和接受意愿——以河南省为例》，《中国软科学》2017年第9期。

[4] 王梓州、夏启鑫、曾繁荣、肖娟、翟立红：《襄阳市消费者对转基因食品认知态度的调查分析》，《中国卫生产业》2018年第34期。

最高，但是对于提高产量的一系列转基因食品的接受程度较低。①欧恺的研究显示，在上海有80%的消费者愿意购买转基因食品；②冯良宣等的研究得出重庆消费者中有56%的消费者比较能接受转基因食品，4.5%的消费者完全愿意接受转基因食品；③张熠婧等基于2013年全国15省份的城镇居民调查数据发现，消费者对转基因食品的认知水平与消费者对转基因食品的接受程度之间存在显著的负相关关系。④

综上所述，现有关于消费者转基因食品认知度和接受度的文献比较丰富，但相关研究多是考虑特定时间和环境下，消费者对转基因食品和转基因生物技术的认知和接受程度，很少涉及社会环境变化对其认知和接受度带来的影响。因此，探讨新冠肺炎疫情这一带有冲击性的事件前后消费者对转基因食品和生物技术认知度和接受度的变化就十分有意义。

2. 实证研究

（1）数据来源

本研究采用网络问卷的方式于问卷星发放问卷，并进行回收。问卷发放通过委托问卷星平台进行样本服务和朋友圈传播相结合的方式进行，于2020年6月至2020年7月进行发放和回收，共收集了1189份有效问卷，其中1186份样本来自全国

---

① 黄季焜、仇焕广、白军飞、Carl Pray：《中国城市消费者对转基因食品的认知程度、接受程度和购买意愿》，《中国软科学》2006年第2期。
② 欧恺：《基于实验经济学的转基因食品消费研究》，硕士学位论文，上海交通大学，2008年。
③ 冯良宣、齐振宏、周慧、梁凡丽：《消费者对转基因食品购买意愿的实证研究——以重庆市为例》，《华中农业大学学报》（社会科学版）2012年第2期。
④ 张熠婧、郑志浩、高杨：《消费者对转基因食品的认知水平和接受程度——基于全国15省份城镇居民的调查与分析》，《中国农村观察》2015年第6期。

29 个省份，3 份样本来自国外。表 7-4 详细展示了样本来源地及数量。

表 7-4　　　　　　　　　样本来源地及数量

省份	样本数量	省份	样本数量
安徽	65	江苏	55
北京	34	江西	34
重庆	19	辽宁	32
福建	55	内蒙古	14
甘肃	9	宁夏	3
广东	124	山东	78
广西	42	山西	19
贵州	23	陕西	13
海南	10	上海	18
河北	118	四川	44
河南	125	天津	9
黑龙江	21	新疆	29
湖北	56	云南	27
湖南	45	浙江	53
吉林	12	国外	3

本次调研样本特征如表 7-5 所示。其中被调研者的性别分布相对均匀；被调研者的教育程度主要为大专或中专以及本科，占比超过 80%；被调研者收入主要集中在 4000—20000 元，占比为 88.06%；被调研者的年龄主要集中在 18—50 岁，其中 18—40 岁的人占比超过 75%。

表 7-5 样本特征

特征	分布	频数	频率
性别 gender	男性	589	0.4954
	女性	600	0.5046
教育程度 edu	初中及以下	14	0.0118
	高中	43	0.0362
	大专或中专	454	0.3818
	本科	586	0.4929
	研究生	72	0.0606
	博士	20	0.0168
个人月收入 inc	2000 元以下	51	0.0429
	2000—4000 元	59	0.0496
	4000—6000 元	235	0.1976
	6000—8000 元	357	0.3003
	8000—10000 元	331	0.2784
	10000—20000 元	124	0.1043
	20000 元以上	32	0.0269
年龄 age	18 岁以下	11	0.0093
	18—25 岁	144	0.1211
	26—30 岁	332	0.2792
	31—40 岁	422	0.3549
	41—50 岁	254	0.2136
	51—60 岁	24	0.0202
	60 岁以上	2	0.0017

（2）变量设定

表 7-6 展示了本部分分析中所设定的变量及内容说明，并对各变量进行了描述性统计分析。

表7-6 变量名称及描述性统计

变量名称	变量含义	变量说明	均值	标准差
RD_1	新冠肺炎疫情发生前对生物技术的认知度	程度从0到10，其中0代表完全不了解，10代表完全了解	3.1867	2.4881
RD_2	新冠肺炎疫情发生后对生物技术的认知度		4.1304	2.4963
AD_1	新冠肺炎疫情发生前对生物技术的接受度	程度从0到10，其中0代表完全不接受，10代表完全接受	7.6594	1.7157
AD_2	新冠肺炎疫情发生后对生物技术的接受度		8.1161	1.5965
GAD_1	新冠肺炎疫情发生前对转基因食品的接受度	程度从0到10，其中0代表完全不接受，10代表完全接受	7.4180	1.9037
GAD_2	新冠肺炎疫情发生后对转基因食品的接受度		8.0412	2.1036
T	被调查消费者是否为风险规避型消费者	是=1，否=0	0.3591	0.4799
gender	被调查消费者性别	男性=1，女性=0	0.4954	0.5002
edu	被调查消费者学历	初中及以下=1；高中=2；大专或中专=3；本科=4；研究生=5；博士=6	3.6047	0.7775
inc	被调查消费者收入	2000元以下=1；2000—4000元=2；4000—6000元=3；6000—8000元=4；8000—10000元=5；10000—20000元=6；20000元以上=7	4.1421	1.3043
age	被调查消费者年龄	18岁以下=1；18—25岁=2；26—30岁=3；31—40岁=4；41—50岁=5；51—60岁=6；60岁以上=7	3.7098	1.0359

（3）模型设定

由于本部分设定的变量涉及虚拟变量 T 和性别，并将年龄、收入、学历变量作为控制变量，因此采用含交互作用的多类别虚拟变量的回归模型进行分析。对应的模型为：

$$Y = \theta + \alpha_1 T_1 + \alpha_2 gender_1 + \alpha_3 T_1 \cdot gender_1 + \beta X + \varepsilon \quad (7-2)$$

其中，Y 代表认知度或接受度，θ 是常数项，α_1 是规避风险型消费者（即 $T=1$）对应的回归系数，α_2 是男性消费者对应的回归系数，α_3 是规避风险型消费者和男性消费者的交互项；X 表示影响消费者对生物技术认知的控制变量（edu、inc、age）组成的 3×1 矩阵，β 是其对应的 1×3 回归系数矩阵；ε 代表随机扰动项。

3. 数据分析

（1）新冠肺炎疫情对消费者生物技术认知度和接受度的影响

由第三部分表 7-3 可以看出新冠肺炎疫情发生后，被调查消费者对生物技术的认知度、接受度以及对转基因食品这一生物技术产品的接受度都有所提升。

图 7-2 展示了疫情发生前后被调研消费者生物技术认知度的变化。具体来看，疫情发生前被调研消费者生物技术认知度主要集中在 1、5、6 水平上，但在疫情发生后被调研消费者生物技术认知度主要集中在 2、7 水平上，且完全不了解的被调研消费者人数也由疫情前的 88 人下降至 22 人。

图 7-3 展示了疫情发生前后被调研消费者生物技术接受度的变化。具体来看，疫情发生前被调研消费者生物技术认知度主要集中在 6—9 的水平上，疫情发生后被调研消费者生物技术接受度主要集中在 7—10 的水平上，且疫情发生后低接受度的人数比疫情发生前对应的人数大幅下降，这说明疫情对被调研

消费者生物技术接受度的提升有促进作用，这也与前文中提到的疫情发生后人们对疫苗等接受度提升的研究结果相一致。

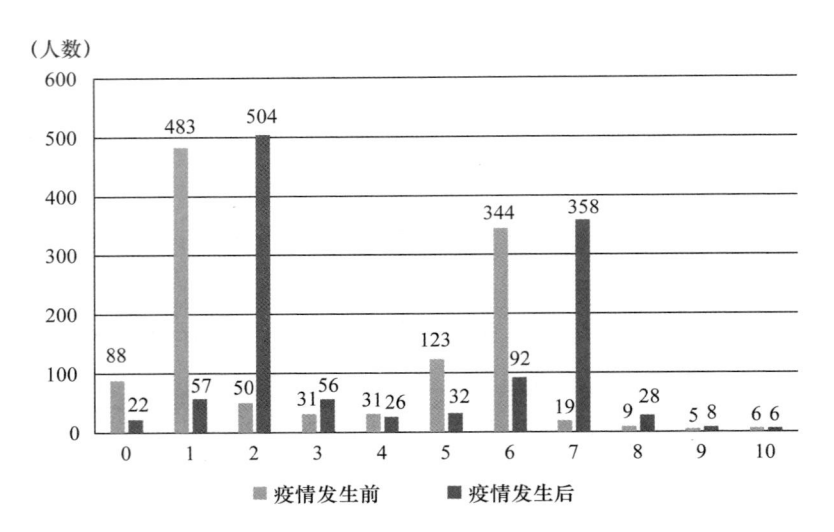

图 7-2 疫情发生前后消费者生物技术认知度的变化

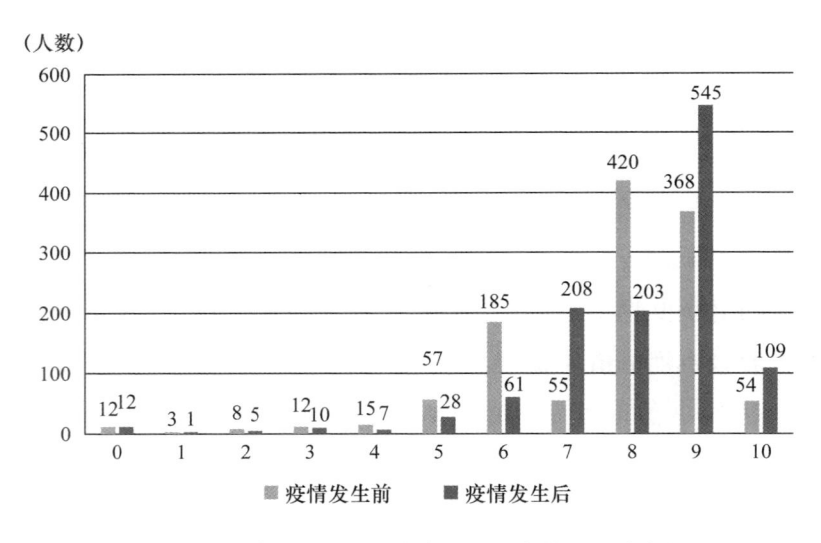

图 7-3 疫情发生前后消费者生物技术接受度的变化

图7-4展示了疫情发生前后被调研消费者转基因技术接受度的变化。转基因技术作为生物技术的一类重要内容，呈现出与生物技术一致的变化趋势。

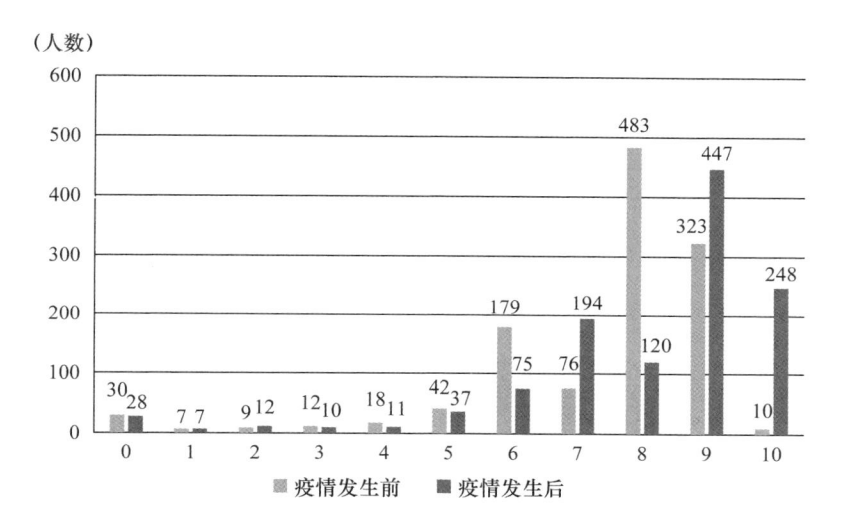

图7-4 疫情发生前后消费者转基因技术接受度的变化

（2）疫情对不同类型消费者生物技术认知度、接受度和转基因技术接受度的影响

本部分利用STATA软件对样本进行多元回归，具体回归结果如表7-7所示。由表7-7得出以下结论：第一，由T对RD_1和RD_1的P值和回归系数可知，风险规避型消费者与积极型消费者对生物技术产品的认知差异并不显著，但风险规避会促使消费者提升对生物技术产品的了解和认知，且在疫情发生后，这一促进程度也有所提升。第二，由T对AD_1、AD_2、GAD_1、GAD_2的P值和回归系数可知，风险规避型消费者与积极型消费者对生物技术产品和转基因产品的接受度差异明显，风险规避会促使消费者降低对生物技术产品和转基因产品的接受度，这是因为风险规避的

心理会促使他们尽量规避生物技术产品和转基因产品的不确定性，但在疫情发生后这种降低的效应相对疫情发生前变小，这可能由于疫情期间新闻媒体或科普知识对生物技术产品有力的宣传，使得他们降低了对其不确定性的怀疑程度。

表 7-7　　　　　　　　　　回归结果

变量	(1) RD_1	(2) RD_2	(3) AD_1	(4) AD_2	(5) GAD_1	(6) GAD_2
T	0.241	0.268	-1.852***	-1.486***	-1.750***	-1.619***
	(0.212)	(0.213)	(0.126)	(0.120)	(0.144)	(0.163)

变理	(1) RD_1	(2) RD_2	(3) AD_1	(4) AD_2	(5) GAD_1	(6) GAD_2
gender	0.186	0.203	0.161	0.182*	0.0845	0.267*
	(0.179)	(0.180)	(0.106)	(0.102)	(0.122)	(0.138)
edu	0.474***	0.410***	-0.140**	-0.134**	-0.195***	-0.321***
	(0.0934)	(0.0939)	(0.0554)	(0.0531)	(0.0637)	(0.0718)
inc	-0.0193	0.0362	0.0414	0.0152	-0.0157	0.00901
	(0.0555)	(0.0559)	(0.0330)	(0.0316)	(0.0379)	(0.0427)
age	0.0295	0.0369	0.0352	0.0504	0.120**	0.115**
	(0.0704)	(0.0708)	(0.0418)	(0.0400)	(0.0480)	(0.0541)
$T*gender$	-0.244	-0.339	0.0547	-0.128	-0.0762	-0.257
	(0.299)	(0.300)	(0.177)	(0.170)	(0.204)	(0.230)
常数项	1.313***	2.231***	8.439***	8.818***	8.343***	9.233***
	(0.498)	(0.501)	(0.296)	(0.284)	(0.340)	(0.383)
观测量	1189	1189	1189	1189	1189	1189

注：*** $p<0.01$，** $p<0.05$，* $p<0.1$。

计量结果表明：被调研消费者对生物技术的认知度偏低，但接受度较高；疫情促进被调研消费者对生物技术认知度和接受度的提升；风险规避型消费者与积极型消费者对生物技术产品的认知差异并不显著，但相比积极型消费者，疫情发生后对风险规避型消费者认知的促进程度更高；风险规避型消费者与积极型消费者对生物技术产品和转基因产品的接受度差异明显等。

4. 结论

因此，为了提升消费者对生物技术的认知度和接受度，为生物技术发展营造良好的社会环境，应该重点考虑以下两个方面。一是加强科普宣传。疫情期间，人们接触相关信息的频率增加，信息更加丰富，这对促进认知度的提升有积极作用，但整体而言，消费者对生物技术的认知还处于较低水平，因此，科普宣传工作仍是十分必要的。二是进行宣传工作时抓住不同消费者类型的心理，比如对于风险规避型消费者进行宣传时，要侧重于"答疑"和"破谣"，打消或降低其对不确定性的怀疑程度，而对于积极型消费者宣传时，可以更多地侧重于展示技术或产品的优点与利处。

二 疫情下消费者的消费行为变化

（一）食物消费方式变化——数字经济和线上消费增多

崔钊达针对山东省C村的调查显示（如表7-8所示），疫情期间，家庭食物消费方式发生了明显变化。特别是随着互联网的应用和普及，大多数农村家庭安装了宽带、无线网，极大地丰富了人们的食物消费方式。[①] 从表7-8中可以看到，C村疫情期间

---

① 崔钊达、余志刚：《新冠肺炎疫情下农村家庭食物消费研究——基于山东省C村的个案调查》，《中国食物与营养》2020年第11期。

的家庭食物消费方式主要有微信跟单、电商平台下单、超市采购、家人或亲戚帮忙采购以及部分食物自产自销。通过汇总主要消费方式可以看到，不同消费方式具有不同的优缺点。在结合风险感知理论分析和实地调查的基础上，发现风险感知较强，认为此次疫情风险较大的家庭大多会选择接触人员较少、风险性较小的消费方式，如微信跟单、电商平台下单等，而认为此次疫情风险较小或无风险的家庭，会继续延续传统的线下消费方式，如超市采购等。

表7-8　　　　　　疫情发生后 C 村家庭主要消费方式

消费方式	说明	优缺点
微信跟单	主要借助 C 村及其他店铺的微信群，食物信息会在群里发布（包括食物种类、价格、品质等），居民只需要在群里跟单购买即可	优点：收货等待时间短、交易地点大多在本村，降低了外出购买的风险 缺点：食物种类较为单一
电商平台下单	居民通过拼多多、淘宝等电商平台，挑选自己需要的食物，然后下单购买	优点：食物种类丰富、方便快捷 缺点：部分食物收货等待时间较长、食物质量存在不确定性
超市采购	居民通过本村商铺和附近超市、商店线下采购所需食物	优点：食物质量有保障，即买即得、方便快捷 缺点：需外出采购，接触人员较多，存在一定风险
家人或亲戚帮忙采购	部分家庭的成员或亲戚购买食物较为方便，会帮助其购买所需的食物	优点：代为购买降低了外出购买的风险 缺点：可能会对家人或亲戚造成不便
部分食物自产自销	部分家庭会自己种植一些蔬菜或养殖一些家禽家畜，一定程度上满足了家庭的食物需求	优点：商品质量有保障，降低了外出购买的风险 缺点：商品种类较为单一

资料来源：崔钊达、余志刚：《新冠肺炎疫情下农村家庭食物消费研究——基于山东省 C 村的个案调查》，《中国食物与营养》2020 年第 11 期。

第七章
认知行为理论视角下消费者食品风险感知及应对

不难看出，此次疫情将人们的多种消费习惯进行了深化培养，其中最为典型的便是网上购物习惯的强化养成。疫情之后，这样的消费习惯便很难"戒掉"。根据国家统计局数据，2020年第一季度实物商品网上零售额18536亿元，同比增长5.9%，其中食品类增长32.7%。中国副食流通协会会长何继红表示，疫情对消费习惯的改变深刻影响着零售消费及相关行业，这也意味着"云端"生活将作为习惯被保留下来，吃、用两大场景将加速转移到线上。

凯度数据显示，全球新冠肺炎疫情下消费者追踪报告显示在很多品类里都出现了首次电商购物者；已有电商购物者出现了购买频率显著增加的现象。几乎三分之一的家庭（32%）在疫情期间增加或显著增加了在电商平台的支出，在有孩子的家庭中这一比例更是高达40%。更重要的是，三分之一的家庭认为，他们未来的网购会增加。有孩子的家庭中则有45%的人这样认为。尼尔森调研数据显示，接近70%的受访者每周购买日常用品、新鲜产品两次以上，而居家隔离则进一步使消费者逐渐养成了网购的习惯。89%的消费者表示，疫情结束后，他们更愿意在网上购买这些日常用品、新鲜产品。虽然疫情逐步得到控制和缓解，但这种食品消费习惯会继续留存在疫情防控常态化时期。网购消费习惯在一定程度上会倒逼线下实体进一步线上化，由此产生的竞争也会加剧。这样一来，必将淘汰一批企业，留下一批企业，合并一批企业，最终结果便是市场格局的变化以及品牌集中度的大幅提高。

张钊绮等通过走访居民和单位，搜集疫情前、疫情中、疫情后襄阳市的食品消费情况。[①] 通过线上发放问卷的形式，对收集

---

① 张钊绮、闫寒、龚乐、杨庆玲：《新冠肺炎疫情对襄阳市食品消费的影响》，《农村经济与科技》2020年第19期。

的数据进行模糊综合评价,总结归纳新冠肺炎疫情对襄阳市食品消费和食品安全造成的影响,并分析食品安全因素对于居民食品消费的影响。结果发现,对于线上采购到家,居民比较看重的是食品的日期,即生产日期和保质期对于居民购买食品产生的影响最大,居民担心会有不良商家将快要过期或者不新鲜的食品进行配送,以次充好,带来健康威胁。其次是食品的感官体验也会对居民的食品消费产生影响。居民在购买食品时看重食品本身的色泽、口味、味道。而食品的卫生状况、食品添加剂、食品营养价值对于居民购买食品时影响相对较小,根据居民的个人意愿爱好。新冠肺炎疫情中居民出行受到管制,主要通过社区团购、网络订购等新型模式在线上购买食品,此种模式有效地减少了居民大规模聚集,减少外出,避免感染。疫情后网络直播带货模式的兴起,带动网民购买疫情影响下的受滞食品。后疫情时期,以上两种模式的大力推广,将会进一步推动襄阳食品市场蓬勃发展。

(二)线下消费呈现新特点

1. 线下客流量下降,单次购买上升

由图7-5可以看出,疫情发生后线下的食品零售行业和餐饮服务行业受到了很大的冲击,客流量明显下降,但单次购买金额有所提升。这说明线下购物时,消费者有囤货行为的发生。

2. 疫情前后线下各类食品线下消费对比

由图7-6可以看出,疫情期间,消费者线下消费以速食品、包装食品和肉、蛋、果蔬类为主;疫情恢复期,线下乳制品、果蔬和蛋类消费上升,反映了重视健康的趋势。

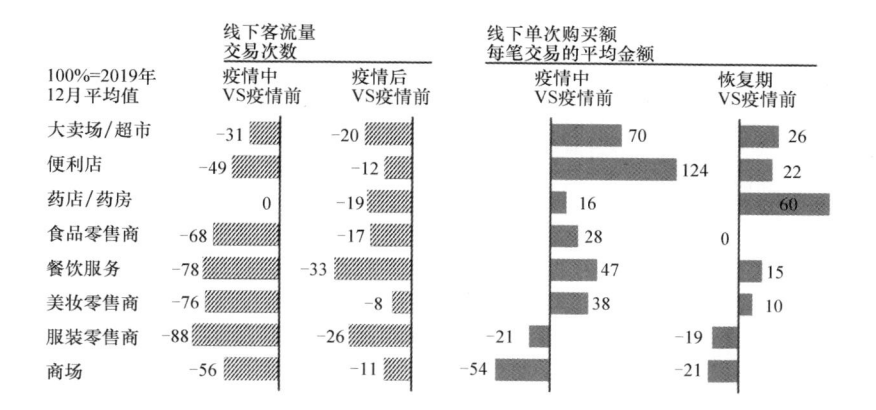

第七章
认知行为理论视角下消费者食品风险感知及应对

图 7-5 疫情前后线下客流量和单次购买额对比

资料来源：《疫情下的中国消费变化》，《中国科技信息》2020 年第 16 期。

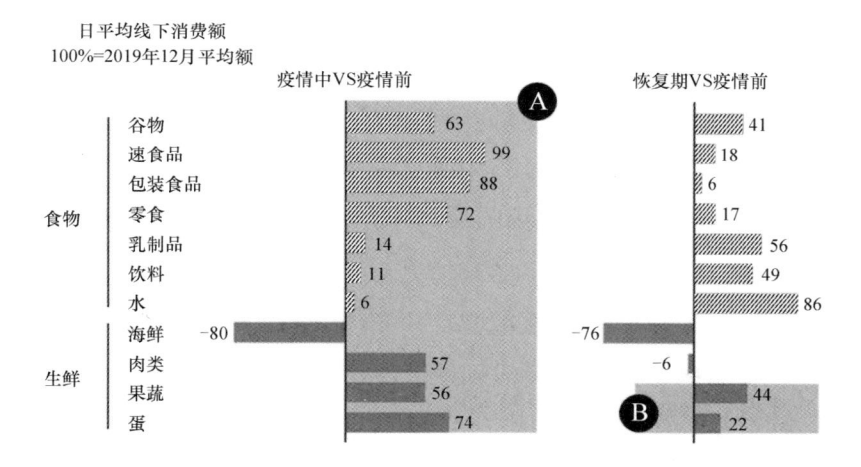

图 7-6 疫情前后线下各类食品线下消费对比

资料来源：《疫情下的中国消费变化》，《中国科技信息》2020 年第 16 期。

（三）居家消费——"方便"的饮食习惯

2020 年上半年，如果让大家选出印象最深刻的一个字，想必很多人都会选择"宅"。由于疫情原因，很多人都度过了一段"大门不出，二门不迈"的日子。久不出门，你的生活习惯改变

· 299 ·

了吗？饮食习惯有变化吗？你对食品的需求和原来相比是否有所不同？可能很多人的答案是肯定的。而从图 7-6 中可以看出，在疫情的影响下，方便食品、大包装食品以及保质期长的包装食品需求普遍提升。经此一"疫"，人们对方便食品有了更加清晰、全面的认识，同时也有了更高的要求。

"在居家隔离中，方便食品、速冻食品成为'备战'口粮的首选。"[1] 中国农业大学食品科学与营养工程学院罗云波教授如是说。"消费者宅在家，必须解决吃饭问题。每日三餐如何调剂，快速方便地解决餐食成为共同需求。"中国副食流通协会会长何继红表示，疫情期间，方便食品、自热食品销量大幅增长。[2] 电商大数据服务机构 ECdataway 数据显示，2020 年疫情期间（1 月 24 日至 2 月 20 日），相比 2019 年同期，主要相关产品均获大幅增长。[3] 天猫平台上方便面总销量同比增加 57%，水饺、馄饨类总销量同比增加 78%，自热火锅总销量同比增加 144%，肉制品总销量同比增加 264%，汤圆总销量同比增加 60%。蔬菜、方便速冻食品、米面粮油同比增长均超过 100%。2020 年 2 月以来，淘宝上"小火锅"的搜索量增长了 30 多倍，自热小火锅的头部品牌"自嗨锅"疫情期间的订单量增长超 200%。

对于方便食品企业而言，消费者对其产品的要求已经发生根本性变化，仅具有方便、快捷属性的产品已经很难满足消费者的需求，营养、健康的方便食品成为消费者的新选择。何继红表

---

[1] 议食厅：《后疫情时代食品消费将发生怎样的变化？》，2020 年 4 月 30 日，bgimg.ce.cn/cysc/sp/info/202004/30/t20200430_34817980.shtml。

[2] 议食厅：《疫情对食品企业是机遇还是挑战？业内：关键在自我创新和长远布局》，2020 年 4 月 30 日，news.cnfol.com/xiaofei/20200422/28099623.shtml。

[3] 《速冻食品疫情期间销量暴增：海鲜丸子线上销量同比大增 16 倍》，2020 年 3 月 4 日，stock.jrj.com.cn/2020/03/04093228949791.shtml。

示，方便面、方便粉、自热食品、半成品菜类以及升级版的速食面类等产品的热度在不断提升。对于消费者而言，价格不再是选择的首要指标，方便食品不只要制作简便，而且口味、营养也得突出。半成品速食面、自热锅产品在方便的基础上，增加蔬菜、肉等食材，真实可见，是宅在家中的佳品，能更好地满足消费者对美食的渴求。疫情期间，除了方便速食等包装食品外，罐头类食品也大量进入人们的生活。多年来，罐头食品作为长期食品，品种丰富、口味多样，受到国内和国际市场的广泛欢迎。我国罐头行业是典型的出口型行业，一直保持着较快的发展速度，也是中国众多食品行业中最先打入国际市场、产品质量较早与国际接轨的商品。近年来，我国罐头行业发展速度较快，受益于罐头行业生产技术不断提高以及需求市场不断扩大，罐头行业在国际市场上发展形势良好。随着罐头食品口味的不断丰富，已经可以应对各种不同场景的需求。

对于方便食品行业在疫情防控常态化时期的发展，有人提出疑问："随着疫情防控常态化阶段的到来，人们纷纷投入正常的工作生活之中，饮食消费便不再局限于家中，而是有了更多选择，方便食品在这一阶段是否会'失宠'？"对此，有业内人士表示，疫情防控常态化时期，消费者生活会重新回归到疫情前的忙碌状态，对于消费者来说，方便快捷的就餐需求依然存在。从另一个角度来看，消费者在疫情隔离期间，对方便食品有了更深入的了解和体验，同时养成了一定的饮食习惯。

消费者行为的变化直接体现在食品企业的整体行情上，关志薇[1]指出 A 股市场包括农村电商在内的"宅"经济板块持续走

---

[1] 关志薇：《"宅经济"凸显食品消费新变革》，《中国食品工业》2020 年第 6 期。

强，表现抢眼。

（四）健康食品消费增多

"这场疫情让消费者的生活状态发生了很多变化，生活需求的变化直接导致对食品的需求产生了变化，这些变化还会继续影响消费者的选择。"何继红表示，消费心态影响着消费行为，新消费行为又将形成新的消费习惯。

当下进入疫情防控常态化阶段，人们对于疫情的恐惧心理仍未消除，在做好日常防护的同时，有很多人会选择修炼"内功"，也就是提升自身的身体素质，增强免疫力，"内外兼修"才能更好地抗击新冠肺炎疫情。在这一思想的影响下，健康食品当仁不让地成为这一时期的消费"新宠"。

尼尔森数据显示，有80%的受访者表示，疫情之后会更注重饮食健康。[1] 有业内人士表示，疫情的出现让消费者更注重健康和免疫力的提升。疫情期间，消费者对于提高免疫力的产品需求激增。疫情之后，消费者更多的是对健康的关注，而非急于追求免疫力的提升。

对于消费者而言，通过饮食摄入营养元素的方式更易于接受。疫情期间，乳制品、果汁以及多种富含维生素 C 的产品获得了消费者的普遍关注。另外，富含蛋白质、不饱和脂肪酸的坚果类产品也受到了消费者的欢迎。益普索数据显示，64%的受访者表示，会通过饮食调整、补充改善身体健康状态；50%的消费者在乳品方面增加了开支。[2] 据了解，维生素饮料、果汁类饮料在 2020 年 2 月、4 月购买数据均呈增长趋势。

---

[1] 《〈战疫人白皮书〉发布　疫情加速"宅经济"时代到来》，2020 年 3 月 19 日，www.ccn.com.cn/Content/2020/07-29/1547389201.html。

[2] 《后疫情时代的消费者更"恋家"?》，2020 年 6 月 11 日，https://post.smzdm.com/p/apz3q35x/。

何继红表示，此次疫情中，医学证明，体质的强健程度成为战胜新冠病毒的重要因素。身体虚弱以及患有慢性病等基础病的人群更容易被感染且康复较慢，而这些疾病与人们日常生活中高脂、高盐等饮食习惯高度关联。近年来，低脂、低盐、素食化趋势日渐凸显，消费者追求更健康的生活方式，植物基产品成为良好的选择。目前，植物基产品市场规模越来越大。Innova 数据显示，2014—2018 年全球食品饮料新品发布中带有"植物基"宣称的产品年均复合增长率达 68%。[①] 植物肉市场的发展虽然晚于植物奶市场，但也呈现升温趋势，百草味、星巴克等先后推出植物肉类产品。以植物奶、植物肉替代动物产品，不仅能减少脂肪摄入，还能获得优质的植物蛋白营养，降低"三高"及慢性病的风险。

由此不难看出，人们更加希望通过健康食品来补充营养。消费者除了对基础食品有必然需求，对高营养、有益健康的产品关注度也在逐渐提升，且需求量不断增大，特别是对功能性食品、天然有机食品、高蛋白乳制品、活性益生菌等高端产品的需求日渐强烈。食品是满足消费者营养健康需求的重要载体，有助于提高免疫力的产品将成为特殊食品行业新的增长点，也将带来稳定和长期的消费群体。

"以前我们觉得好吃就买，现在首先想到的是健康。同时，价格导向让位于质量导向，消费者更愿意为价格高一点但品质好的食品买单，在食物的购买上更加科学理性。"罗云波表示，疫情期间，具有提高免疫力功效的药食同源和保健食品重回大众视

[①]《"植物基"成食品饮料行业新风口 食品饮料企业纷纷布局》，2020 年 9 月 22 日，https://finance.sina.com.cn/chanjing/cyxw/2020-09-22/doc-iivhuipp5694689.shtml。

野。他认为未来保健食品将得到大家的正确认识，因为这类食品能够对健康有所帮助。

第四节　认知行为理论下消费领域发展策略探讨

新冠肺炎疫情下消费者的反应给食品行业带来了巨大的挑战，这主要表现为以下四个方面。[①]

一是受居家消费的影响，餐饮业及中小企业承受损失。欧洲食品安全局前主席、都柏林大学公共卫生教授、爱尔兰新冠肺炎国家应急中心 Patrick Wall 表示，人们对动物源食品中可能含有新冠病毒的疑虑，极大影响了该类产品生产全链条。为避免人群聚集性感染，餐馆、美食广场等无法正常营业，餐饮业承受了巨大冲击，中小企业也面临包括收入下降幅度、生存维持时间、成本支付压力等问题。

二是预包装食品产业链长，企业在恢复生产过程中遇到的困难和问题，是企业自身无法克服和解决的。与物流企业不同，劳动力和上游原材料补充的限制是食品生产企业面临的主要困难。此外，由于突发事件的不可预见性，企业的优缺点和食品行业的内部分化被放大。

三是食品安全与清洁卫生水平将面临更高要求。陈君石指出，突如其来的疫情，让消费者对于食品安全与清洁卫生的重视程度在短期内迅速提升。食品工业面临着许多挑战，首先是消费者对于生鲜食品或食品包装是否会传播新冠病毒存在疑惑，其次

[①] 《国际权威专家解读新冠病毒与食品安全　畅谈后疫情时代食品产业未来发展》，2020 年 3 月 25 日，https://www.sohu.com/a/383068863_172731。

是食品制造业、零售业和餐馆的清洁和消毒问题，这些无疑为食品行业在加强食品安全管理，提升卫生清洁能力方面提出更高的要求。"消费者担心动物源食品中可能含有新冠病毒，这将影响整个动物源食品产业的全链条。在动物源食品的包装上，应考虑更为严格的灭菌处理手段，以保障安全性。"

四是食品电子商务平台需求激增带来供给压力。"线上电子商务订单激增的情况下，如何在保证无接触配送的同时与消费者有效沟通成为重要挑战。同时也面临劳动力短缺的问题。"

食品行业作为关系公众切身需求与经济社会稳定的民生行业，在疫情防控常态化背景下，如何应对挑战、避免风险，进而发现并抓住机遇，是全行业需要直面的现实问题。为此，笔者基于认知行为理论下消费者认知和行为的变化，认为中国食品产业发展要把握疫情中的机会，尽量避免不利影响。具体策略如下。

一 加快数字化转型

我国移动互联网基础设施和智能手机产业的快速发展，为发展线上线下互动消费奠定了坚实基础。新冠肺炎疫情发生前的"线下体验—线上买单—线下消费"模式逐步演变为"线上买单—线上体验—线下消费"模式，生鲜配送需求的高涨催生了"非接触型"的消费场景需求。就目前来看，疫情防控进入新常态后，食品行业的数字化转型和食品安全的数字化管理模式正在加速展开和应用。可预料的是，在后疫情时代，持续创新、信息化和智能化程度高、能够快速转型的企业，将更能有效抵抗风险，并迅速抓住空当，占领更多市场。

习近平总书记强调，要鼓励运用大数据、人工智能、云计算等数字技术，在疫情监测分析、病毒溯源、防控救治、资源调配等方面更好发挥支撑作用。① 实践证明，数字化成为这次战"疫"中不可或缺的"利器"。在这场抗击疫情的战斗中，数字化逐渐从"可选题"变成"必选题"。对于食品行业来说，没有淘汰的产业，只有落后的产品、技术、管理和运营模式。随着互联网、物联网等技术不断发展，食品行业从生产到销售整个产业链的发展模式正在发生深刻变革，从农田到消费者餐桌的全过程中，生产、加工、包装、物流、仓储、营销、市场、产品生命周期管理等所有环节都已经开始和互联网融合，工业机器人、食品智能设备、智能供应链、食品信息追溯系统等日益成为食品行业中的发展热点。食品行业的数字化时代已然来临，食品行业如何运用云计算、大数据等新兴技术进一步优化资源配置无疑是转型升级的重中之重。食品行业要实现高质量发展，数字化发展是重要动因和最强劲的硬核力量。

数字化的无穷力量是巨大的机遇。总的来看，食品行业必须充分利用数字化的一切优势，以数字化、信息化、智能化为突破口，深入推进企业数字化转型，打造数据供应链，以数据流引领物资流、人才流、技术流、资金流，形成产业链上下游和跨行业融合的数字化生态体系。在全产业链上下游环节推动数字化转型升级，引领整个行业往更高的方向发展。

一是要利用数字化改造企业运营模式，打造数字化企业。促进企业研发设计、生产加工、经营管理、销售和服务等业务数字化转型，运用大数据来优化生产、仓储、销售和服务全阶段，以达到消费者数字化、门店数字化、库存数字化，实现"人、货、场"重构。

---

① 《习近平主持召开中央全面深化改革委员会第十二次会议　强调完善重大疫情防控体制机制　健全国家公共卫生应急管理体系》，《中国行政管理》2020年第2期。

二是要进行供应链数字化升级，构建数字化产业链。打通产业链上下游企业数据通道，促进全渠道、全链路供需调配和精准对接，将供应商、经销商、终端等纳入企业整体的供应链管理系统中，实现供应链全过程的数字化动态管理，以数据供应链引领物资链，打造快速响应的市场服务能力，促进产业链高效协同，有力支撑产业基础高级化和产业链现代化。

三是要以数字化平台为依托，培育数字化生态。打破传统商业模式，通过产业与金融、物流、交易市场、社交网络等生产性服务业的跨界融合，构建"生产服务＋商业模式＋金融服务"数字化生态，形成数字经济新实体，充分发掘新内需。

积极推进食品产业数字化，让数字化手段为整个产业链赋能，释放数字对产业发展的放大、叠加、倍增作用，锻造硬核力量，打造"智慧食业"，助力构建现代化食品产业体系，促进中国食品行业创新发展，引领中国食品行业走向高质量发展的道路。

二 食品产业发展要立足于消费者需求

（一）要满足消费者对健康和营养的需求

首先，从量的方面来看，人们均已经认识到了抵抗病毒的最好方法就是增强自身的免疫力和抵抗力。大多数人都会考虑通过食疗的方法来提高自身免疫能力，以让身体保持健康。因此，在很长的一段时间之内，人们对于全球功能性营养健康食品的需求会呈现上升的趋势。其次，从需求范围来看，在新冠肺炎疫情暴发之前，世界各国也在针对全球功能性营养健康食品进行开发，但当时的发展速度较慢，人们的需求也未曾变得如此迫切，最为重要的是人们的需求范围比较窄，很多企业在开发产品时习惯着眼于当前最为热门的减肥、养生等方面的食疗，但是在新冠肺炎疫情暴发以后，消费者开始重视功能性营养健康食品，进而促使功能性营养健康食品的全球需求范围进一步拓展。

同时，随着消费者更加注重健康生活方式，食品企业在保障食品安全的基础上，注重产品的健康与营养。方便食品企业抓住了这一机遇，赋予方便食品健康、营养的属性标签，从单纯的方便面、方便粉上升到丰富的自热食品、半成品菜等。如果在这一时期，产品能够满足用户需求，提供良好的消费体验，那么人们的购买行为将会延续。而随着疫情后消费者更加关注食品营养及健康，行业对既懂营养又懂食品的复合型人才需求也正在日趋增加。

从市场环境来看，食品产业已经并正继续发生着巨大变化。有专家认为，在我国提出构建以国内大循环为主体、国内国际双循环相互促进的新发展格局下，对于食品企业来说，通过保障食品的安全及健康，帮助恢复消费者信心，促进食品消费行业的健康发展，是行之有效的可持续发展路径。

何继红认为，疫情过后，消费升级整体趋势一定会加速。消费者的健康意识将成为市场的"助推器"。对于食品企业而言，要充分认识到产品"健康标识"的重要性，加大对健康产品、高科技新产品的推广力度。在经销模式上，食品企业应积极应对市场出现的新变化，探索新模式、新业态、新场景的普及应用，加快加大线上线下的融合，让市场渠道畅通。

在消费升级时代，消费者对于营养和健康的认知越来越深入，对于膳食和营养补充的态度以及消费习惯都在改变。企业只有全面了解市场发展趋势，把握消费者新的消费需求，才能开发出个性化的优质产品，满足未来食品市场需求。

引导形成健康科学的食品消费方式。积极推动绿色环保健康等高品质食品消费,形成健康科学的食品消费方式,确保消费安全。加强食品安全的科普宣传与教育,加强食品安全学校教育、家庭教育与社会教育,提升公众的食品安全科学素养,引导人们形成健康科学的食品消费方式。

此外,关注老年人健康成为食品产业创新发展的重要方面。居家期间部分老年人没有注意或采取措施来改变或控制饮食相关的危险因素,比如口味没有变淡,油和盐的消耗没有减少等。老年人对饮食风险意识不到位,将带来潜在健康风险。

(二)要适应消费者居家消费需求

有挑战必然有新机遇。譬如,2020年的餐饮行业普遍受到冲击,但速冻食品却出现了购销两旺,甚至缺货的局面。在因防疫需要而催生的新"宅经济"利好的大背景下,速冻食品企业上半年业绩快速增长。

危机从来都是"危"与"机"的共存,食品企业既要洞察市场变化、消费者需求变化,也要在国家经济发展的大环境和大背景下来思考。无论风云如何变幻,往往都是具有较强洞察力、拥有充足现金流、有综合实力、有稳定市场、能吸引人才的企业更有优势。所以,强壮自身是企业行稳致远的终极法宝。"疫情过后,食品行业将迎来新一轮洗牌。疫情会加剧食品行业的内部分化,拥有充足现金流、能够支撑一年两年、有实力的企业,在复工速度、稳定市场和吸引人才方面肯定是有优势的。"罗云波表示,餐饮行业将迎来强者更强、弱者更弱的"马太效应"。未来食品企业会对新技术更加敏感,对市场需求更加敏感。

疫情期间,除了方便面、方便米饭等传统方便食品外,半成品饭菜也迎来了新的发展机遇。这一品类不仅满足了部分消费者既想要吃到可口饭菜的需求，同时兼具省时、方便的特性。据了解，目前已有多家餐饮品牌与每日优鲜、京东生鲜等电商平台达成合作，共同开拓这一市场。

另外，无接触配送、无人零售、直播零售等消费新模式将会迎来快速发展，能够有效降低疫情影响，给人们的消费提供一个突破口，及时释放消费需求，帮助消费市场"回暖"。新消费模式也在融入新时期人们的"宅生活"，改善现有传统经营模式，附加科技基因，促进消费市场向科技化、线上化升级。健康化消费、线上线下融合消费以及直播带货、科技化消费等多种新型消费方式都将在疫情防控常态化阶段迎来新的发展机遇。人们经历了疫情期间居家隔离的生活后，消费欲望被压抑，疫情防控常态化时期的到来，给人们提供了一个消费的"发泄口"，消费热潮一触即发。疫情期间，人们的饮食欲望也被无限放大，食品消费在这一时期将会迎来爆发性增长。大胆破局、拓宽渠道、迎难而上的企业在这一阶段非但不会受到市场变化的影响，反而会迎来快速发展、迅速崛起。

三　建设良好的食品安全保障系统

虽然新冠病毒不属于食品安全问题，但和食品安全息息相关，特别是国内多地多次由进口海鲜食材包装检出新冠病毒，为相关食品生产、加工、零售，以及餐饮行业等带来了极大的冲击和挑战。食品安全问题，尤其是涉疫食品安全问题，必将是今后备受舆论关注的焦点问题之一。那些拥有良好食品安全系统的企业，凭借在食品安全管理领域长期积累的经验，在疫情的冲击下往往都能够更好地合理应对。

但不能忽略的现实情况是，我国的动物疫病抽检技术起步较晚，虽然随着时代科技的进步，抽检技术得到了迅速的发展。虽然大多数城市已经成立了动物产品质量检测中心，但实际情况并不乐观。当前的动物疫病检测远远不能满足畜禽可食用安全性的要求。更为重要的是，当前检测食品安全的机制未能完整建立，食品安全问题缺少高效监测和健全检测体系。因此，动物疫病抽检技术对国内的肉类销售和出口起到关键作用。

强化食品企业安全生产的社会责任。食品企业要坚持诚信为本，把食品安全作为生产经营的基本出发点，为消费者提供健康、安全的食品，并自觉接受监管部门和社会监督。引导消费者树立健康科学的食品消费理念，改变不健康的食品消费习惯。日前，全国人民代表大会常务委员会做出关于全面禁止非法野生动物交易、革除滥食野生动物陋习、切实保障人民群众生命健康安全的决定。企业应按照决定要求，全面禁止以国家保护的"有重要生态、科学、社会价值的陆生野生动物"及其他陆生野生动物为食品制作原材料，防范病毒传播风险，促进人与自然和谐共生。

第八章 中国食品产业风险应对策略

第一节 食品产业风险应对特征与环节

一 风险应对特征

2020年1月23日，为控制传染性极强的新冠肺炎疫情持续扩散，湖北省武汉市做出艰难决定，通过限制人员流动来实现病毒隔离，随后，全国各级行政区域也都陆续启动重大突发公共卫生安全事件一级响应，采取严控交通等措施以阻断新冠肺炎疫情蔓延。然而，为应对新冠肺炎疫情而采取的交通管制等措施也对我国社会和经济活动产生了较强的影响作用[1]，尤其是对于食品产业链，因限制人流物流，对其经济秩序产生了显著的短期冲击[2]，导致农产品调度困难，加剧供需矛盾，致使部分城市农产品价格高升，而田间农产品却滞销[3]。以各类疫情（包括畜禽和

---

[1] 金碚：《论经济主体行为的经济学范式承诺——新冠肺炎疫情引发的思考》，《学习与探索》2020年第2期。
[2] 沈国兵：《"新冠肺炎"疫情对我国外贸和就业的冲击及纾困举措》，《上海对外经贸大学学报》2020年第2期。
[3] 蒋和平、杨东群、郭超然：《新冠肺炎疫情对我国农业发展的影响与应对举措》，《改革》2020年第3期。

人传疫病）是极具挑战的市场风险之一[①]，新冠肺炎疫情作为影响面极广的人传人疫病事件，其对农产品产业链必然会产生冲击，各项防控措施加剧了供需矛盾，造成农产品价格大幅波动，严重影响居民生活质量和国计民生。[②] 为了保持我国食品产业链稳定，稳定食品物价，党和政府采取了一系列调控措施。如为保障疫区居民生活必要物资供给，2020年2月3日驻鄂部队承担了湖北地区的生活物资运输任务，2月7日财政部对重点食品企业提供恢复生产和交易的资金支持[③]、打击哄抬物价行为的措施，在一定程度上缓和了供需矛盾，但农产品价格未能得到有效平抑[④]。由于各地疫情发展和防控力度差异，农产品价格呈现明显区域差异，新冠肺炎疫情对农产品价格的冲击效应与区域差异，以及政府调控政策效应也都有所不同。在新冠肺炎疫情防控常态化的情况下，精准调控农产品价格、缓和农产品供需矛盾、平抑农产品价格飙升等方面，我国政府部门和食品产业链各参与单位，仍有长足的改善空间。

除了新冠肺炎疫情冲击对食品物价的影响外，在此次疫情防控的过程中，我国食品产业链所表现出的系统性不适应之处，主要存在于当疫情上升为复合性危机后，食品应急保供体系接档不够快，短期的危机隔离措施破坏农产品供给，政府应对措施条块分割、缺乏系统性。这与现行制度体系存在的漏洞密切相关。食

[①] Suder G., Inthavong S., "New Health Risks and Sociocultural Contexts: Bird Flu Impacts on Consumers and Poultry Businesses in Lao PDR", *Risk Analysis*, Vol. 28, No. 1, 2008, pp. 1–12.

[②] 刘明月、陆迁：《禽流感疫情冲击下疫区养殖户生产恢复行为研究——以宁夏中卫沙坡区为例》，《农业经济问题》2016年第5期。

[③] 刘昆：《在全国强化疫情防控重点保障企业资金支持电视电话会议上的讲话》，《中国财政》2020年第3期。

[④] 胡友、陈昕、祁春节：《新冠肺炎疫情对农产品价格波动的影响及政策效应研究》，《农林经济管理学报》2021年第1期。

品供应体系具有多环节、多对象、多部门、大规模等特征，保供系统的复杂性，决定了农产品应急保供设计上需要有系统性考量。

(一) 多环节：需覆盖生产、加工、流通、销售全链条

食品供应链覆盖从田间到餐桌的全产业链条，具有多环节特征。疫情防控初期，一味强调风险隔离、交通管制，忽略了农产品应急流通，导致产销无法有效对接。随着疫情持续，食品加工主体大量停工，常规农业生产经营难以开展，加工环节和生产环节的问题凸显，直接威胁后市保供能力。不同环节采取的管理措施不同，措施启动条件和启动时间存在差异，增加了多环节管理的难度。在重大公共卫生事件暴发初期，需要及时切断物流网络，以便控制传染源流出渠道，所以首先冲击流通环节。在有限流通空间下，农产品流通存在潜在传播风险，易遭到严格管控。加工管理和生产管理多在疫情持续较长时间、农产品现货库存降低后才逐步启动。加工管理多为室内空间管理，对人口密度、通风设施、消毒设备有较高要求。生产管理因生产对象差异而不同，共性问题是生产资料、种子种苗供应。差异性问题是种植业生产关键在不误农时，养殖业的关键在预防人畜交叉感染风险。

(二) 多对象：需兼顾最终产品、中间产品和生产资料

从疫情应对实践可以看到，在特殊时期，食品供应链的保供范畴已经超出传统最终产品的范围，对初级产品甚至生产资料保供也提出挑战。最终产品是现货，最接近消费终端，也在突发事件暴发后率先发挥市场缓冲作用。最终产品的商业库存比较有限，需要足量初级产品作为后备。初级产品主要是原粮、畜禽存栏等，是应急保供的大后方。在最终产品库存降低到警戒线下时，初级产品经加工后可迅速投放市场。然而初级产品存量也是

有限的,尤其禽类、蔬菜等生产周期短的农产品往往不会有大量库存。这就需要通过稳定生产资料供应来稳定生产,确保这类产品有源源不断的供应能力。已有制度体系的框架内,除了粮油对原粮、成品粮有明确划分和细致设计外,其他重要农产品基本未对消费终端以前的产品供应做细节设计。[①] 在疫情冲击时间拉长以后,初级产品供应相对吃力,而生产资料断档更加剧了初级产品供应乏力。

(三) 多部门:需粮食、商务、农业等各部门有效协同

现有食品产业链保供体系主要由粮食部门、商务部门负责,这样的制度设计和职能划分在此次疫情中暴露出不少问题,多部门管理导致碎片化应对问题严重。[②] 政府指定的蔬菜、肉类、蛋类、奶类、大米、面粉、食用油和方便食品8类生活必需品中,只有大米、面粉、食用油和部分方便食品在粮食应急保供体系下。蔬菜、肉类、蛋类、奶类等都在商务部门,而商务部门尚未形成完整的制度化体系,显然难以满足消费升级后广大群众的需求。从食品产业链供应环节上来看,制度体系中注重流通,但基本忽略了生产环节。而在抗疫战线拉长以后,为了确保食品的长期供应,需要重视农产品的基本生产能力,这就需要把农业部门也纳入应急体系中来。除了生产流通核心部门以外,还需要交通、工商、质检、新闻等其他职能部门密切配合。复杂的多部门体系要高效运转,离不开顶层设计和系统安排。

(四) 大规模:需考虑应对大范围、长时间的系统风险

农产品保供要考虑突发事件的发生规模,保供措施也需要根

---

① 普蓂喆、吴磊、郑风田:《新冠肺炎疫情下我国重要农产品应急保供体系实践与反思》,《中国农业大学学报》(社会科学版) 2020 年第 5 期。
② 程国强:《建立重要农产品供给保障新范式》,《中国发展观察》2020 年第 Z2 期。

据疫情进展而动态调整。如果是短时间、局部地区受到冲击，食品产业链的重点主要集中在产业链末端和地区间调配。但如果发生范围大、时间长，必须将"保供给"的范围扩大到产业链前端，确保持续生产能力。此次疫情就凸显了我国食品产业链中供应体系应对系统性风险的短板。

从空间尺度上来看，我国原本在应对局部风险上具有天然优势，国土面积辽阔、物产丰富，加上有中国特色社会主义制度的强大动员能力，可以充分利用周边地区进行调配。但此次新冠肺炎传染性强，传播速度快，伴随春节返乡潮在全国大规模传播，使之成为系统性风险。在系统性风险下，经济社会活动全面减少、物流体系短时间内被切断，全国统一调配的条件不复存在，各地区只能依靠自身保障食品供应链运转。所以，需要考虑跨区调配能力丧失等极端情境下的应对措施。从时间尺度上来看，疫情持续时间长，消耗了现有食品产业链体系内的产品库存，对应急加工和生产能力提出要求。此次疫情持续时间比较长，加上初期局部地区民众恐慌出现抢粮现象，现货农产品库存消耗迅速。除了粮油、猪肉有一定政府储备外，鲜活农产品就很难采取储备方式保供，必须要确保其持续生产能力。而从更长远的角度上来看，还要防止防控措施影响春耕生产、夏粮管理、动物生长周期，避免破坏下一季生产能力。因此，需要考虑疫情时间较长情境下的应对措施。

总的来看，食品产业链中应急保供的复杂性和系统性，决定了制度设计、应急措施出台上需要有系统性考量。系统性考量并非意味着应对措施要面面俱到，而是重点强调在决策时的系统性思维。即在出台应急措施时，要充分预判到对重要农产品的产业链、后市保供的影响，避免措施短视导致长期利益受损。而在梳理系统特征以后,也有助于抓住疫情不同发展阶段下的保供重点,明确抗疫各阶段保供措施的有效性。

二 风险应对环节

由于隔离和边境关闭,市场、供应链和贸易被打乱,新冠肺炎疫情对全国乃至全球的食物供给和需求体系都会产生影响。因为限制移动和担心感染风险,食物流通渠道可能因为运输中断和检疫措施而受阻,运输费用和贸易成本增加。居民食物消费需求也面临更多不确定性,获得充足的营养食物变得更加困难,收入和购买力下降,消费更加谨慎等。脆弱群体和高度依赖进口的国家面临的食物安全风险增大。

(一) 对食物供应

新冠肺炎疫情对全球的粮食供应或价格产生的直接重大影响并不显著[1],因为大宗商品在装卸和运输时,人与人之间的直接接触较少。此外,小麦和大米等不易腐烂谷物的全球储备应该足以满足任何激增的需求,因此,粮食供应没有出现重大中断。而对于易腐烂的蔬菜、水果等食物,运输限制和更加严格的检疫对其供应的影响更大,但是目前各国尚未出现全国范围内蔬菜供应普遍中断的情况[2]。在中国,随着疫情得到有效控制,再加上充足的粮食储备和采取了确保粮食等生活必需品持续流通的措施,食物供应和价格受到的影响也逐渐恢复。尽管如此,各国为遏制疫情所采取的隔离和封闭措施已经开始对供应链产生影响。隔离措施可能会阻碍农民务农,减少劳动力,并阻碍食品加工商开展

---

[1] 陈志钢、张玉梅、詹悦、樊胜根:《防范新冠肺炎疫情对中国食物和营养安全的冲击》,2020年,http://cn.ifpri.org/archives/6333。

[2] Glauber J., Debucquet D. L., Martin W., et al., "COVID – 19: Trade Restrictions are Worst Possible Response to Safeguard Food Security", IFPRI Book Chapters, 2020.

生产。交通运输限制导致化肥、兽药和其他投入品供应短缺，也可能影响农业生产①。

疫情也导致一些贫困人口依靠的食物、营养、健康等公共部门的扶持项目中断。例如，印度的全国封锁政策导致该国最大的社会保障安全网之一的校园供餐项目被迫暂停，社区为孕妇和哺乳期妇女提供的营养项目也被中断。受疫情影响，许多国家关闭了学校，世界上超过 3.6 亿的儿童无法吃到校餐。而其中许多来自贫困家庭的儿童，其营养依赖于学校的营养餐。世界粮食计划署（World Food Programme，WFP）在大约 48 个国家实施了学校供餐项目的学校部分或全国性关闭。这意味着大约 1100 万儿童不能得到 WFP 支持的学校营养餐②，这个数字可能还会上升。这些儿童和他们的家庭受到严重影响。对于许多处于饥饿中的儿童，学校营养餐可能是他们一天唯一的营养来源。对于贫困家庭，学校营养餐相当于其家庭月收入的 10%，营养餐缺失也意味着其收入受到损失。

（二）对食物需求

在需求方面，由新冠肺炎疫情引起的购买力下降可能会改变人们的饮食方式。经济增长放缓通常会导致人们对肉类和植物油等高价格食品的需求下降，但对面包和大米等基本食品的需求实际上可能会增加。像最近在世界各国所看到的那样，消费者恐慌

---

① Vos, R., W. Martin and D. Laborde, "As COVID - 19 Spreads, No Major Concern for Global Food Security Yet", IFPRI blog, 10 March, 2020, https://www.ifpri.org/blog/covid-19-spreads-no-major-concern-global-food-security-yet. Torero, M., "COVID - 19 and Food Supply: A four Pronged Battle Plan for Countries", NutritionConnect Blog, 26 March, 2020, https://nutritionconnect.org/resource-center/covid-19-and-food-supply-four-pronged-battle-plan-countries.

② WFP, "New DigitalMap Shows Terrible Impact of COVID - 19 on School Meals Around the World", https://www.wfp.org/news/new-digital-map-shows-terrible-impact-covid-19-school-meals-around-world.

第八章
中国食品产业风险应对策略

也可能会破坏供应链并导致供应中断和粮食价格上涨。

新冠肺炎造成经济损失的一个重要因素是有工作的新冠肺炎患者无法在至少几周的时间内充分有效地工作。随着新冠肺炎疫情的进一步传播，封锁措施被普遍采用以应对疫情，更多工人将无法工作，据国际劳工组织（International Labour Organization，ILO）称，疫情正对就业产生"前所未有的深远"影响，超过10亿就业者正面临减薪或失业风险。[①] 印度的失业率也持续飙升，从不到10%一直上升到近40%。[②] 疫情也将直接影响海外劳工的收入，海外劳工汇款是发展中国家和许多低收入人群的生命线。联合国秘书长古特雷斯在一场记者会中称，各国已经承诺将汇款费用降低至3%，远低于目前的平均水平，但此次危机要求各国提供更强的支持政策，使汇款费用尽可能接近零。国际食物政策研究所（International Food Policy Research Institute，IFPRI）的全球模型估计，全球经济每放缓一个百分点，贫困人口的数量将增加2%，约1400万人陷入贫困，且其主要影响的是生活在发展中国家农村地区的人口（约900万人）。[③]

新冠肺炎疫情带来的经济损失和购买力下降可能导致膳食质量急剧下降[④]。疫情期间，由于新鲜蔬菜水果和肉类等供应更加困难，而且价格更加昂贵，可能会导致居民饮食结构更加单一和

[①] ILO Monitor, "COVID – 19 and the World of Work", 2nd Edition, 7 April 2020, https://www.ilo.org/wcmsp5/groups/public/@dgreports/@dcomm/documents/briefingnote/wcms_740877.pdf.

[②] "Center for Monitoring Indian Economy", https://www.cmie.com/kommon/bin/sr.php?kall=warticle&dt=2020-04-07%2008:26:04&msec=770.

[③] Vos, R., W. Martin and D. Laborde, "As COVID – 19 Spreads, No Major Concern for Global Food Security Yet", IFPRI blog, 10, 2020, https://www.ifpri.org/blog/covid-19-spreads-no-major-concern-global-food-security-yet.

[④] Headey D. D., Ruel M. T., "The COVID – 19 Nutrition Crisis: What to Expect and How to Protect", IFPRI Book Chapters, 2020.

营养下降。穷人更加倾向于用便宜的大米、玉米、小麦和木薯等主食来获取所需要的卡路里，以代替更加昂贵的鸡蛋、蔬菜和水果，而这些食物通常是重要微量营养元素的来源。以中国为例，由于防疫措施对人员流动的限制，农民工无法返城工作，因而失去了收入来源。农民工群体因此产生的收入损失预计超过1000亿美元。这些遭受收入损失的农民工家庭大大减少了营养摄入，大多数村民不得不减少食物支出，大量购买谷物和其他主食，而不是更贵的生鲜食品。[1] 在印度，约有91%（4.22亿人）的劳动力为非正式工人。[2] 这些人在疫情期间失去了收入来源，加剧了贫困和粮食不安全状况。

（三）农产品贸易

贸易是调节全球农产品供需余缺的重要手段，有利于保障全球食物安全，但是，疫情暴发通常会对贸易产生一定的影响。例如，2014年的埃博拉疫情导致西非受灾国家主粮价格大幅上涨。撒哈拉以南非洲等严重依赖进口来满足粮食需求的国家面临着更高的粮食安全风险，尤其是在边境关闭时。化肥和其他关键投入物等非粮食供应链的中断会导致农民休耕（或面临播种和收割延误），从而影响这些国家的食物安全。这次新冠肺炎疫情也正在对农产品贸易产生显著影响。

首先，疫情影响各个国家和地区间的运输和农产品检验，贸易变得更加困难、成本更高、效率更低。随着疫情持续蔓延，各国的防范措施进一步升级，将会对食物供应带来挑战。世界卫生组织在疫情发生后建议，"没有理由采取不必要的措施干涉国际

---

[1] Rozelle S., Rahimi H., Wang H., et al., "Lockdowns are Protecting China's Rural Families from COVID-19, but the Economic Burden is Heavy", IFPRI Book Chapters, 2020.

[2] 陈志钢、詹悦、张玉梅、樊胜根：《新冠肺炎疫情对全球食物安全的影响及对策》，《中国农村经济》2020年第5期。

旅行和贸易",但在实际操作过程中,很多国家采取了更加严格的限制措施。严格的边境控制措施将影响依赖粮食进口的国家进口粮食,也不利于依赖出口初级农产品的低收入发展中国家出口农产品,从而影响农民收入。

其次,各国的出口限制措施将威胁全球贸易。尽管食物供给总体充足,但是,一些国家开始囤积食物,为保障国内食物供应而采取出口限制。2008年食物价格危机的教训深刻,贸易保护主义政策最终将导致食品价格上涨,造成恶性循环。2008年,澳大利亚和阿根廷的干旱、石油价格上涨、用于生物燃料生产的粮食使用量增加以及贸易政策失灵造成了全球粮食危机,许多国家采取了各种出口政策来限制农产品的出口。原本不存在大米供应短缺问题,但是许多国家由于恐慌对大米出口征收更高的税,或者禁止大米出口,结果全球市场大米价格在六个月内翻了一番,大米贸易严重中断,从而导致了食物价格危机[1]。尽管许多专家建议不要重复2008年食物危机期间的错误[2],但仍然有许多国家采取了出口限制行为。例如,哈萨克斯坦是世界上最大的小麦粉出口国之一,该国已禁止出口小麦粉、胡萝卜、糖和土豆等其他食

---

[1] Headey D., Fan S., "Reflections on the Global Food Crisis: How Did it Happen? How Has it Hurt? And How Can We Prevent the Next One?", Research Reports, Vol. 40, No. 2, 2010, pp. 450 – 452.

[2] 樊胜根:《防范新冠疫情引发全球食物安全危机》,2020年,http://cn.ifpri.org/archives/6440. 陈志钢、张玉梅、詹悦、樊胜根:《防范新冠肺炎疫情对中国食物和营养安全的冲击》,2020年,http://cn.ifpri.org/archives/6333. Torero, M., "COVID – 19 and Food Supply: A four Pronged Battle Plan for Countries", Nutrition Connect Blog, 26 March, 2020, https://nutritionconnect.org/resource-center/covid-19-and-food-supply-four-pronged-battle-plan-countries. Glauber J., Debucquet D. L., Martin W., et al. "COVID – 19: Trade Restrictions are Worst Possible Response to Safeguard Food Security", IFPRI Book Chapters, 2020. Voegele, J., "Three Imperatives to Keep Food Moving in a Time of Fear and Confusion", World Bank blog, 03 April, 2020, https://blogs.worldbank.org/voices/three-imperatives-keep-food-moving-time-fear-and-confusion.

物；越南政府从2020年3月25日暂停大米出口合同的签订，随后该出口禁令被取消，但采取了4月40万吨的大米出口限制措施；塞尔维亚已经停止了葵花籽油的出口。

最后，国际市场对疫区农产品和食品的需求下降。如2009年H1N1疫情的暴发导致俄罗斯和中国的猪肉进口量与2008年相比分别下降了28%和56%，2014年埃博拉疫情在利比里亚的暴发，导致天然橡胶这一主要的出口型农产品同比下降超过40%。新冠肺炎疫情首先在中国暴发，对贸易的影响首先体现在中国出口方面。在疫情和防控措施的双重压力下，中国出口能力下降。另外，出口企业的交易成本也因企业春节停工延长、交通运输等相关配套行业受限、检验检疫更加严格等因素显著提升。

此外，相关贸易国陆续对中国商品和人员的进入实施限制。2020年1—2月，中国农产品出口额同比减少10.2%。中国商品出口的削减将对相关国家产生严重影响，以韩国为例，受两国新冠肺炎疫情形势影响，2020年1月韩国从中国的农产品进口量仅10万吨，同比下降67%。供应端的紧张也直接助推了价格的上涨，2月12—20日期间，韩国批发市场上红辣椒、胡萝卜、菠菜、卷心菜和泡菜的价格均有所上涨。

（四）农业投资

联合国贸发会议（UNCTAD）在全球投资趋势监测中，称新冠肺炎疫情暴发将对全球外国直接投资（FDI）流量产生负面影响。根据新冠肺炎疫情发展的不同假设，新冠肺炎疫情将导致全球FDI显著下降。尽管农业投资不是监测中受到影响最大的行业，但随着疫情传播也必然会受到影响。需求冲击的负面影响将集中于受疫情影响最严重的经济体，而生产停滞和供应链中断将更多影响那些与全球价值链中心（中国、韩国、日本及东南亚经济体）更为紧密的经济体。投资受新冠肺炎疫情影响的经济体更为集中，那些为控制病毒传播采取最严格措施的国家受到的影响最大。影响很大程度上是由于整体需求下降导致的投资推迟，对于全球价值链相关贸易依赖越大的经济体受到的影响也会越大，跨国企业对于更有弹性的供应链的需求可能会加速现有全球价值链脱钩的趋势。

三 风险应对中脆弱性表现

新冠肺炎疫情的发生暴露出食品产业链保供给及质量监管方面仍存在一些漏洞和"盲点"，表现出产业应对风险的脆弱性，具体有如下几个方面。

一是农产品种植（养殖）、加工环节短板较多，难以快速适应形势变化。中国种植（养殖）业小、弱、散的特点明显，生产设施薄弱，经营理念滞后，种养结构单一，一些能够实现产量的农业生产模式也趋于固化，种植（养殖）技术存在路径依赖，基本还停留在产定销的低效、粗放发展阶段，难以适应新品种、新技术、新模式的变化发展。在疾病防控、化肥饲料营养、种养技术、种养环境等方面仍存在一些"瓶颈"问题亟须解决。农产品安全供给和质量安全仍有较多制约因素，在对农户进行质量安全宣传教育、化学投入品使用、病虫害防治、农药经营等方面还存在一定隐患。农产品加工业一直是行业短板，疫情尤其加速改变了消费者对冷冻预制农产品的认知，方便类食品、预制品以及休闲化、定制化加工品消费需求急速增加，农产加工业转型速度慢，还不能及时跟进需求变化。

二是流通环节的冷链物流存在安全隐患。跨地区物资运输的漏洞仍然存在，由于流通主体多元分散，流通环节的质量安全还存在一定"盲区"。特别是在冰鲜农产品（渔产品）进口、销售等方面出现的问题使人们意识到，冷链物流并非绝对安全。并且由于缺乏强制性行业标准和有效监督，一些经营者打着全程冷链的旗号，但实际为节省物流成本选用敞篷车运送低温物品或进行间歇式供冷，大量不规范改装的冷藏车的运营也给公众安全带来了隐忧。此外，因冷链运输信息化水平低，装卸环节机械化水平低，易造成食品升温腐败和人为污染。

三是销售环节的市场运营水平较低。农产批发周转市场脏乱、湿度大，病毒易存活。切割废弃物处置不规范，污水直排等，是农产品批发市场生物安全防控的薄弱环节。农产品批发市场因具有公共物品性质，市场运营主体建设动力不足。市场硬件设施差、布局不合理，入场检测手段弱、信息化系统推进难，另外，市场还普遍存在管理粗放、环境脏乱差等现象。加之批发商小而散的分布特点，大量散货交易在批发市场进行，加大了运营难度。

四是监管环节的有效性有待提升。中国食品安全监管按环节由多部门分权共治，监管执行的综合协调性仍有待提高。农产品市场准入制度难以落实落细，存在市场监管走过场的现象。例如，批次质量安全检测结果的应用以偏概全；对重大风险点缺少关口前移的防控举措，在产品来源、中转路径、安全检测等方面存在空白点；对初级农产品的粗加工场地的细化要求欠缺；对入场从业人员缺乏健康管理等。《中华人民共和国食品安全法》已施行5年多的时间，2018年虽做出修订，但多限于管理部门名称与分工变化，实质性的修订不多，且对出口的监管要求显著多于进口，与当前中国农产品进口大国的地位很不相称。

第二节 政策建议

过去的突发公共卫生事件往往时间较短、范围较小，我国食品产业链的保供体系基本能够保持安全稳定，发挥其应有的作用。但与之前不同的是，本次新冠肺炎疫情迅速发展成为大范围、长时间的复合性危机。依靠商业库存应急、地区间调配的空间收窄，暴露出应急体系环节割裂、措施短视、部分产品应对乏力等问题。迫切需要补足食品产业链应急保供的短板，加强应对策略的系统性考量，提升应对措施的协同性，进而全面提高应对各类风险的能力，促进国家治理体系和治理能力提升。

一 完善食品产业链需要系统设计

食品产业链在危机应对中的支撑作用不言而喻，当务之急是要形成完善的顶层设计，尤其是要有系统性思维。过去的应急保供体系主要关注消费端，其背后隐含的假设是生产、流通环节不会受到严重影响。显然，这样的前提在复合性危机下不成立。食品产业链的下一步完善应充分考虑到系统性风险的冲击规模。突发事件的发生范围、持续时间，决定食品产业链保供的深度和广度。当危机范围扩大、时间拉长时，要从农产品生产的产前、产中、产后和消费终端综合管理，要重视初级农产品、生产资料持续供应，才能打赢系统性风险管理的持久战。

要注意对农产品加工产能、生产能力、农资产能和流通能力的保护。要在短期应急和长期保供能力间做好平衡，预判防控措施可能对产业链其他环节带来的负面影响。注重在危机中保护综合产能，为危机后迅速恢复做好前瞻性谋划。在我国农产品生产趋于专业化分工格局形成的当下,流通成为对接全国产需的"大动脉",尤其要重视流通能力保护。不能因为交通管制挤压必要的农产品流通,否则一旦造成全国性滞销,将会极大打击农民生产积极性,加剧农业产业萎缩。流通本身也是维持整个产业链正常运转的关键环节,流通跟不上则产前、产中、产后都无法顺利开展,产业链条顺畅程度将大打折扣,制约加工产能、生产能力、农资产能的实现,也会降低农业产业链的危机应对能力。

政府要加强顶层设计、构建各部门协作机制。流通能力、加工产能、生产能力和农资产能中每一个环节的保持,都需要多个部门直接参与,综合供应能力保持必然需要多部门协作机制。除此之外,还需要发改委、财政部、质检总局、公安部等辅助配合,新闻部门及时进行信息发布和舆论监测,还有专家智库提供农产品作物学、风险管理、危机应对、经济管理等方面的专业建议。此外,尤其要注重对食品供应的市场监测,对所有保供对象的现货、存货、产能加以追踪,在突发事件暴发后及时做好预判和预警,传达给相关责任部门做好准备。

二 完善食品产业链的具体建议

第一,完善食品产业链应急体系顶层设计和制度建设。学习粮食应急保障的经验,建立畜禽、果蔬等重要副食品应急保障制度,完善副食品生产、流通环节的制度设计。建立食品产业链应急保供的顶层制度,搭建部门间协调配合的制度架构,提高食品产业链保供给的协同性。要借新冠肺炎疫情的经验教训,梳理食品产业链保供过程中的复杂关系。要充分考虑到保供体系的复杂性,明确各环节、各对象、各部门的重点、措施,尤其要注意防止应急措施破坏必要的农产品供应链。厘清不同危机程度下,食品产业链保供的重点、范围和优先序。可以参照《国家突发公共事件总体应急预案》对突发事件的等级划分，对每一危机级别下的保供制度进行设计，明确每一级别范围内的重点保障范围、保障任务、保障措施。

第二，加强供求预警监测，建立动态、分级应对机制。要建立全国范围内的农产品供求预警系统，在供求关系出现重大变化时及时发布预警。在突发事件发生时，及时跟踪食品产业链的供需形势，为应急工作随时提供动态信息。采取分阶段应急管理措施，根据预警监测信息及时调整防疫措施，建立动态应对方案，避免抗疫手段"一刀切"。危机隔离期，流通管制要求高，要保证现货供应，利用成品库存及时缓冲供求异动。在危机管理期，要及时根据各方信息研判危机发生的范围、可能持续时间，区分短期应急、长期应对的措施差异。一旦产生大规模负面冲击，要及时有序恢复重要农产品及物资流通，确保加工产能恢复。对疫情较轻的区域，要分区域、分情况施策，及时有序恢复农业生产，确保后市供应能力。危机后处理期，要促进产能全面恢复，尽快疏通流通渠道。

第三，构建多部门协同应对、联动管理的食品产业链应急组织结构。在食品产业链系统性体系的制度框架下，建立国家重要农产品应急保供工作指挥部，成员为保障农产品在紧急情况下稳定供给的直接负责部委和辅助部门。国家发改委主要负责人任总指挥，发改委分管负责人、农业农村部作为副总指挥，做好重要农产品应急指挥。国家粮食局、商务部等完善应急产品投放网络建设，交通运输部负责应急农产品运输，农业农村部采取有力措施促进农业生产，财政部核算应急经费、保证足额按时拨付，工商总局加强对农产品市场及流通环节食品安全监管，质检总局监督农产品加工环节，公安部维护农产品供应秩序，新闻部门组织发布相关通知和新闻、正确引导舆论，专家智库及时开展应急影响、应对调研，为指挥部决策提供专业意见。

第四，促进农产品种养加工提质增效。持续推进农业绿色高质量发展，坚持生态优先、绿色发展，转变高密度、高投入、高风险的粗放生产方式。在农产品种养的品种结构上，要以市场需求为导向，调减结构性过剩品种，加大新品种的引进、试验和推广力度。在种养模式上，要推广高效设施农业、农业机械化种植、种植业养殖业相结合的综合种养等现代化生态种养模式。同时，加大复合育种技术、农药化肥工艺技术、低残留农药技术、病虫害监测检验技术的研发推广力度，集中力量解决制约农产品品质和产业健康发展的关键技术"瓶颈"。支持农产品加工业做大、做强，推动精深加工发展，加大方便、调理食品的研发力度，提高农产品加工综合利用水平，以加工业的转型升级反推消费潜力释放。

第五，提高流通效率确保"菜篮子"产品安全。一方面，要严格规范冷链运输发展。基于《食品冷链物流追溯管理要求》《冷链物流分类与基本要求》等冷链物流标准，出台强制性遵循规范；鼓励冷链运输经营者加强冷链物流基础设施投资，强化冷链物流运输、装卸、储存等硬件设施建设；提高冷链物流车辆规范运营水平；加强智慧冷链、智能仓储、生鲜供应链网络优化、冷藏保鲜技术等关键技术研发。另一方面，要促进农产品批发市场提档升级。加强对农批市场的标准化、绿色化、信息化升级改造，加强农批市场流通设施建设，全面提升信息处理能力、污水垃圾处理能力、检验检测能力和疫病防控能力。着重培育一批新型批发商，做大做强批发市场主体，减少零散交易。进一步优化布局，再造供应链条，形成产地、中心城市等区域批发与专业批发有机结合，批发市场与零售市场合理分工的新型农产品市场体系。

第六，加强全流程质量安全监管。严把市场准入和检测关口。明确市场运营主体责任，加强部门监管联动，提高监管效率。严格市场准入查验措施，入场产品"一品一码""一批一检"；从严核验供货商经营资格；落实农产品检验检测制度、进货检查验收制度和质量追溯制度。提升农产品质量安全检测能力，对重点市场和经营进口农产品（尤其是水产品）场所的产品包装、外环境和从业人员进行必要的新冠病毒核酸检测，及时公布结果，回应社会关切。重视全流程、无缝监管。加强禁用药物的宣传教育，完善监管主体名录，健全农产品病害防控体系，加强农业投入品的管理，强化农药兽药经营环节监管，规范农产品抽样规程，加大执法查处力度，健全基层检测体系建设，加强农产品生产环节的质量安全执法监管工作，加强风险研判，做好应急管理和处置，确保"舌尖上的安全"。

第七，强化安全评估和过程监管。实施进口国国家安全管理体系评估制度，建立基于风险分析的分级查验制度，根据进口国安全风险等级确定查验方式和比例。对进口农产品企业加强注册管理，对境外生产企业质量安全自控体系进行检查评估，实施远端防控措施，对产品生产、运输全过程提出防疫和消毒要求。严格进口监管，对进口商实施回顾性检查和不良记录制度。提高境外出口商和境内进口商备案准入门槛，要求其有完善的质量安全控制措施、产品溯源制度和召回制度等。统筹疫情防控和外交大局。在严防疫情通过进口食品渠道传入的同时，保持与进口来源国密切沟通，以持续、正面的应对姿态，赢得国际社会特别是主要贸易伙伴的理解和支持。探索建立与主要进口来源国的联防联控机制，深化同周边国家、贸易伙伴的利益交融，维护全球农产品产业链、食品供应链的稳定。2020年6月，海关总署修订形成了《进出口食品安全管理办法（征求意见稿）》，明确了对境外国家评估和审查的条件、内容、方式和要求，应尽快加以落实，切实加强对进口食品的监管。

第三节 未来展望

新冠肺炎疫情的暴发，严重影响了人民生命安全和正常生活。在党中央的领导下，全国各地打响了新冠肺炎疫情防控阻击战，采取了一系列阻断新冠肺炎疫情传播的严防严控措施。本书旨在通过科学的分析，研判新冠肺炎疫情对我国农业发展的负面影响，并提出减轻负面影响、助推农业持续稳定发展的政策建议，以确保全面建成小康社会和打赢脱贫攻坚战目标的顺利实现。

一 风险冲击下我国农业发展展望

（一）对粮食种植业

疫情对粮食种植业的影响主要体现在可能的农时耽误和生产资料的不足上。春天是农业生产的重要时节。新冠肺炎疫情起始于2019年末，暴发于2020年春，这对南方的早稻和东北地区的粳稻播种产生较大的影响。如果在春播期影响水稻的播种，就会出现"人误地一时，地误人一年"的现象，甚至有可能会造成水稻减产。根据中国农业科学院水稻所专家估计，如果我国南方地区水稻春播期受到疫情影响而推迟，则该地区水稻的产量至少会减产5%左右。疫情还会对以种植冬小麦为主的大田粮食作物产生较大的影响，每年的2—3月是冬小麦田间管理的重要农事时期,需要施肥、喷洒农药和田间浇水,急需化肥、农药和柴油等农资。但多地严格的交通管制或封锁,极有可能导致农资经营门店难以供货和农资物流链条断裂,出现冬小麦急需的农资"货不能发、车不能跑、人不能用"的不利局面,农业生产资料短缺,粮食主产区现存的生产资料难以支撑后续的农业生产活动,给粮食生产带来了不利的影响。

鉴于此类潜在问题,2020年2月25日,习近平总书记对全国春季农业生产工作做出重要指示,强调当前要在严格落实分区分级差异化疫情防控措施的同时,全力组织春耕生产,确保不误农时,保障夏粮丰收。要加大粮食生产政策支持力度,保障种粮基本收益,保持粮食播种面积和产量稳定,主产区要努力发挥优势,产销平衡区和主销区要保持应有的自给率,共同承担起维护国家粮食安全的责任。[①] 自此,各地农业部门认真贯彻落实这一指示精神,想方设法采取相应措施,及时抢种抢收,在一定程度上缓解疫情对2020年我国粮食生产和其他农副产品生产的负面影响。

(二)对畜牧养殖业

在新冠肺炎疫情暴发的2020年春节期间,防控非洲猪瘟的战斗还在继续,一场前所未有的抗击新冠肺炎疫情的阻击战又打响了。为了有效控制疫情,切断病毒传播途径,多地采取了严格的交通管制措施,导致大量饲料、兽药等生产物资运输受阻,无法运输到养殖场,加之部分地区存在对国家相关政策文件理解不到位的情况,为控制和防范疫情蔓延而采取"一刀切"的办法,严格限制屠宰场、饲料厂复工,部分养殖场户出现了存料不足甚

[①] 《习近平对全国春季农业生产工作作出重要指示》,《中国农业综合开发》2020年第3期。

至严重缺料的情况，一些鸡鸭苗等家禽养殖户因饲料断档而忍痛毁苗，不能屠宰，而生产出的肉蛋奶等产品积压运不出去，种畜禽苗等运不进来，养殖链条上相互挤压，新的养殖周期正在错失，严重影响到养殖业的生产持续性。2020年2月18日，在国务院联防联控机制新闻发布会上，农业农村部畜牧兽医局局长杨振海指出，这次疫情的发生对我国家禽养殖业造成了较大影响，使得活禽交易市场关闭，饲料、禽苗、活禽运输受阻。另外，家禽屠宰企业停工停产，家禽的产品消费降低，整个家禽行业损失较为严重。在疫情防控大局之下，农产品出不了村、进不了城，畜禽养殖所需的饲料难以及时补充以及种禽无法调度的问题，使得养殖畜禽产业链受阻，让养殖场户处于两头受挤的尴尬境地，以家禽业为主的养殖产业遭受较大损失。

针对新冠肺炎疫情对畜牧业的影响，2020年2月15日，农业农村部办公厅、国家发展和改革委员会办公厅、交通运输部办公厅联合印发《关于解决当前实际困难加快养殖业复工复产的紧急通知》，提出要确保物资和农产品运输通畅，加快饲料企业和畜禽屠宰加工企业复工复产，促进畜禽水产品产销对接。这对缓解当前我国养殖业面临的困境产生了一定的积极影响。

（三）对粮食国际价格

预期国际粮价仍会上涨，需适当增加国内粮食储备。据联合国粮农组织公布的数据，2021年1月谷物价格指数连续第七个月上升，1月谷物价格指数平均为124.2点，环比上升7.1%，同比上升23.6%。未来国际粮食价格还有上涨的空间，一是全球粮食供应收紧，拉尼娜气候和寒潮天气使美国和俄罗斯部分地区小麦生长条件堪忧，南美大豆主产区的干旱可能会影响作物收成。二是粮食安全问题可能引起"囤粮"恐慌，一些发展中国家对粮食不安全的担忧仍然存在，非洲、东南亚等国都是粮食进口大国，如之前埃及大量增加粮食进口，直接推动国际小麦价格上涨。三是国际投机资本炒作，在全球刺激经济复苏的背景下，各国央行降息推出宽松货币政策，粮食的套利保值功能提升，国际资本看涨预期增加，国际资本的介入可能进一步推高粮食价格。而我国粮食供应一直依靠国际、国内两个市场，进口额远超粮食出口额，特别是大豆的进口量持续维持高位，国际粮食价格波动影响着我国粮食安全。虽然疫情并未对我国粮食进口产生较大影响，2020年玉米、稻米进口量表现出与同期波动上升、波动下降相同的趋势；小麦进口量持续增加；受玉米"去库存化"政策以及高粱、大麦反倾销反补贴立案调查影响，高粱、大麦的进口量持续下降；在中美关系缓和影响下，大豆进口明显加速，2020年我国产粮也创历史新高，达13390亿斤，国内粮食库存十分充裕，但我国粮食供求仍处于供求不宽的紧平衡状态，基于大豆、玉米等产品的种植成本高于发达国家的现实，政府着重强调保障粮食安全是国家的永恒课题，在人口增长和消费升级的环境下，国内粮食需求依然坚挺，国内粮食储备的安全系数仍需提高。所以，未来稳定粮食进口品种，多元拓展进口来源结构，适当增加国内粮食储备，是应对外部不确定性的重要方式，掌握粮食安全主动权，使进口粮食对国内产销市场形成有效补充。

（四）对肉类供给

长期猪肉价格平稳运行在新冠肺炎疫情和非洲猪瘟的双重影响下，我国对进口肉类的需求不降反增，其中，欧洲地区的猪肉进口占大部分，其他肉类作为猪肉的替代补充。我国猪肉一直自产自销，其消费占比可达国内总肉类消耗量的60%—70%，消费量占全球50%以上，但受非洲猪瘟冲击，国内猪源供应缺口不断显现。2020年初新冠肺炎疫情使国内生猪产业恢复进程受阻,加之生猪的繁殖体系较长,产能的恢复至少需要3—4年,我国对进口肉类的需求快速增长。2020年我国肉类进口量同比增加60.4%,进口额同比增加60.2%,其中猪肉价量增幅巨大,进口量同比增加108.3%,进口额同比增加157.9%。因此,未来为稳定国内猪肉价格、满足国民消费需求,短期仍会加快进口步伐,随着国内产能恢复,长期猪肉进口可能会减少,禽肉、牛肉、羊肉进口增速也会下降。

虽然我国适当出口鸡肉和猪肉,但出口量占国内产能的比重较小,出口会受国内肉类供需平衡影响。2019年以来,非洲猪瘟蔓延引致全球肉类价格上涨的局面已得到控制。据联合国粮农组织公布的数据,2020年全年肉类价格指数平均为95.5点,同比下跌4.5%。国际猪肉价格会持续回落,一是中国生猪生产加快恢复,中国猪肉供需缺口是影响国际肉类价格的重要因素,2021年中央一号文件要求保护生猪基础产能,健全国内生猪的长、远、稳生产机制,目前生猪、母猪存栏都已恢复到2017年末存栏水平的92%以上,进口增速会逐步减弱。二是新冠肺炎疫情抑制了国际肉类消费需求,肉类产量增幅较大的国家出现供给过剩,美国、欧盟、巴西等主要猪肉出口国的出口需求提升,猪肉价格可能会回归到正常水平。

(五)对水产业

因各国的水产进出口体系受新冠肺炎疫情影响都面临转型升级,因此水产品市场也会受到长时间的不利影响,以我国为例,水海产品进口价量在2020年均有下降。水海产品进口价量受需求端影响,需求消费原本很大程度上依赖于餐饮渠道,但居家隔离、禁止集聚等措施使消费者最大限度地减少了外出和聚餐,国内水海产品需求萎缩。目前进口水海产品存在病毒携带风险，我国海关总署已加强对进口冷链食品的风险监测，对检出阳性的进出口物资追踪溯源，防止境外疫情输入的压力剧增。

2020年水海产品进口量同比下降12.5%，进口额同比下降19.2%，水海产品进口价量由高速增长转为调整阶段。若病毒传播路径仍没有科学定论以及缺乏理性的消费者引导，国内消费进口水海产品的意愿可能进一步降低。同时，水海产品也是我国优势出口产品，以出口头足类、对虾、贝类、罗非鱼、鳗鱼为主，近年一直维持贸易顺差。在国际水海产品需求低迷的背景下，我国水海产品出口价量也随之下降，2020年水海产品出口量同比下降10.8%，出口额同比下降7.6%，目前水海产品购买力较强的主要经济体，如美国、欧盟、日本等受疫情冲击明显，消费需求疲软。但中国较其他国家疫情复苏快，较早地暴露出水海产品质量监管和安全供给方面的漏洞，农业农村部及海关严格的检疫政策会倒逼出口企业强化源头质量控制和自检自控能力，加强数字化产业链管理，提升出口水海产品品质和附加值。长期国际消费潜力大，将有利于我国水海产品出口在全球供应链中占据重要地位。

（六）对乳制品

我国本土乳制品产业本身发展不强势，行业国际竞争力低，国内消费者对国外生产的乳品有一定偏好，乳品进口一直在我国农产品进口中占重要地位。疫情对乳品贸易的负面影响是短暂的，2020年我国乳品进口量同比增长10.2%，进口额同比增长7.0%，并且疫情使营销健康的农产品更受关注，摄入乳品是国民提高免疫力的便捷有效途径，我国消费需求会进一步增长。欧美、澳洲等已逐渐恢复乳品供应，乳品国际贸易市场加快"回暖",未来乳品主要出口国家为抗击新冠肺炎疫情带来的不利影响,又面对中国巨大的消费需求,会加紧对华出口。

(七) 对蔬菜和茶叶

中国是蔬菜、茶叶的生产大国,也是国际市场的重要出口国,疫情没有改变我国蔬菜和茶叶的生产和贸易大趋势。但是,未来我国仍要注意,应强化蔬菜和茶叶的品质管理与出口能力。

国内蔬菜、茶叶生产种植条件优越,国际出口优势明显,疫情下中国蔬菜、茶叶出口仍然保持贸易顺差,2020年全年蔬菜出口量同比增长3.9%,茶叶出口额同比增长1.7%。虽然疫情影响了全球消费信心,但农产品收入弹性较小,长期依然具有刚性需求,区域协定和"十四五"规划等政策推进了国家和地区间的蔬菜、茶叶产业交流,促进了生产、消费有效连接,如RECP(Regional Comprehensive Economic Partnership,区域全面经济伙伴关系协定)框架下我国对日本出口的大部分蔬菜均将享受零关税优惠。同时,我国产品供给质量也在提升,近年我国为适应贸易国农药残留、环境污染等质量审核,打破蔬菜、茶叶出口绿色壁垒,对生产加工安全管控要求较高,正在加快输出行业标准与国际接轨,我国蔬菜、茶叶产业国际竞争力将稳步提升,继续保持对外贸易比较优势。

二 后疫情时代中国农业发展的新方向

当前的农业食品产业链体系是不可持续的、不健康的,超过30亿人负担不起健康膳食[1],乡村面临的挑战绝大多数来源于食品产业链系统。新冠肺炎疫情的大流行给农业食品产业链系统

---

[1] FAO, IFAD, UNICEF, et al., "The State of Food Security and Nutrition in the World: Transforming Food Systems for Affordable Healthy Diets", Rome: FAO, 2020.

带来了剧烈冲击，凸显了农业食物系统的脆弱性。随着疫苗的投入使用，2021年新冠肺炎疫情有望得到一定程度的控制，但是农业食物系统依然面临众多挑战，包括如何应对气候变化促进经济实现绿色低碳转型、如何顺应产业数字化趋势的同时维护脆弱群体利益、如何在经济全球化遭遇逆流情况下畅通国际贸易等。

同时，随着农业和食物系统日益全球化，食物安全和营养相关治理问题也日趋复杂，有必要加强全球农业食物系统的治理。中国在新冠肺炎疫情期间表现出了成熟的社会治理能力以及利用新兴技术对食物供应链的保障能力，这些经验也将为其他国家应对疫情带来的食物安全风险挑战、制定食物系统政策提供借鉴。农业食物系统在可持续发展、健康营养、治理方面面临的困难和挑战提醒我们要对后疫情时代的农业食物系统进行重新思考。如果不采取措施推动农业食物系统转型，人类健康和地球健康将受到严峻挑战。

（一）调整农业技术研发方向

农业食物系统未来要应对气候变化、极端天气、自然资源退化等多重风险挑战，就必须由过去只注重生产性技术转向注重发展目标多赢的技术创新。第一，在提高生产效率和产量的同时研发绿色低碳技术，构建支撑农业绿色低碳发展的技术体系，降低农业食物系统的碳足迹。因此，转变农业科技创新方向，为颠覆性、集成性综合技术创新创造环境，同时加强农业低碳绿色发展技术的推广应用，以减少农业食物系统碳排放和应对气候变化。第二，优先发展可持续集约型和注重营养的技术，如选育高产、含有生物强化技术的高营养的作物品种，采用农业清洁生产技术，以期在改善居民营养健康状况的同时兼顾环境可持续性。

（二）改革农业补贴政策

不恰当的农业补贴政策会加剧农业食物系统对资源环境的压力并影响人类的营养健康，因此要推动农业食物系统转向营养健康和绿色环保就要改革政策支持方式。第一，调整财政政策支持方向。如增强对具有营养、健康、可持续性的食物产业的财政支持，对不健康、不可持续的食物征税；将财政刺激政策中的部分资金用于支持农业食物系统转型，支持营养健康、低碳可持续食物的生产，增加环境友好型食物供给的同时提升居民膳食质量。第二，还应建立和完善生态补偿机制，倒逼农业生产的优化。

（三）建设高效包容的价值链制度

制度创新有助于营造建设高效、安全、营养、包容、可持续食物价值链的社会氛围，加速农业食物系统转型。第一，建立政府间跨部门合作机制，促进有效治理机制发展，建立农业生产、生态环境、食物安全与营养、财政支持等方面的跨部门协调工作机制，将绿色、健康和营养的指标纳入各级政府的绩效考核体系中。第二，扩大社会保障，探索建立城乡互融的社会保障体系，改善脆弱人群尤其是小农的健康、营养和受教育条件，帮助小农提高生产效率或增加其获得非农就业提升收入的机会。第三，在农业中为妇女赋权，妇女是从农业到营养的中间人，改善母亲的营养和健康，加大对妇女的信贷支持力度，给予妇女现金补贴以及营养教育方案培训，能够有效改善家庭饮食多样性、减少儿童营养不良现象的发生。

（四）顺应产业数字化趋势

中国的电子商务平台在新冠肺炎疫情中为保障食物正常供应、降低人群聚集产生的潜在感染风险方面发挥了较大作用。电子商务作为突破性技术，是实现农业食物系统数字化的重要载体，同时还可以创造新的就业机会，帮助小农实现与大市场的对接。电子商务可通过降低信息和交易成本，推动小农进入全球价值链，帮助小农更好地进入市场。

小农是农业食物系统供应链的重要组成部分，是大多数发展中国家农业生产的主力军，推动农业食物系统转型，必须将提升小农的生计能力作为关注重点之一，电子商务为解决这一问题提供了一个有效途径。因此，加强农村信息和通信基础设施建设、建立农村电子商务知识和技能培训机制培养具有电商思路和技能的新农人等措施，有助于充分发挥电子商务在农业食物系统转型中的推动作用。

（五）保持贸易畅通

增强农业食物系统转型过程中应对不确定性冲击的能力在世界进入百年未有之大变局之时，命运共同体理念获得广泛支持，但国际环境日趋复杂，不稳定性、不确定性明显增加，世界进入动荡调整期，经济全球化遭遇逆流。面对不确定的外部环境，贸易限制会导致市场趋紧并加剧危机，应当倡导消除扭曲的、有害的贸易政策，保持国家间贸易畅通，加强全球农业贸易政策协调机制建设，提高农业贸易开放与粮食安全互信，维护全球农产品市场稳定，保障世界各国（特别是发展中国家）的食物与营养安全。同时，发展本国地区间贸易，对于提高本地农业食物系统的效率也非常重要。

（六）敬畏尊重大自然

敬畏自然、尊重自然发展规律是推动农业食物系统转型实现可持续发展的重要基础。"高投入、高产出"的农业生产方式已不可持续，给生态环境系统造成了沉重的负担，严重制约了农业食物系统的可持续发展。未来，要以长效预防和治理农业面源污染为抓手，推动农业生产方式向循环农业、再生农业以及"农业—食物—生态"大系统循环方向升级。此外，在过去几十年里，人类和野生动物之间的相互影响急剧加强，带来诸多风险与挑战。因此，应停止将农业及其他活动扩展到森林和野生动植物的自然栖息地，制定保护野生动植物的法律、法令和政策，并对这些法律、法规和政策的执行进行监测和评估，这对恢复生物多样性、保护森林碳汇能力以及防控疫病疫源降低未来再发生疾病大流行风险至关重要。

（七）引导居民行为改变

居民膳食及其相关行为不仅会影响居民的营养健康，还会给气候变化和环境可持续性带来影响。因此，一方面，加强对健康和可持续膳食的宣传推广，引导居民健康膳食，增加全谷物、水果和豆类的消费，减少对精制谷物和红肉的过量消费。另一方面，减少食物损失和浪费是引导居民行为改变的重要着力点，提倡适度饮食，珍惜食物，杜绝舌尖上的浪费，减轻水土资源压力，减少温室气体排放。

附　件

一　对青山庄园数字有机农场负责人的电话访谈提纲

您好，我们是中国人民大学的研究生，本调查旨在对新冠肺炎疫情下大棚蔬菜的生产经营状况进行了解，因此打扰您宝贵时间进行调研，我们郑重承诺将会对调研数据严格保密，所有数据仅供学术研究之用。希望能得到您的支持和配合，谢谢！

（一）大棚种植户基本情况

1. 您所在的具体地址：
2. 大棚种植的面积（亩）：
3. 您农场主打产品（如蔬菜或水果）的品类有多少种？
4. 您农场的主打农产品是哪种？
5. 您农场的基础设施建设情况如何？

（二）疫情期间农场的生产经营状况

1. 您的农场是否有如下生产加工设施？
（1）旋耕机　　　（2）插秧机　　　（3）播种机

（4）收割机　　（5）农用车　　（6）施肥车

（7）精选机　　（8）碾米机　　（9）仓库

（10）其他

2. 疫情暴发期间，农场的菜苗是否齐全？

3. 疫情暴发期间，农场的菜苗成本变化情况？

4. 疫情暴发期间，农场的农药是否齐全？

5. 疫情暴发期间，农场的农药成本变化情况？

6. 疫情暴发期间，农场的化肥是否齐全？

7. 疫情暴发期间，农场的化肥成本变化情况？

8. 疫情暴发期间，农场的农膜是否齐全？

9. 疫情暴发期间，农场的农膜成本变化情况？

10. 疫情暴发期间，农场的生产资金来源？

11. 疫情5月之后，农场生产总体情况？

12. 在正常年景时（2019年全年），您农场农产品主要销售市场？

13. 您2020年2—4月的产量情况较2019年2—4月变化情况？

14. 您2020年2—4月的销售量情况较2019年2—4月变化情况？

15. 您2020年2—4月的利润情况较2019年2—4月变化情况？

（三）疫情时期对用工的影响

1. 您农场的固定工作人员主要来自：

2. 您农场的临时工作人员主要来自：

3. 疫情暴发期间，农场的员工到岗程度？

4. 疫情暴发期间，农场的临时用工聘用的难易程度？

5. 疫情暴发期间，农场的正式员工的工资变化情况？

（四）疫情对农场经营的影响与机遇

1. 疫情期间（2—4月）对您生产经营影响最大的是？

2. 疫情期间（2—4月），您农场如何处置农产品？

3. 疫情发生至今，您对农场经营发展的总体信心如何？

4. 您认为疫情对您农场的发展有哪些机遇？

（五）农场在疫情期间面临的问题和挑战

1. 您农场在生产和资金方面面临的主要障碍有哪些？

2. 您农场在市场和营销方面面临的主要障碍有哪些？

3. 疫情期间，就您农场而言，您期待政府给予什么支持？

二 新冠肺炎疫情对中国畜禽养殖业的影响调查问卷

您好，我们是中国人民大学的研究生，正在进行一项国家社科项目的调研，本问卷旨在关注于2020年初暴发的新冠肺炎疫情对我国农业生产的影响，邀请您拨冗填写，时间为3—5分钟。我们郑重承诺将会对调研数据严格保密，仅供学术研究之用。希望能得到您的支持和配合，谢谢！

本问卷针对2020年新冠肺炎疫情严重期间（2—3月）养殖场经营状况进行调查。

（一）养殖场基本情况

1. 您的畜禽养殖场的养殖模式？

▷独立养殖模式

▷公司+农户模式

▷合作养殖模式

▷其他

2. 您的畜禽养殖场主要养殖的动物种类是？

▷猪类

▷羊类

▷家禽（包括鸡、鸭、鹅等）

▷牛类

▷兔类

▷其他

3. 您的畜禽养殖场是否采取有机养殖？

▷是

▷否

4. 您的畜禽养殖场存栏数大约是（头/只）？

▷100以下

▷100—500

▷500—1000

▷1000—2000

▷2000—3000

▷3000以上

5. 您的养殖场成立了多少年？

▷1年以下

▷[1年，3年)

▷[3年，5年)

▷[5年，10年)

▷ 10 年以上

（二）资金链维持方面

6. 疫情严重期间（2020 年 2—3 月）您的企业是否面临资金链维持方面的问题？

▷ 是（接第 7 题）

▷ 否

7. 疫情严重期间（2020 年 2—3 月）您的企业面临资金链维持方面的问题主要有哪些？

▷ 难以从正规渠道取得贷款，融资困难

▷ 企业资金流动性不足，无法支付员工工资、厂房设备租金或者无法及时偿还贷款和欠款

▷ 应收账款出现呆账坏账比例增大，资金回笼困难

▷ 其他问题，请补充

8. 此次疫情中您的企业面临资金链维持问题时，您是否会通过银行信贷或其他融资方式保持企业运作？

▷ 是（接第 10 题）

▷ 否，通过别的方式勉强维持企业运作（比如变卖固定资产或者缩小养殖场经营规模等）

9. 此次疫情中您的企业为保持企业运作所采用的融资方式有哪些？

▷ 申请银行贷款

▷ 通过供应链融资

▷ 寻求民间借贷

▷ 通过村内互助组织或亲朋好友间进行周转

▷ 其他方式，请补充

10. 您认为在疫情期间银行贷款或其他融资方式的可获得性怎么样？（银行放贷要求是否提高？）

▷ 比较容易获得

▷ 比较难获得

▷ 无法获得

▷ 未采用银行贷款等融资方式

11. 疫情严重期间（2020 年 2—3 月）您企业的账上资金能够支撑的最长时间是？

▷ 半个月以下

▷ 半个月至 1 个月

▷ 1 个月至 3 个月

▷ 3 个月以上

（三）养殖原材料供应方面

12. 您的企业采购一次通常储备多长时间的饲料？

▷ 半个月以下

▷ 半个月至 1 个月

▷ 1 个月至 3 个月

▷ 3 个月以上

13. 疫情严重期间（2020 年 2—3 月）您的企业采购饲料到货时间是否延长？

▷ 未延长

▷ 延长了，延长半个月以内

▷ 延长了，延长半个月至 1 个月

▷ 采购不到饲料，不可预计到货时间

▷ 已储备足，当时不需要采购饲料

14. 疫情严重期间（2020 年 2—3 月）您的企业采购饲料价格是否发生变动？

▷ 是

▷ 否，未发生较大幅度的变动

15. 疫情严重期间（2020 年 2—3 月）您的企业采购饲料价格发生变动的情况？

▷ 涨价了，涨了 10% 以内

▷ 涨价了，涨了 10%—30%

▷ 涨价了，涨了 31%—50%

▷ 涨价了，涨了 50% 以上

▷ 降价了

16. 疫情严重期间（2020 年 2—3 月）您的企业是否出现疫苗和兽药供应断档现象？

▷ 是

▷ 否

17. 疫情严重期间（2020 年 2—3 月）您的企业是否出现引种或引进活畜禽受限，无法扩产断档现象？

▷ 是

▷ 否

（四）生产用工方面

18. 您企业的员工主要来自？

▷ 自己家人

▷ 本村

▷ 本乡镇

▷ 本县

▷ 本市

▷ 本省

▷ 全国各地

19. 疫情严重期间（2020年2—3月）您的企业是否面临复工返工难问题？

▷ 是（接20题）

▷ 否，员工大多来自本县域，未面临复工返工难问题

20. 疫情严重期间（2020年2—3月）您的企业面临的复工返工难问题主要是由哪些原因造成的？

▷ 国家防疫要求和复工复产政策限制

▷ 交通运输受阻

▷ 员工对疫情发展态势不清的恐惧以及出于对自身健康的保护

▷ 其他

21. 疫情严重期间（2020年2—3月）您的企业采取何种复工生产模式？

▷ 分班轮流模式

▷ 满员上岗模式

▷ 重要岗位正常运转

▷ 暂时歇业，未复工

22. 因为新冠肺炎疫情，您的企业是否进行了裁员？

▷ 是（接23题）

▷ 否

23. 因为新冠肺炎疫情您的企业裁员的百分比是？（辞退员工数量/员工总人数）？

▷ 10%以下

▷ ［10%，30%）

▷ ［30%，50%）

▷ 50%以上

24. 疫情严重期间（2020年2—3月）您养殖场的出栏数是否受到影响？

▷ 是（接25题）

▷ 否，未受到影响

25. 疫情严重期间（2020年2—3月）您养殖场的出栏数变化的百分比大概是多少？

▷ 增加了30%以内

▷ 增加了30%—50%

▷ 增加了50%以上

▷ 减少了30%以内

▷ 减少了30%—50%

▷ 减少了50%以上

（五）畜禽粪污和病死畜禽处理方面

26. 疫情严重期间（2020年2—3月）您企业的畜禽粪污和病死畜禽是否能够及时妥善处理？

▷ 是

▷ 否（接第27题）

27. 疫情严重期间（2020年2—3月）您企业的畜禽粪污和病死畜禽不能及时妥善处理的主要原因有哪些？

▷ 封村断路造成粪污车交通运输受阻，粪污无法及时运出

▷ 封村断路造成兽医无法及时赶往，病死畜禽量增加

▷ 养殖压栏导致处理用地不足

▷ 复工困难导致处理人手不足

▷ 消毒药品和防护用品购买困难

（六）养殖产品销售方面

28. 因为新冠肺炎疫情，您的企业2020年相对于2019年同期销量（按只/头计算）下滑百分比？

▷ 10%以下

▷ [10%，30%)

▷ [30%，50%)

▷ 50%以上

29. 因为新冠肺炎疫情，您的企业2020年相对于2019年同期营业收入下滑百分比？

▷ 10%以下

▷ [10%，30%)

▷ [30%，50%)

▷ 50%以上

30. 因为新冠肺炎疫情，您的企业2020年相对于2019年净利润下滑百分比？

▷ 10%以下

▷ [10%，30%)

▷ [30%，50%)

▷ 50%以上

31. 您觉得下游行业对您企业养殖品采购量降低是哪些原因？

▷ 新冠病毒发病机制出现在海鲜市场，造成人们对肉类消费更加谨慎的态度

▷ 新冠肺炎疫情导致消费者的社交活动减少，引发下游餐饮行业的萧条

▷ 受疫情影响，下游行业同样面临资金流动性约束

▷ 其他

（七）养殖企业未来养殖意愿方面

32. 您认为受疫情影响，您企业的生产经营遇到的最大困难有？（选3项）

▷ 订单量减少造成的业务收入损失

▷ 养殖场运营成本增加（厂房、仓库租金等）

▷ 员工复工率低导致无法按时履行交易合同所蒙受的违约损失

▷ 生产经营资金周转困难

▷ 贷款利息等资金成本损失

▷ 屠宰场关闭导致养殖压栏

▷ 物流受阻导致养殖压栏

33. 您比较担心疫情对您企业生产经营带来的后续可能影响是什么？（多选）

▷ 物流依然受限，养殖压栏，养殖密度增大，超过承载量

▷ 物流畅通后，养殖场集中出栏，流通增大，导致产品价格变低

▷ 企业难以适应疫情后新的消费模式以及生产经营模式

▷ 受国外疫情的影响，出口困难

▷ 其他，请补充

34. 您认为政府为保障疫情后养殖业生产恢复的系列政策是

否得到落实?

▷ 是（接第 35 题）

▷ 否

35. 您认为政府为保障疫情后养殖业生产恢复的系列政策中，对您的企业提供了较大帮助的有哪些?（选 3 个）

▷ 减免税费

▷ 减免贷款利息

▷ 发放防疫专项补贴

▷ 发放成本补贴（设备厂房租金、用水用电等）

▷ 帮助企业调配复工所需防疫物质

▷ 帮助企业对接供应链原辅材料

▷ 帮助企业招工

36. 截至填表日期，您的养殖场生产量恢复情况怎么样?

▷ 超越疫情发生前

▷ 恢复到 75%—100%

▷ 恢复到 50%—75%

▷ 恢复到 30%—50%

▷ 仅恢复到 30% 以下

37. 截至填表日期，您的养殖场生产经营规模恢复情况怎么样?

▷ 超越疫情发生前

▷ 恢复到 75%—100%

▷ 恢复到 50%—75%

▷ 恢复到 30%—50%

▷ 仅恢复到 30% 以下

38. 您对您的养殖场未来两年内养殖规模的安排是？

▷ 扩大规模

▷ 保持不变

▷ 缩小规模

▷ 已受到严重影响，可能停业或关闭

参考文献

一 中文文献

王如松:《中小城镇可持续发展的生态整合方法》,气象出版社 2001 年版。

王如松、周涛、陈亮:《产业生态学基础》,新华出版社 2006 年版。

吴汉洪:《产业组织理论》,中国人民大学出版社 2007 年版。

张利庠、张喜才:《食品安全危机管理》,中国农业科学技术出版社 2010 年版。

张玉玺:《农产品流通理论思考与实践探索》,社会科学文献出版社 2012 年版。

中华人民共和国国务院新闻办公室:《中国政府白皮书汇编(2020 年)》,人民出版社、外文出版社 2021 年版。

[澳] 罗伯特·希斯:《危机管理》,王成、宋炳辉译,中信出版社 2001 年版。

[德] 斯蒂芬·沃依格特:《制度经济学》,史世伟等译,中国社会科学出版社 2016 年版。

[肯] 巴斯金:《公司 DNA》,刘文军译,中信出版社 2001 年版。

［美］弗鲁博顿、［德］苏切特：《新制度经济学：一个交易费用分析范式》，姜建强、罗长还译，上海人民出版社2006年版。

［美］欧文·拉兹洛：《管理的新思维》，文昭译，社会科学文献出版社2001年版。

［美］斯蒂芬·P. 罗宾斯、玛丽·库尔特：《管理学》，刘刚译，中国人民大学出版社1997年版。

［美］詹姆斯·苏穆尔：《竞争的衰亡》，杨骏、杨飞雪、李丽娜译，北京出版社1999年版。

［英］威勒、［芬］西兰琶：《利益相关者公司》，张丽华译，经济管理出版社2002年版。

《习近平对全国春季农业生产工作作出重要指示强调　把农业基础打得更牢　把"三农"领域短板补得更实　为打赢疫情防控阻击战　实现全年经济社会发展目标任务提供有力支撑　李克强作出批示》，《农村工作通讯》2020年第5期。

巴旭成：《我国生鲜电商新零售模式的研究》，《环渤海经济瞭望》2020年第3期。

摆敏、任虹：《浅析新冠肺炎营养干预重要性》，《医学食疗与健康》2020年第6期。

曹志杰、杨雪：《新冠疫情影响下"三农"发展的机遇与挑战》，《湖北农业科学》2020年第17期。

陈国元、徐孝勇：《从全渠道到无人零售：新零售智能化发展探讨》，《商业经济研究》2019年第6期。

陈佳美、孙丹：《突发事件下粮食应急物流的优化研究》，《商场现代化》2016年第3期。

陈洁：《后疫情时代产业和消费"双升级"的动力机制》，《上海交通大学学报》（哲学社会科学版）2020年第5期。

陈金玲：《我国流通领域食品安全监管的困境与进路》，《法制与社会》2018年第25期。

陈萌山、王小虎：《中国马铃薯主食产业化发展与展望》，《农业经济问题》2015年第12期。

陈祢、陈长彬、陶安：《物联网技术在生鲜农产品冷链物流中的应用研究》，《价值工程》2020年第20期。

陈秋衡：《后疫情时代食品行业的危与机》，《农经》2020年第10期。

陈瑞、韩熠：《危机管理4R理论在校园安全中的应用》，《教育现代化》2019年第76期。

陈思、罗云波、江树人：《激励相容：我国食品安全监管的现实选择》，《中国农业大学学报》（社会科学版）2010年第3期。

陈文行：《探讨新零售线上线下融合的可行途径》，《现代营销》（下旬刊）2020年第2期。

陈旭晔、毛可进：《瑞幸咖啡品牌营销策略研究》，《科技经济市场》2020年第8期。

陈彦丽：《食品安全社会共治机制研究》，《学术交流》2014年第9期。

陈艺晖、林河通、林艺芬等：《专业学位研究生实践基地创新建设模式研究——以福建农林大学农业硕士食品加工与安全领域为例》，《安徽农业科学》2020年第24期。

陈媛：《4R理论在高校学生心理危机处理中的运用——以学生工作个案为例》，《湖北函授大学学报》2018年第14期。

陈志钢、詹悦、张玉梅、樊胜根：《新冠肺炎疫情对全球食物安全的影响及对策》，《中国农村经济》2020年第5期。

陈志航：《食品质量安全问题与食品生产全面质量管理研究》，《信息记录材料》2017 年第 18 期。

程国强：《筑牢保障重要农产品有效供给基础》，《农村工作通讯》2020 年第 4 期。

程悦轩：《基于 4R 理论的校园暴力袭击事件的危机管理探究》，《经营与管理》2020 年第 2 期。

仇志伟、官品霄、吴燕燕、高溢：《精准扶贫背景下农村电子商务可持续性研究》，《商展经济》2020 年第 9 期。

崔明娟：《"三创"融合推动河南省食品加工业转型发展研究》，《对外经贸》2020 年第 10 期。

崔艳红：《网购生鲜农产品的感知风险维度及网络营销策略研究》，《农业经济》2016 年第 5 期。

戴小枫、张德权：《从农业现代化看中国农产品加工业》，《中国食品学报》2013 年第 5 期。

戴小枫、张德权、武桐、张泓、孟哲、田帅、张辛欣、杨晓慧：《中国食品工业发展回顾与展望》，《农学学报》2018 年第 1 期。

戴欣、陈雪、李月：《食品包装材料污染物对食品安全管理研究》，《现代食品》2019 年第 21 期。

单良：《盒马鲜生"新零售"商业模式创新及对策建议——基于 Osterwalder 模型》，《商业经济研究》2019 年第 13 期。

邓亚军、谭阳、冯叙桥等：《新型加工食品果蔬纸研究进展》，《食品科学》2017 年第 21 期。

邓云、王华：《供应链视角下食品安全风险因子分析》，《江苏商论》2019 年第 10 期。

丁春燕：《食品溯源信息及其监管》，《法治社会》2016 年第

2 期。

杜睿云、蒋侃：《新零售：内涵、发展动因与关键问题》，《价格理论与实践》2017 年第 2 期。

段盛林、陈伟、夏凯、刘义凤、韩晓峰：《新冠肺炎及呼吸系统病患所需全营养配方食品的开发》，《食品科学技术学报》2020 年第 2 期。

樊胜根、高海秀：《新冠肺炎疫情下全球农业食物系统的重新思考》，《华中农业大学学报》（社会科学版）2020 年第 5 期。

范丽艳、魏威、朱正歌：《消费者转基因食品认知情况调查与思考》，《中国农学通报》2010 年第 20 期。

范晓攀、王娉、葛毅强：《预制调理食品中的常见微生物及其防控》，《食品工业科技》2016 年第 8 期。

房军、陈慧、元延芳、田明：《保健食品乱象分析及对策研究》，《中国食物与营养》2019 年第 25 期。

费威、朱玉：《我国进口食品安全监管体制分析及其完善》，《河北科技大学学报》（社会科学版）2018 年第 3 期。

冯良宣、齐振宏、周慧、梁凡丽：《消费者对转基因食品购买意愿的实证研究——以重庆市为例》，《华中农业大学学报》（社会科学版）2012 年第 2 期。

付宗平：《农产品价格风险的评价模型及应用》，《统计与决策》2014 年第 3 期。

高帆：《中国农业弱质性的依据、内涵和改变途径》，《云南社会科学》2006 年第 3 期。

高敏、曹小彤：《我国食品安全问题产生的原因分析》，《食品安全导刊》2019 年第 27 期。

耿传雷：《加强风险交流 保障食品安全》，《现代食品》2018 年第 7 期。

古川：《监管压力下流通企业供应链质量安全管理》，《中国流通经济》2019 年第 1 期。

关志薇：《"宅经济"凸显食品消费新变革》，《中国食品工业》2020 年第 6 期。

郭家耀：《食品流通环节强化食品安全监督的措施》，《食品安全导刊》2019 年第 3 期。

郭金玉、张忠彬、孙庆云：《层次分析法的研究与应用》，《中国安全科学学报》2008 年第 5 期。

郭晓来：《危机管理系统建设中的几个问题》，《中国行政管理》2004 年第 2 期。

韩彩珍、王宝义：《"新零售"的研究现状及趋势》，《中国流通经济》2018 年第 12 期。

韩长赋：《统筹推进疫情防控和"三农"工作补上全面小康"三农"领域短板》，《农村工作通讯》2020 年第 7 期。

韩二芳、蒋晓峰、王贺：《当前我国食品安全问题现状、成因及对策研究》，《现代食品》2019 年第 16 期。

韩鹤忠：《"非典"引发粮食抢购带来的启示》，《调研世界》2003 年第 8 期。

韩晶：《危中寻机 中国产业链如何加速崛起》，《人民论坛》2020 年第 28 期。

郝齐琪、汤明月、梁思凡：《生鲜农产品电商行业冷链物流网络发展的研究》，《中国集体经济》2020 年第 4 期。

郝欣：《文化创意产业与食品加工业融合发展研究》，《中国商论》2019 年第 8 期。

何静、郑洁：《基于三方博弈的农产品物流金融信用风险研究》，

《中国农学通报》2014 年第 8 期。

何涛、王超、陈艳、蔡军、梁群、张艳、张秀宇、裴新荣：《灾害疫情应急状态下食品安全监管浅议》，《食品安全质量检测学报》2020 年第 10 期。

何忠伟、桂琳、刘芳：《北京生鲜农产品物流配送业的发展趋势与质量安全》，《北京社会科学》2010 年第 4 期。

贺光华、郭芳芳：《新冠肺炎疫情对蔬菜、水果产业的影响及对策建议》，《山西农经》2020 年第 11 期。

胡国英、肖聪伟、王磊：《食品生产企业质量安全分类监管研究》，《现代食品》2018 年第 6 期。

胡友、陈昕、祁春节：《新冠肺炎疫情对农产品价格波动的影响及政策效应研究》，《农林经济管理学报》2021 年第 1 期。

胡云超：《美国应对新冠病毒冲击的宏观经济政策评析》，《美国研究》2020 年第 5 期。

黄季焜、仇焕广、白军飞、Carl Pray：《中国城市消费者对转基因食品的认知程度、接受程度和购买意愿》，《中国软科学》2006 年第 2 期。

黄建强：《新冠疫情期间企业复工复产疫情防控方案及安全生产措施》，《劳动保障世界》2020 年第 18 期。

黄漫宇：《FDI 对中国流通产业安全的影响及对策分析》，《宏观经济研究》2011 年第 6 期。

黄婷婷、张玉梅：《HACCP 体系在黄芪饮片生产中的应用研究》，《亚太传统医药》2014 年第 10 期。

黄泽颖、王济民：《契约农业、地区差异与养殖信心恢复——以 H7N9 禽流感事件为例》，《资源科学》2017 年第 4 期。

霍红、樊千语：《果蔬农产品质量安全影响因素的研究》，《农民致富之友》2015年第7期。

霍有光、于慧丽:《小微企业食品安全问题、特征、原因和对策》,《西北农林科技大学学报》(社会科学版)2015年第6期。

简文浩:《生产加工环节的食品质量的安全控制》,《现代食品》2017年第8期。

江必新:《以党的十九大精神为指导加强和创新社会治理》,《国家行政学院学报》2018年第1期。

姜盼、杨曼、闫秀霞:《以生产企业为核心的食品供应链风险评价研究》,《数学的实践与认识》2019年第8期。

姜婷:《"宅经济"促进电商消费升级》,《人民论坛》2020年第29期。

姜祎、姜元刚:《网站促销对消费者冲动性购买意向影响的研究》,《消费经济》2014年第6期。

蒋和平、杨东群、郭超然:《新冠肺炎疫情对我国农业发展的影响与应对举措》,《改革》2020年第3期。

蒋秋枫:《中小型食品生产企业质量管理工作的困局和对策》,《现代食品》2019年第21期。

金碚:《论经济主体行为的经济学范式承诺——新冠肺炎疫情引发的思考》,《学习与探索》2020年第2期。

景小凡、李晶晶、母东煜:《居家老年人防控新型冠状病毒肺炎的合理膳食建议》,《中华老年多器官疾病杂志》2020年第3期。

孔军平:《"互联网+"背景下食品安全管理模式研究》,《现代食品》2019年第22期。

寇光涛、卢凤君、王文海:《新常态下农业产业链整合的路径模式与共生机制》,《现代经济探讨》2016年第9期。

匡和平:《全民共建共享社会治理格局构成要素的应然内涵分析》,《中共四川省委党校学报》2016年第2期。

赖礼碧:《破解网络订餐"监管难"问题的探索——以泉州市推进网络订餐食品安全监管为例》,《食品安全导刊》2020年第16期。

兰虹、赵佳伟:《新冠疫情背景下新零售行业发展面临的机遇、挑战与应对策略》,《西南金融》2020年第7期。

兰虹、赵佳伟、义旭东:《新冠肺炎疫情背景下增加居民消费对经济的拉动力研究——基于城乡居民消费行为的视角》,《征信》2020年第8期。

李成威、傅志华:《应对疫情对经济影响的关键是构建确定性》,《财政研究》2020年第3期。

李春青:《企业战略管理新范式探索——战略生态管理》,《化工管理》2004年第2期。

李刚:《食品安全监管的国际借鉴与我国监管框架的构建》,《农业经济》2010年第10期。

李桂芹、王丽丽:《蔬菜全产业链价格传递机制研究》,《农业经济问题》2012年第11期。

李鸿阶、张元钊:《新冠肺炎疫情后台湾与大陆产业链关系发展研究》,《台湾研究》2020年第5期。

李晋阳、罗博文、魏立乾、罗剑朝:《新冠肺炎疫情对"三农"发展的冲击、影响与建议》,《农村金融研究》2020年第5期。

李柳颖、武佳藤:《新冠肺炎疫情对居民消费行为的影响及形成机制分析》,《消费经济》2020年第3期。

李明义、杜树雷:《首都流通产业组织创新的几点思考》,《北京工商大学学报》2009 年第 6 期。

李鹏杰：《基于风险矩阵的食品安全问题共治利益主体的风险分析》，《中国集体经济》2019 年第 15 期。

李清艳：《食品加工与流通中的安全隐患》，《现代食品》2017 年第 3 期。

李全利、周超：《4R 危机管理理论视域下基层政府的危机应急短板及防控能力提升——以新冠肺炎疫情应对为例》，《理论月刊》2020 年第 9 期。

李然、朱岩、王勇：《风险矩阵分级模型在哈尔滨市食品安全风险评估中的建立与应用》，《现代生物医学进展》2018 年第 16 期。

李淑芳：《生鲜食品供应链质量控制研究》，《食品安全导刊》2016 年第 15 期。

李浠萌、王寒笑、王迪：《北京市流通环节加工食品质量安全关键点风险评估》，《食品安全导刊》2015 年第 8 期。

李艳凤、曾映琼、邓玉泉：《危机管理 4R 理论在构建护理安全质量管理体系中的作用》，《护理实践与研究》2018 年第 2 期。

李阳、郭焰：《流通环节加工食品质量安全关键点风险评估》，《食品安全导刊》2017 年第 6 期。

李玉铭：《重视野生动物在流通领域的管理》，《野生动物》1992 年第 5 期。

李玉志、赵炳盛：《互联网金融背景下新零售行业发展战略研究》，《商业经济研究》2018 年第 24 期。

李元：《新冠疫情下"宅经济"对商贸零售业的影响研究》，《山东商业职业技术学院学报》2020 年第 4 期。

励建荣：《中国食品工业的现状及其发展战略》，《食品与发酵工业》2001 年第 7 期。

梁华、王册：《电商拔穷根 托起致富梦》，《湖南农业》2020 年第 12 期。

梁健爱：《顾客感知风险对网络零售商惠顾意愿影响实证研究》，《企业经济》2012 年第 8 期。

梁民仓、刘虎、丁天明：《基于危机管理的海上交通安全管理对策研究》，《管理观察》2019 年第 8 期。

梁鹏、杨鹏：《应对疫情促进农产品流通的对策探讨》，《商业经济研究》2020 年第 18 期。

梁文卓、侯云先、葛冉：《我国网购农产品特征分析》，《农业经济问题》2012 年第 4 期。

梁贤艳、江立华：《共建共享治理格局的社区"微"共同体路径》，《南京社会科学》2017 年第 10 期。

廖鲁兴、王进喜：《风险矩阵方法在进出口食品安全风险评估中的应用》，《检验检疫学刊》2013 年第 6 期。

廖卫红、徐选华：《移动电子商务中消费者购买行为决策影响因素分析及实证研究》，《改革与战略》2016 年第 8 期。

林欣美、文忠、逸帆、懿恬：《集群理论研究述评及研究展望》，《经济管理》2011 年第 10 期。

林志玲：《农业的弱质性及保护对策》，《法制与社会》2009 年第 2 期。

刘东涛、杨延姝：《食品安全监管体制完善路径探析》，《人民论坛》2011 年第 17 期。

刘冬梅、绍砾群：《农产品市场信息不对称问题及解决思路》，《农村经济》2005 年第 2 期。

刘凡凡：《加强食品生产加工环节的质量安全监管》，《食品安全导刊》2017年第12期。

刘广明、尤晓娜：《论食品安全治理的消费者参与及其机制构建》，《消费经济》2011年第3期。

刘贵富：《产业链形成过程研究》，《社会科学战线》2011年第7期。

刘国信：《进口冷链食品频频检出新冠病毒如何确保冷链食品消费安全》，《肉类工业》2020年第11期。

刘红霞、赵文君、王雨萧：《进口冷冻食品频"中招"，还能放心吃吗》，《决策探索》（上）2020年第10期。

刘佳：《我国食品安全监管的问题及对策研究》，《黑龙江生态工程职业学院学报》2017年第1期。

刘家松：《中美食品安全信息披露机制的比较研究》，《宏观经济研究》2015年第11期。

刘金星、周运锦：《对赣南脐橙品牌化经营若干问题的研究》，《企业经济》2005年第7期。

刘菁琰：《食品卫生与安全监管现状及改进措施》，《食品安全导刊》2019年第30期。

刘菁琰：《食品卫生与安全监管现状及改进措施》，《食品安全导刊》2019年第30期。

刘景景、张静宜、陈洁：《新冠肺炎疫情影响下水产品国际供应链变化及中国水产品安全供给形势分析》，《世界农业》2021年第1期。

刘昆：《在全国强化疫情防控重点保障企业资金支持电视电话会议上的讲话》，《中国财政》2020年第3期。

刘力红：《战"疫"新冠肺炎，可食糙米助健康》，《中医健康养生》2020年第3期。

刘丽、刘秀芬、赵新力：《食品质量安全的风险与控制》，《现代食品》2019年第20期。

刘明月、陆迁：《禽流感疫情冲击下疫区养殖户生产恢复行为研究——以宁夏中卫沙坡区为例》，《农业经济问题》2016年第5期。

刘清珺、陈婷、张经华：《基于风险矩阵的食品安全风险监测模型》，《食品科学》2010年第5期。

刘涛、田鑫：《进出口食品安全监管"新常态"及应对探析》，《重庆理工大学学报》（社会科学版）2017年第7期。

刘学云：《宁夏鲜活农产品物流风险分析与防范对策研究》，《价值工程》2011年第32期。

刘雪梅、李照男：《农产品供应链风险研究》，《农业经济》2011年第11期。

刘雅静：《全民共建共享社会治理格局：概念厘清、内生动力与实践进路》，《理论月刊》2016年第11期。

刘玉雁：《基于4R理论的公众反恐能力提升的演进路径》，《中国人民公安大学学报》（社会科学版）2019年第5期。

刘震、廖新：《基于食品安全问题的食品产业发展模式探析》，《农村经济》2012年第11期。

刘志雄、胡利军：《食品工业在国民经济中的地位及发展前景研究》，《中国食物与营养》2009年第3期。

楼晓东：《农产品区域公用品牌风险评估方法探讨》，《社会科学家》2014年第3期。

卢春森、刘永峰：《建立"赣南脐橙"标准化生产质量追溯体系，保障产业安全的探索与建议》，《现代园艺》2012年第1期。

鲁钊阳：《农产品价格风险的成因及规避机制研究》，《农村经济》2013 年第 3 期。

吕洁华、关俊威：《黑龙江省林下中草药产业链构建及利益分配机制》，《东北林业大学学报》2018 年第 6 期。

罗杰、任端平、杨云霞：《我国食品安全监管体制的缺陷与完善》，《食品科学》2006 年第 7 期。

罗娟、赵立欣、姚宗路、冯晶、于佳动、袁艳文：《规模化养殖场畜禽粪污处理综合评价指标体系构建与应用》，《农业工程学报》2020 年第 17 期。

罗叶、鲜文铎、孙丽颖：《突发事件下粮食抢购的特征与影响因素分析——基于四川省 21 个大中城市消费者的问卷调查》，《中国农村经济》2011 年第 5 期。

罗振华、高彩云：《流通产业链优化外部资源要素配置的方式研究》，《经济论坛》2007 年第 2 期。

马从青、郭凯丽：《新零售模式在疫情影响下的发展现状和发展前景——以盒马鲜生为例》，《现代商贸工业》2020 年第 28 期。

马剑桥、李静、王登凤、陈慧、周静、乔良、杨春霞：《成都市女性社区居民对宫颈癌及人乳头瘤病毒的认知度调查研究》，《现代预防医学》2020 年第 4 期。

马金骏、曾晓萍、管永祥、顾鲁同：《积极应对新冠肺炎疫情影响 加强蔬菜春季生产管理》，《长江蔬菜》2020 年第 4 期。

马小芳：《深化我国食品安全监管体制改革》，《经济研究参考》2014 年第 30 期。

马颖、吴燕燕、郭小燕：《食品安全管理中 HACCP 技术的理论研究和应用研究：文献综述》，《技术经济》2014 年第 7 期。

苗珊珊：《突发事件信息冲击对猪肉价格波动的影响》，《管理评论》2018 年第 9 期。

慕静：《食品安全监管模式创新与食品供应链安全风险控制的研究》，《食品工业科技》2012 年第 10 期。

倪兴平：《供应链协同下生鲜电商物流发展研究》，《现代营销》（信息版）2020 年第 3 期。

牛梦宇：《食品中常见的重金属污染途径及检测方法》，《食品安全导刊》2019 年第 30 期。

彭昊洲、黄晶：《关于我国食品安全问题现状及对策的探析》，《农家参谋》2018 年第 22 期。

彭珊珊、文飞：《食品包装风险分析及其防范》，《包装工程》2006 年第 3 期。

普蒖喆、吴磊、郑风田：《新冠肺炎疫情下我国重要农产品应急保供体系实践与反思》，《中国农业大学学报》（社会科学版）2020 年第 5 期。

齐梦冉：《4R 理论视角下养老机构安全事故危机管理探析》，《管理观察》2018 年第 14 期。

祁之杰：《农产品流通组织结构与食品安全关系研究》，《商业现代化》2005 年第 17 期。

钱建平、宋英卓、王姗姗等：《风险矩阵和流程分析法挖掘小麦粉加工中质量安全追溯信息》，《农业工程学报》2019 年第 2 期。

乔春楠、李显军：《绿色食品加工产品发展现状与难点分析》，《中国食物与营养》2016 年第 6 期。

乔君：《疫情对新零售物流影响的分析》，《科技风》2020 年第 18 期。

秦婉莹、展进涛：《后疫情时代中国农产品贸易展望及未来应对策略》,《对外经贸实务》2021年第4期。

秦星红、魏光兴、周靖:《基于甲型H1N1流感疫情的应急物流体系流程研究》,《重庆交通大学学报》(社会科学版)2010年第10期。

邱秉慧、王海滨:《浅谈信息化技术在食品加工与生产管理中的应用》,《福建茶叶》2020年第4期。

全世文、曾寅初、朱勇:《我国食品安全监管者激励失灵的原因——基于委托代理理论的解释》,《经济管理》2015年第4期。

任博华、贾悦虹:《我国农产品流通中政府职能创新——基于中美比较研究》,《商业时代》2010年第33期。

任美霞、郑爱敏、王玉方:《可追溯系统在生鲜电商发展中的应用》,《中国商论》2016年第36期。

任勇、李晓光:《委托代理理论:模型、对策及评析》,《经济问题》2007年第7期。

阮兴文:《论食品安全监管公众参与机制》,《探索与争鸣》2009年第4期。

阮鹬雯、刘颖:《昆明市五华区儿童家长预防接种认知度调查分析》,《应用预防医学》2020年第1期。

桑艳玲、冯仕达、刘军:《新冠疫情对企业生产运营的影响调查》,《商展经济》2020年第3期。

上创利、赵德海、仲深:《基于产业链整合视角的流通产业发展方式转变研究》,《中国软科学》2013年第3期。

邵正理、曾莉森、肖鹰:《激励相容与银行监管》,《技术与市场》2006年第12期。

申其辉:《地方政府的道德风险与征地制度的重大缺陷》,《经济经纬》2007年第3期。

沈国兵：《"新冠肺炎"疫情对我国外贸和就业的冲击及纾困举措》，《上海对外经贸大学学报》2020年第2期。

沈逸菲、郑蓓、宗怡敏、吴卓群、陈赟、曾艺：《"新零售"模式下咖啡行业的营销模式对比分析——以星巴克和瑞幸咖啡为例》，《现代商业》2020年第29期。

生吉萍、宿文凡、罗云波：《食品流通领域风险分析与风险控制》，《食品工业科技》2020年第19期。

盛瑞堂：《运用风险矩阵方法开展食品安全风险监测与评估》，《首都食品与医药》2016年第8期。

石朝光、王凯：《基于产业链的食品质量安全管理体系构建》，《中南财经政法大学学报》2010年第1期。

舒畅、乔娟：《新冠肺炎疫情防控对畜禽养殖业的影响及对策建议——基于全国786份畜禽养殖场（户）调查问卷分析》，《中国畜牧杂志》2020年第3期。

宋莉莉、张琳、杨艳涛、侯丽薇、王国刚：《新型冠状病毒肺炎疫情对我国粮食产业的影响分析》，《中国农业科技导报》2020年第6期。

宋学增、蓝志勇：《社会管制的全民共建共享机制：一个分析框架》，《经济社会体制比较》2016年第2期。

孙昊、刘耕成：《新冠疫情下新零售行业发展现状、机遇及建议分析》，《上海商业》2020年第9期。

孙晶：《生产加工环节食品安全风险管理的探讨》，《现代食品》2019年第11期。

孙鹏：《流通环节食品安全漏洞、监管风险及化解风险的对策》，《奋斗》2013年第7期。

覃朝春、王正华：《全面质量管理视角下农产品冷链物流质量控制》，《商场现代化》2020年第21期。

谭新明：《新零售背景下生鲜农产品供应链风险预警实证研究》，《时代经贸》2020年第29期。

唐立新：《农产品物流风险分析》，《现代物流》2011年第4期。

唐任伍：《"抗疫情"与"保民生"两手都要硬》，《人民论坛》2020年第21期。

唐志岚、牛志军、朱鹏展、沈文：《新型冠状病毒肺炎与埃博拉病毒病流行病学特征及防控措施》，《西部中医药》2020年第5期。

田静、孟凡婷：《物联网技术应用到生鲜农产品物流运输》，《物联网技术》2020年第2期。

田明、孙璐、王茜、冯军：《新冠肺炎疫情之下保健食品行业消费调查分析及政策建议》，《中国食品学报》2020年第9期。

王宝义：《我国"新零售"实践回顾与展望——基于上半场"需求端"与下半场"供给端"转型期视角》，《中国流通经济》2019年第3期。

王常伟、顾海英：《基于委托代理理论的食品安全激励机制分析》，《软科学》2013年第8期。

王朝辉：《我国农产品流通企业扩张的基本形式分析》，《山东社会科学》2008年第4期。

王春晓、徐开新、杜卓君：《信任在水产品产业链安全中的作用机制研究》，《中国渔业经济》2013年第1期。

王春娅：《我国农产品价值链风险管理浅析》，《物流科技》2010年第9期。

王翠玲、陈永法、伍琳：《基于委托代理理论看媒体在食品安全监管中的作用》,《中国集体经济》2017 年第 22 期。

王大霞、李雪、杨峰等:《区域性流通环节食品安全监管风险等级评估方法》,《贵州科学》2012 年第 6 期。

王富增:《疫情给我国蔬菜产业带来的挑战和机遇》,《蔬菜》2020 年第 3 期。

王刚毅、李翠霞、卢凤君:《生鲜农产品流通质量信用成本分析与实证》,《中国流通经济》2013 年第 3 期。

王冀宁、王倩、陈庭强:《供应链网络视角下食品安全风险管理研究》,《中国调味品》2019 年第 12 期。

王冀宁、韦浩然、庄雷:《"最严格的监管"和"最严厉的处罚"指示的食品安全治理研究——基于委托代理理论的分析》,《南京工业大学学报》(社会科学版)2019 年第 3 期。

王家宝、黄益俊:《新零售的起因、特征、类型与发展趋势》,《商业经济研究》2018 年第 23 期。

王建伟、宋峰、张浩:《区域食品安全检测及风险预警系统设计与实现》,《电子技术与软件工程》2020 年第 13 期。

王立杰:《新冠肺炎疫情对河北省进出口影响及商业银行应对建议》,《商业文化》2020 年第 13 期。

王琳:《面向突发事件的粮食应急案例库本体构建研究》,《情报杂志》2020 年第 5 期。

王凌皞:《走向认知科学的法学研究——从法学与科学的关系切入》,《法学家》2015 年第 5 期。

王强、刘玉奇:《新零售引领的数字化转型与全产业链升级研究——基于多案例的数字化实践》,《商业经济研究》2019 年第 18 期。

王思斌:《社会工作在构建共建共享社会治理格局中的作用》,

《国家行政学院学报》2016 年第 1 期。

王卫东、赵世琪:《从〈食品安全法〉看我国食品安全监管体制的完善》,《中国调味品》2010 年第 6 期。

王锡秋:《顾客价值及其评估方法研究》,《南开管理评论》2005 年第 5 期。

王晓博、安洪武:《我国食品安全治理工具多元化的探索》,《预测》2012 年第 3 期。

王晓晨、齐麟:《绿色食品流通企业管理创新存在的问题》,《经济研究导刊》2018 年第 2 期。

王雪峰、邱幼珍、杨芳:《国内农产品流通风险研究综述》,《物流技术》2015 年第 23 期。

王珣、袁颖:《"新冠"肺炎疫情对浦东新区农业生产的影响》,《上海农村经济》2020 年第 4 期。

王月红、钱春丽:《食品安全监管中的政府失灵及其防范》,《特区经济》2009 年第 7 期。

王正沛、李国鑫:《消费体验视角下新零售演化发展逻辑研究》,《管理学报》2019 年第 3 期。

王梓州、夏启鑫、曾繁荣、肖娟、翟立红:《襄阳市消费者对转基因食品认知态度的调查分析》,《中国卫生产业》2018 年第 34 期。

韦佩贝、戚穗坚:《疫情全球化常态化趋势下中国预制调理食品市场发展现状》,《食品与机械》2020 年第 9 期。

魏后凯、芦千文:《新冠肺炎疫情对"三农"的影响及对策研究》,《经济纵横》2020 年第 5 期。

魏祎:《我国农产品冷链物流发展策略》,《现代营销》(下旬刊) 2019 年第 11 期。

吴春梅、朱婧：《农村食品安全监管中的基层政府职能分析》，《消费经济》2011年第3期。

吴卉君：《基于4R理论的我国海洋危机管理研究》，《农村经济与科技》2015年第6期。

吴益芳、蔡玉荣、陈金萍：《浅谈新冠病毒疫情对全球功能性营养健康食品的需求和行业发展》，《食品安全导刊》2020年第17期。

吴元元：《信息基础、声誉机制与执法优化——食品安全治理的新视野》，《中国社会科学》2012年第6期。

吴忠和、陈宏、梁翠莲：《时间约束下不对称信息鲜活农产品供应链应对突发事件协调模型》，《中国管理科学》2015年第6期。

夏云枫：《浅谈我国新零售生鲜电商的发展模式——以盒马鲜生为例》，《老字号品牌营销》2020年第11期。

向飞：《我国食品安全问题现状分析——基于制度成本研究》，《现代营销》（经营版）2020年第1期。

肖九梅：《构建应急物流保障机制》，《城乡建设》2019年第5期。

肖荣荣、任大鹏、乐章：《疫情冲击下的农业规模经营：风险应对能力与改进路径》，《农业经济与管理》2021年第1期。

肖世青：《HACCP在L-组氨酸生产中的应用》，《安徽农业科学》2014年第27期。

肖文建、郭琦：《试论食品安全监管的档案化管理》，《档案学通讯》2009年第6期。

偰娜：《网购消费者物流感知风险维度及风险水平分析》，《物流技术》2013年第11期。

谢镇勍：《疫情下的网络"宅经济"及发展趋势探究》，《中国市场》2020年第26期。

辛鸣：《消费者对转基因食品的认知程度和接受意愿——以河南省为例》，《中国软科学》2017年第9期。

信海红、王媛媛、洪思慧等：《基于风险矩阵的酱油质量安全风险评价》，《中国调味品》2015年第5期。

熊芳芳：《赣南脐橙产业预防和处理突发事件的传播机制构建》，《科技信息》2008年第35期。

熊先兰、姚良凤：《新时代背景下食品安全生产风险及防范对策探讨》，《山西农业大学学报》（社会科学版）2018年第7期。

徐佳强、曾芳、吴艳：《新型冠状病毒感染肺炎重症患者的营养支持及监护建议》，《中国医院药学杂志》2020年第2期。

徐宁：《加强食品包装材料风险监测的建议》，《现代食品》2017年第6期。

徐兴利、黄家伟：《疫情防控常态化阶段 食品行业迎来新生与陨落》，《食品界》2020年第8期。

徐玄玄、刘晓红：《上市公司资金链风险规避策略》，《财会通讯》2009年第20期。

薛孟开：《新冠疫情背景下新零售发展的机遇与挑战》，《商展经济》2020年第5期。

薛莹、吕杰、韩晓燕、陈迪：《食品加工业绩效评价及影响因素分析——基于东北地区的实证研究》，《农业现代化研究》2019年第2期。

严功翠、秦向东：《浅析消费者对转基因食品的认知和意向——以上海为例》，《安徽农业科学》2006年第1期。

颜德如、麻跃琪：《构建全过程的社区应急信息管理体系：基于

4R 危机管理理论的分析》，《北方论丛》2021 年第 1 期。

杨航柱：《做好粮食应急预案修编工作》，《中国粮食经济》2019 年第 4 期。

杨坚争、齐鹏程、王婷婷：《"新零售"背景下我国传统零售企业转型升级研究》，《当代经济管理》2018 年第 9 期。

杨建新、王如松：《生命周期评价的回顾与展望》，《环境科学进展》1998 年第 2 期。

杨剑、何英姿、王敏、吴宝东、邓历纯、梁秋红、黄贤元：《广西公众对转基因食品认识的调查分析》，《中国农学通报》2012 年第 36 期。

杨敬波：《食品流通许可风险与防范》，《中国工商管理研究》2010 年第 11 期。

杨久栋、郭芸芸：《疫情对农业后期的潜在影响应高度重视》，《中国农垦》2020 年第 6 期。

杨军、房姿含：《供应链金融视角下农业中小企业融资模式及信用风险研究》，《农业技术经济》2017 年第 9 期。

杨雯：《连锁零售店运营过程的风险分析及控制措施》，《科技创新与应用》2015 年第 17 期。

杨扬、袁媛、李杰梅：《基于 HACCP 的生鲜农产品国际冷链物流质量控制体系研究——以云南省蔬菜出口泰国为例》，《北京交通大学学报》（社会科学版）2016 年第 2 期。

杨志龙：《全球价值链研究综述》，《商业时代》2009 年第 16 期。

叶兴庆、程郁、周群力、殷浩栋：《新冠肺炎疫情对 2020 年农业农村发展的影响评估与应对建议》，《农业经济问题》2020 年第 3 期。

易君丽、庞燕：《基于 AHP 的农产品物流金融风险评价》，《企业经济》2012 年第 8 期。

殷炜珍、余萌、李荔波、黄慧、王建平：《新冠肺炎疫情下健康焦虑的心理机制及干预策略：认知行为理论的视角》，《四川精神卫生》2020 年第 3 期。

尹金晶、邵嘉婧：《4R 危机管理视角下行业协会参与医疗纠纷事件解决策略研究》，《大众标准化》2020 年第 13 期。

尹新哲、黄守军、任玉珑：《农产品产地批发市场道德风险的协调策略》，《中国流通经济》2013 年第 3 期。

郁义鸿：《产业链类型与产业链效率基准》，《中国工业经济》2005 年第 11 期。

源朝政、袁璋、黄冉涛、李民、周冉、徐志森：《新冠肺炎疫情对南阳市蔬菜产业的影响及对策建议》，《农业科技通讯》2020 年第 8 期。

远亚丽：《都市圈一体化视角下农产品物流风险预警体系的构建》，《江苏农业科学》2012 年第 40 期。

岳青青：《食品包装产品安全风险分析与有效控制措施》，《绿色包装》2020 年第 4 期。

曾维和：《共建共享社会治理格局：理论创新、体系构筑、实践推进》，《理论探索》2016 年第 3 期。

詹承豫：《中国食品安全监管体制改革的演进逻辑及待解难题》，《南京社会科学》2019 年第 10 期。

张蓓：《超市农产品陈列策略探讨——基于 AIDA 模型的思考》，《北京工商大学学报》（社会科学版）2010 年第 4 期。

张波、王坤、宣慧雁、张宇晴：《新零售的概念、模式与实施策略研究》，《现代商业》2018 年第 23 期。

张博源、刘亮：《我国食品安全监管协调机制的评价性解读》，

《求实》2011 年第 18 期。

张诚、张广胜：《农产品供应链风险影响因素的 ISM 分析》，《江西社会科学》2012 年第 3 期。

张福顺：《食品加工企业园区建设管理与发展对策》，《肉类研究》2020 年第 5 期。

张慧珍：《新零售发展模式探究——以盒马鲜生为例》，《广西质量监督导报》2020 年第 10 期。

张曼、唐晓纯、普蓂喆、张璟、郑风田：《食品安全社会共治：企业、政府与第三方监管力量》，《食品科学》2014 年第 13 期。

张敏：《我国食品供应链风险评估研究》，《企业科技与发展》2017 年第 3 期。

张茜、张艳青：《食品安全风险分析在食品质量管理中的应用》，《食品安全导刊》2019 年第 30 期。

张秋柳：《食品系统理论研究综述》，《管理评论》2011 年第 4 期。

张然然：《新冠肺炎疫情防控下如何保障蔬菜正常生产》，《长江蔬菜》2020 年第 7 期。

张睿：《基于质量管理保障体系与可追溯系统的生鲜食品电商发展策略研究》，《商业经济研究》2017 年第 3 期。

张卫卫、王静、石勇、段小果：《真空冷冻干燥食品加工技术研究》，《食品安全导刊》2020 年第 27 期。

张小刚：《工业经济转型下食品工业发展——评〈食品工业发展报告〉》，《食品工业》2020 年第 5 期。

张晓彬：《食品供应链环节的企业食品质量安全风险管理探究》，《食品安全导刊》2019 年第 30 期。

张晓林、李广:《鲜活农产品供应链协调研究——基于风险规避的收益共享契约分析》,《技术经济与管理研究》2014 年第 12 期。

张晓林、罗永泰:《基于全产业链的农产品流通困局与流通体系建设研究》,《商业经济与管理》2012 年第 12 期。

张晓勇、李刚、张莉:《中国消费者对食品安全的关切——对天津消费者的调查与分析》,《中国农村观察》2004 年第 1 期。

张笑笑:《新冠疫情影响下的新零售发展模式分析》,《现代商业》2020 年第 25 期。

张焱、聂锐:《企业战略的生态透视》,《科学学与科学技术管理》2003 年第 5 期。

张熠婧、郑志浩、高杨:《消费者对转基因食品的认知水平和接受程度——基于全国 15 省份城镇居民的调查与分析》,《中国农村观察》2015 年第 6 期。

张燚、张锐:《试论企业战略理论的发展与研究趋势》,《管理学报》2004 年第 3 期。

张瑜、夏爱莉、何亚奇:《生鲜食品供应链的风险识别及防范——以南京连锁超市为例》,《金陵科技学院学报》(社会科学版)2016 年第 4 期。

张玉亮、杨英甲:《基于 4R 危机管理理论的政府网络舆情危机应对手段研究》,《现代情报》2017 年第 5 期。

张钊绮、闫寒、龚乐、杨庆玲:《新冠肺炎疫情对襄阳市食品消费的影响》,《农村经济与科技》2020 年第 19 期。

张哲:《后疫情时期免税行业新零售模式分析研究》,《现代商业》2020 年第 29 期。

张智勇、刘承、杨磊:《基于 RFID 的乳制品供应链安全风险控制研究》,《食品工业科技》2010 年第 3 期。

赵冬昶:《食品流通安全风险管理机制研究——基于流通模式创新视角》,《价格理论与实践》2011 年第 3 期。

赵国帅、黄玉舟、张艳艳等:《从流通环节看如何加强食品安全监管》,《食品安全导刊》2019 年第 15 期。

赵旭飞、胡志和、薛璐:《超高压对牛乳感官、理化及乳蛋白加工特性的影响研究进展》,《乳业科学与技术》2020 年第 1 期。

赵艳萍、纳沙鸿、马福彬:《4R 危机管理模式在院前急救中的应用》,《中外医学研究》2020 年第 1 期。

郑晨、吴淑琴、王岑、韩尧政、何启强、王培刚:《新冠肺炎疫情期间湖北省居民心理健康状况调查》,《中国公共卫生》2020 年第 5 期。

郑风田:《食品安全:仅有政府是不够的》,《农村经济》2012 年第 9 期。

郑风田、胡文静:《从多头监管到一个部门说话:我国食品安全监管体制亟待重塑》,《中国行政理》2005 年第 12 期。

郑风田、孙瑾:《我国农产品产业链中利益错位问题研究》,《价格理论与实践》2008 年第 12 期。

郑晓茹:《食品安全监管可追溯体系构建》,《价值工程》2020 年第 2 期。

郑秀君、胡彬:《我国生命周期评价(LCA)文献综述及国外最新研究进展》,《科技进步与对策》2013 年第 6 期。

钟福亚、王凤忠:《茶叶精深加工产业链思考》,《茶叶》2020 年第 3 期。

钟筱红:《我国进口食品安全监管立法之不足及其完善》,《法学论坛》2015 年第 3 期。

钟钰、陈萌山：《全球疫情蔓延下的粮食安全及应对策略》，《理论学刊》2020 年第 5 期。

周恒通：《食品用塑料包装质量安全风险分析与对策》，《现代食品》2020 年第 8 期。

周红云：《全民共建共享的社会治理格局：理论基础与概念框架》，《经济社会体制比较》2016 年第 2 期。

周红云：《政府与公民社会的伙伴关系——上海普陀区社区民间组织管理体制改革"长寿模式"案例分析》，《社团管理研究》2010 年第 8 期。

周洁红：《新冠肺炎疫情下的蔬菜产业——冲击、机遇与未来发展建议》，《中国农民合作社》2020 年第 4 期。

周洁红、武宗励、李凯：《食品质量安全监管的成就与展望》，《农业技术经济》2018 年第 2 期。

周露、陈曦、陈宏、彭岷：《应急状态下救灾物资供给特点研究——以汶川地震食品供给为例》，《管理评论》2008 年第 12 期。

周涛、王如松：《战略生态管理方法研究》，《生态经济》2008 年第 6 期。

周永利、杨启森：《发挥"三员"作用 完善食品安全防控体系》，《工商行政管理》2012 年第 20 期。

周圆韵：《高金食品——全力守护"菜篮子"》，《经营管理者》2020 年第 4 期。

周塬昊：《新零售模式下瑞幸咖啡探析》，《经济师》2020 年第 3 期。

朱彩虹：《新零售模式下农产品供应链整合机理研究》，《中国商论》2021 年第 2 期。

朱长宁：《价值链重构、产业链整合与休闲农业发展——基于供给侧改革视角》，《经济问题》2016 年第 11 期。

朱琳：《食品生产加工环节安全问题研究》，《中国新技术新产品》2019 年第 16 期。

朱晓东、王梓、朱莉：《基于系统动力学的区域性疫情应急物流协同优化》，《物流技术》2017 年第 7 期。

刁一平：《基于 4R 理论的网络公共危机的政府舆论引导研究》，硕士学位论文，广西大学，2016 年。

付玉春：《"4R"理论视角下高职院校学生公寓突发事件危机管理研究》，硕士学位论文，广西大学，2016 年。

胡月：《公立医院应对暴力伤医的危机管理研究——基于 4R 理论的分析》，硕士学位论文，北京理工大学，2015 年。

奉清清：《疫情之下全面小康与乡村振兴的方向及重点》，《湖南日报》2020 年 2 月 15 日第 9 版。

焦保凤：《邯郸市食品生产企业质量安全控制的调查研究》，硕士学位论文，河北工程大学，2015 年。

李娟：《生鲜农产品供应链风险管理研究》，硕士学位论文，西南交通大学，2013 年。

李玮：《基于 4R 的突发公共卫生事件危机管理研究》，硕士学位论文，南京中医药大学，2011 年。

李欣洁：《整体性治理视角下的食品安全监管体制研究》，硕士学位论文，江西财经大学，2019 年。

刘沛瑶：《基于"4R"理论的煤矿应急管理研究》，硕士学位论文，西安科技大学，2020 年。

刘俏：《我国流通领域农产品质量安全问题研究》，硕士学位论文，哈尔滨商业大学，2014年。

卢春华：《基于4R理论的高校突发事件应急管理研究——以广西G高校为例》，硕士学位论文，广西师范大学，2016年。

罗国亮：《中国食品加工业增长研究》，硕士学位论文，中国农业大学，2003年。

欧恺：《基于实验经济学的转基因食品消费研究》，硕士学位论文，上海交通大学，2008年。

曲肖华：《餐饮服务食品安全监管问题研究》，硕士学位论文，山东师范大学，2015年。

王丽：《基于4R理论的高中校园危机管理问题研究》，硕士学位论文，黑龙江大学，2019年。

王图展：《市场关联、比较优势与产业集聚》，博士学位论文，南京农业大学，2006年。

王晓熹：《我国进口食品安全监管存在的问题及对策研究》，硕士学位论文，山东大学，2019年。

王晓煜：《我国食品安全监管存在问题及对策研究》，硕士学位论文，哈尔滨商业大学，2017年。

王岳：《地方政府食品安全危机管理机制研究》，博士学位论文，湘潭大学，2012年。

谢远艺：《购物网站互动性对消费者冲动性购买的影响研究》，硕士学位论文，华南理工大学，2012年。

张凝：《基于4R理论的高校突发事件危机管理体系构建》，硕士学位论文，天津大学，2018年。

张姝瑜：《基于4R理论的杭州地铁应急管理问题研究》，硕士学位论文，西北大学，2018年。

郑杨佳：《温州市流通领域食品安全风险管理研究》，硕士学位论文，西北农林科技大学，2013年。

二 外文文献

Adelman, Pamela K., "Occupational Complexity, Control, and Personal Income: Their Relation to Psychological Well-Being in Men and Women", *Journal of Applied Psychology*, Vol. 72, No. 4, 1987.

Al T. S. E., "Domestic Ducks and H5N1 Influenza Epidemic, Thailand-Volume 12, Number 4-April 2006-Emerging Infectious Disease journal-CDC", *Emerging Infectious Diseases*, Vol. 12, No. 4, 2006.

Alba, Joseph W. and J. Wesley Hutchinson, "Dimensions of Consumer Expertise", *Journal of Consumer Research*, Vol. 13, 1987.

Allen, T., Murray, K. A. and Zambrana-Torrelio C., "Global Hotspots and Correlates of Emerging Zoonotic Diseases", *Nature Communications*, Vol. 8, 2017.

Allenby B. R., Telephone A., Company T., "Industrial Ecology: Policy Framework and Implementation", *Prentice Hall*, 1999.

Bertolini M., Rizzi A., Bevilacqua M., "An Alternative Approach to HACCP System Implementation", *Journal of Food Engineering*, Vol. 79, No. 4, 2007.

Bowles, J, "Ebola, Jobs and Economic Activity in Liberia", *Journal of Epidemiology and Community Health*, Vol. 70, No. 3, 2016.

Davis F. D., Venkatesh V., "A Critical Assessment of Potential Measurement Biases in the Technology Acceptance Model: Three Experiments", *International Journal of Human-Computer Studies*, Vol. '5, No. 1, 1996.

Davis F. D., "User Acceptance of Information Technology: System Characteristics, User Perceptions and Behavioral Impacts", *International Journal of Man Machine Studies*, Vol. 38, No. 3, 1993.

Davis Jr F. D., *A Technology Acceptance Model for Empirically Testing New End-user Information Systems: Theory and Results*, Massachusetts: Massachusetts Institute of Technology, 1986.

Dennis L. Wilcox, Phillip H. Ault, Warren K. Agee, *Public Relations: Strategies and Tactics*, New York: Harper and Row, 1986.

Fabian Herweg, Daniel Müller, Philipp Weinschenk, "Binary Payment Schemes: Moral Hazard and Loss Aversion", *American Economic Review*, Vol. 100, No. 5, 2010.

Fan S., Si W., Zhang Y., "How to Prevent a Global Food and Nutrition Security Crisis Under COVID-19?", *China Agricultural Economic Review*, 2020.

FAO (2016), Impact of the Ebola Virus Disease Outbreak on Market Chains and Trade of Agricultural Products in West Africa, available at: http://www.fao.org/3/a-i5641e.pdf.

FAO (2016), Impact of the Ebola Virus Disease Outbreak on Market Chains and Trade of Agricultural Products in West Africa, available at: http://www.fao.org/3/a-i5641e.pdf.

FAO, IFAD, UNICEF, WFP and WHO (2019), The State of Food Security and Nutrition in the World 2019, Safeguarding against Economic Slowdowns and Downturns, FAO, Rome.

FEWS NET (Famine Early Warning Systems Network) (2014), Guinea, Liberia and Sierra Leone: Special Report, FEWS NET, Washington, DC (accessed 31 December 2014).

Freeman R. E. , *Strategic Management: A Stakeholder Approach*, Cambridge University Press, 1951.

Geerdes H. F. , Eisenblatter A. , Reconciling Theory and Practice [C] // ACM Symposium on Modeling, analysis, and simulation of wireless and mobile systems. Zuse Institute Berlin, Berlin, Germany; atesio GmbH, Berlin, Germany, 2007.

Gerald C. Meyers & John Holusha, *When It Hits the Fan: Managing the Nine Crise of Business*, Boston: Houghton Mifflin Company, 1986.

Hansen G. , Hill C. , Strategic Management Journal, 1991.

Hossain F. et al. , "Product Attributes, Consumer Benefits and Public Approval of Genetically Modified Foods", *International Journal of Consumer Studies*, Vol. 27, No. 5, 2003.

Janeen E. Olsen, Karen J. Thompson, T. K. Clarke, "Consumer Self-Confidence in Wine Purchases", *International Journal of Wine Marketing*, Vol. 15, No. 3, 2003.

Jensen M. C. , Meckling W. H. , *Theory of the Firm: Managerial Behavior, Agency Costs, and Ownership Structure*, Springer Netherlands, 1979.

Jones, K. E. , Patel, N. G. , Levy, M. A. , Storeygard, A. , Balk, D. , Gittleman, J. L. and Daszak, P. , "Global Trends in Emerging Infectious Diseases", *Nature*, Vol. 451, 2008.

Kuwonu F. , West Africa, "New Railway Network to Boost Inter-regional Trade", *Africa Renewal*, Vol. 28, No. 3, 2014.

Linhai Wu, Dian Zhu, "Food Safety Supervision in Circulation and Food Quality and Safety", *Food Safety in China*, 2014.

Locander, William B., and Peter W. Hermann, "The Effect of Self-Confidence and Anxiety on Information Seeking in Consumer Risk Reduction", *Journal of Marketing Research*, Vol. 16, No. 2, 1979.

Marion, B. W., *The Organization and Performance of the U.S. Food System*, Lanham: Lexington Books, 1986.

Marshall, A., *Principles of Economics*, London: Macmillan, 2008.

Mossman B. M., Ziller R. C., "Self-esteem and Consistency of Social Behavior", *Journal of abnormal psychology*, Vol. 73, No. 4, 1968.

Muresl T. et al., "Consumer Awareness, Perception and Attitudes towards Genetically Modified Foods in Turkey", *British Food Journal*, Vol. 117, No. 5, 2015.

Paridon, T. J., "Extending and Clarifying Causal Relationships in Research Involving Personal Shopping Value, Consumer Self-confidence, and Word of Mouth Communication", *Marketing Management Journal*, 2006.

Peter Wright, "Factors Affecting Cognitive Resistance to Advertising", *Journal of Consumer Research*, Vol. 2, No. 1, 1975.

Philip Kotler, Randall L. Schultz, "Marketing Simulations: Review and Prospects", *The Journal of Business*, Vol. 43, No. 3, 1970.

Pierre Dubois, Tomislav Vukina, "Grower Risk Aversion and the Cost of Moral Hazard in Livestock Production Contracts", *American Journal of Agricultural Economics*, Vol. 86, No. 3, 2004.

Popkin B. M., "Nutrition, Agriculture and the Global Food System in Low and Middle Income Countries", *Food Policy*, Vol. 47, No. 3, 2014.

Rabin M., "Psychology and Economics", *Journal of Economic Litera-

ture, Vol. 36, No. 1, 1998.

Radhika Bongoni, "East Versus West: Acceptance of GM Foods by European and Asian Consumers", *Nutrition & Food Science*, Vol. 46, No. 5, 2016.

Ramsay Cameron G., "Protecting Your Business: from Emergency Planning to Crisis Management", *Journal of Hazardous Materials*, Vol. 65, 1999.

Richards M., "Common Property Resource Institutions and Forest Management in Latin America", *Development and Change*, Vol. 28, No. 1, 2010.

Spencer Henson, Neal H. Hooker, "Private Sector Management of Food Safety: Public Regulation and the Role of Private Controls", *International Food and Agribusiness Management Review*, Vol. 4, No. 1, 2001.

Sridhar Moorthy, Brian T. Ratchford, Debabrata Talukdar, "Consumer Information Search Revisited: Theory and Empirical Analysis", *Journal of Consumer Research*, Vol. 23, No. 4, 1997.

S. Ratneshwar, Cornelia Pechmann, Allan D. Shocker, "Goal-Derived Categories and the Antecedents of Across-Category Consideration", *Journal of Consumer Research*, Vol. 23, No. 3, 1996.

Traill, B. eds., "Prospects for the European Food System", *Elsevier Applied Science*, 1989

UkrAgro Consult (2014), Thai Rice Shipments to West Africa Curtailed By Ebola Outbreak, available at: http://www.blackseagrain.net/novosti/thai-rice-shipments-to-west-africa-curtailed-byebola-outbreak.

WHO (2016), Ebola Situation Report-20 January 2016, available at: http://apps.who.int/ebola/currentsituation/ebola-situation-report-20-january-2016.

World Bank (2014), The Economic Impact of the 2014 Ebola Epidemic: Short and Medium Term Estimates for West Africa (English), World Bank Group, Washington, DC, available at: http://documents.worldbank.org/curated/en/524521468141287875/The-economic-impact-of-the-2014-Ebola-epidemic-short-and-medium-term-estimates-for-West-Africa.

World Bank (2016), 2014 – 2015 West Africa Ebola Crisis: Impact Update, available at: https://www.worldbank.org/en/topic/macroeconomics/publication/2014-2015-west-africa-ebola-crisis-impactupdate (accessed 6 March 2020).

Wunder, Sven, "Payments for Environmental Services and the Poor: Concepts and Preliminary Evidence", *Environment & Development Economics*, Vol. 13, No. 3, 2008.

Zammit C., "Landowners and Conservation Markets: Social Benefits from Two Australian Government Programs", *Land Use Policy*, No. 1, 2013.

后 记

食品是人类生存和发展的重要物质基础，食品工业是中国国民经济发展的重要支柱产业，具有一定风险应对能力的食品产业对于国家发展和人民健康起着极其重要的作用。本书在新冠肺炎疫情冲击背景下，分析现状，提炼经验，提出未来高质量发展的建议性策略。本书的成稿过程正好与史无前例的新冠肺炎疫情暴发、全民齐心抗疫、直到全面控制疫情、取得抗疫阶段性胜利全过程重合，可以说本书是疫情中团队奋发努力、集体智慧的结晶，是疫情中涌现的"逆行者"等英雄精神激励创作团队努力前行的结果。

在书稿完成的过程中，课题组成员都付出了极大的努力。高笑歌负责第一章内容整理，从立题到书稿整合做了大量工作，为书稿的完成做出了突出贡献！王梦蝶、李颀、徐慧馨对生产环节的应对策略进行了深入研究（第二章），张靖宇和李松函对食品加工产业方面进行了深入研究（第三章），宿文凡对食品流通和消费方面进行了深入研究（第四、五章），孙永岐对食品安全监管方面进行了深入研究（第六章），王馨从消费者角度进行了深入研究（第七章），中国农业大学申琳老师负责政策建议的撰写（第八章）。另外，宿文凡、李苗苗参与了书稿整合、校对。

后　　记

部分研究成果已在专业学术期刊发表，多个主题如"疫情对中国农业与农村经济的影响及对策""基于供应链风险管理的食品流通数据库研究""食品流通领域风险分析与风险控制"成为专业学术期刊的重点推荐或者首发文章。课题组还通过中国人民大学智库向中共中央办公厅提交了三份政策建议。

非常感谢在本书形成过程中给予支持与帮助的企业家和朋友们！他们中有山东潍坊青山庄园数字有机农场的刘丽红，新安源有限公司的黄益胜，杭州中农绿源茶树花有限公司的向绍兰、张鑫，安琪酵母的张彦，中储草的景琴，有机使者潘海军……中国农业和食品行业的企业家用奉献和坚守，为证明农业的"压舱石""蓄水池"作用做出了重要贡献。

感谢课题组莘莘学子的奉献！感谢领导、同行的支持！感谢企业家和农民朋友的配合！

本书是集体智慧的结晶，愿成为映射着全国人民在中国共产党领导下成功应对危机的一个缩影，在历史长河中留下一丝印迹！

生吉萍
2021 年 6 月 23 日于北京